Baedeker
Allianz Reiseführer

Brüssel

VERLAG KARL BAEDEKER

Hinweise zur Benutzung

Sternchen (Asterisken) als typographisches Mittel zur Hervorhebung bedeutender Bau- und Kunstwerke, Naturschönheiten und Aussichten, aber auch guter Unterkunfts- und Gaststätten hat Karl Baedeker im Jahre 1844 eingeführt; sie werden auch in diesem Reiseführer verwendet: Besonders Beachtenswertes ist durch * einen vorangestellten 'Baedeker-Stern', einzigartige Reiseziele sind durch ** zwei Sternchen gekennzeichnet. Zur raschen Lokalisierung der Sehenswürdigkeiten von A bis Z auf dem beigegebenen Stadtplan sind die entsprechenden Koordinaten der Plannetzmaschen jeweils neben der Überschrift in Rotdruck hervorgehoben: Grand' Place **K 9**.

Farbige Streifen an den rechten Seitenrändern erleichtern das Auffinden der Großkapitel des vorliegenden Reiseführers: Die Farbe Blau steht für die Einleitung (Natur, Kultur, Geschichte), die Farbe Rot für die Sehenswürdigkeiten, und die Farbe Gelb markiert die praktischen Informationen.

Wenn aus der Fülle von Unterkunfts-, Gast- und Einkaufsstätten nur eine wohlüberlegte Auswahl getroffen ist, so sei damit gegen andere Häuser kein Vorurteil erweckt.

Da die Angaben eines solchen Reiseführers in der heute so schnellebigen Zeit fast ständig Veränderungen unterworfen sind, kann der Verlag weder Gewähr für die absolute Richtigkeit leisten noch die Haftung oder Verantwortung für eventuelle inhaltliche Fehler übernehmen. Auch lehrt die Erfahrung, daß sich Irrtümer kaum gänzlich vermeiden lassen.

Baedeker ist ständig bemüht, die Qualität seiner Reiseführer noch zu steigern und ihren Inhalt weiter zu vervollkommnen. Hierbei können ganz besonders die Erfahrungen und Urteile aus dem Benutzerkreis als wertvolle Hilfe gar nicht hoch genug eingeschätzt werden. Vor allem **Ihre Kritik, Berichtigungen und Verbesserungsvorschläge sind uns stets willkommen.** Sie helfen damit, die nächste Auflage noch aktueller zu gestalten. Bitte schreiben Sie in jedem Falle an die

Baedeker-Redaktion
Karl Baedeker GmbH
Marco-Polo-Zentrum
Postfach 31 62
D-73751 Ostfildern.

Der Verlag dankt Ihnen im voraus bestens für Ihre Mitteilungen. Jede Einsenderin und jeder Einsender nimmt an einer jeweils zum Jahresende unter Ausschluß des Rechtsweges stattfindenden Verlosung von drei JRO-Leuchtgloben teil. Falls Sie gewonnen haben, werden Sie benachrichtigt. Ihre Zuschrift sollte also neben der Angabe des Buchtitels und der Auflage, auf welche Sie sich beziehen, auch Ihren Namen und Ihre Anschrift enthalten. Die Informationen werden selbstredend vertraulich behandelt und die persönlichen Daten nicht gespeichert.

Vorwort

Dieser Reiseführer gehört zur neuen Baedeker-Generation. In Zusammenarbeit mit der Allianz Versicherungs-AG erscheinen bei Baedeker durchgehend farbig illustrierte Reiseführer in handlichem Format. Die Gestaltung entspricht den Gewohnheiten modernen Reisens: Nützliche Hinweise werden in der Randspalte neben den Beschreibungen herausgestellt. Diese Anordnung gestattet eine einfache und rasche Handhabung. Der vorliegende Band hat die belgische Hauptstadt Brüssel zum Thema. Der Reiseführer gliedert sich in drei Hauptteile: Im ersten Teil wird über Allgemeines, Bevölkerung und Verwaltung, Wirtschaft, Verkehr, Kunst und Kultur, berühmte Persönlichkeiten und die Stadtgeschichte berichtet. Eine kleine Sammlung von Literaturzitaten leitet über zum zweiten Teil des Reiseführers, in dem zunächst einige Vorschläge zur Stadtbesichtigung gemacht werden, um dann die Sehenswürdigkeiten Brüssels im einzelnen zu beschreiben. Daran schließt ein dritter Teil mit reichhaltigen praktischen Informationen, die dem Besucher das Zurechtfinden vor

Neben dem Manneken Pis ist das Atomium Brüssels bekanntestes Wahrzeichen – auch aus ungewöhnlicher Perspektive sofort zu erkennen.

Ort wesentlich erleichtern. Specials beschäftigen sich mit der Europäischen Union, dem Marionettentheater Toone, Brüsseler Spitzen, der Schlacht von Waterloo, den Bierspezialitäten Brüssels und einigen lobenswerten Restaurants. Sowohl die Sehenswürdigkeiten als auch die Informationen sind in sich alphabetisch geordnet. Baedeker Allianz Reiseführer zeichnen sich durch Konzentration auf das Wesentliche sowie Benutzerfreundlichkeit aus. Sie enthalten eine Vielzahl eigens entwickelter Pläne und zahlreiche farbige Abbildungen.

Zu diesem Reiseführer gehört als integrierender Bestandteil ein ausführlicher Stadtplan, auf dem die im Text behandelten Sehenswürdigkeiten anhand der jeweils angegebenen Plankoordinaten zu lokalisieren sind. Wir wünschen Ihnen mit dem Baedeker Allianz Reiseführer viel Freude und einen erlebnisreichen Aufenthalt in Brüssel!

Baedeker
Verlag Karl Baedeker

Inhalt

Natur, Kultur Geschichte

Seite 9–47

Sehenswürdigkeiten von A bis Z

Seite 48–161

Praktische Informationen von A bis Z

Seite 162–218

Baedeker Specials

Liebe auf den

Wer kennt schon Brüssel? Jeder kennt Brüssel, denn von dort kommt die Milchquotenregelung, dort werden Ausmaße, Gewicht und Farbe des europäischen Norm-Salatblatts festgelegt, dort wird beschlossen, daß des Deutschen liebstes Obst, die Banane, erheblich teurer werden muß, und als Sehenswürdigkeit gibt es einen Butterberg und ein tiefes Loch, in dem Steuergelder verschwinden. Halt! War da nicht sonst noch etwas? Ach ja: einen kleinen Jungen hat es dort, der in aller Öffentlichkeit pieselt, und ein merkwürdiges, aus Kugeln zusammengesetztes Gebäude, das aussieht wie ein Atom – bloß, was für ein Atom war das gleich? Brüssel kennen die wenigsten, denn für die meisten ist Brüssel nur ein Begriff: das Hauptquartier der Eurokraten, garniert mit Manneken Pis und Atomium. Und wer in Brüssel ankommt, wird sich zunächst einmal fragen, wohin es ihn verschlagen hat, sieht er doch ein zusammengewürfeltes, chaotisch anmutendes Gewirr häßlicher Stahl- und Glasklötze, in deren Schatten sich altehrwürdige Häuser fast verschämt ducken. Dann aber – man ist ja schon mal hier – wagt sich der Reisende vor ins Herz Brüssels und lernt die Grand' Place kennen, die großartige 'gute Stube der Stadt'; er geht fast ehrfürchtig an den edlen Auslagen in den Galeries Saint-Hubert vorbei, er steigt hinauf in die königliche Oberstadt, sieht ihre großzügige Anlage – und stellt fest, daß er die Schatten der Hochhäuser vergessen hat. Voll frischen Mutes geht er nun hinab in die Marollen, am besten samstags zum großen Flohmarkt, und wird bezaubert sein von seiner Atmosphäre und von der Fröhlichkeit, mit der

Ein Flohmarkt

wie man ihn sich vorstellt – auf der Place du Jeu de Balle gibt es alles, was das Herz begehrt

Waterloo

Der Löwenhügel überragt den Ort von Napoleons endgültiger Niederlage

Pralinen

Brüssel ist berühmt für seine Schleckereien – Namen wie Neuhaus, Godiva oder Wittamer garantieren für höchste Qualität

zweiten Blick

die Marolliens einmal in der Woche ein Volksfest aus ihrem Markt machen. Er wandert weiter zum alten Fischmarkt, einem der eher stilleren Orte Brüssels, und setzt sich auf die Terrasse eines der Fischrestaurants. Amüsiert schaut er den Brüsselern bei ihrer Lieblingsbeschäftigung zu: Sie essen – und das nicht wenig – mit einem Vergnügen und einer Hingabe, die jeden anstecken muß, der kein Asket ist. Sie trinken gerne ein Glas Wein, und noch lieber Bier, denn auf diesem Gebiet gibt es viel zu tun – Faro, Gueuze und Kriek sind nur die Spezialitäten aus Brüssel, die in den urgemütlichen Cafés und Bistros ausgeschenkt werden, aber ungefähr 500 andere belgische Sorten warten darauf, verkostet zu werden. Brüssel empfängt seine Besucher nicht mit offenen Armen, Brüssel zeigt sich spröde und will liebgewonnen, will erarbeitet werden. Das tut man als Spaziergänger in den Straßen der Stadt, auf den Plätzen, durch die Parks, in den Bistros und Restaurants. Dann wird man sehr bald merken, wo der Charme dieser Stadt versteckt ist: nicht nur in ihren Zunfthäusern und hochherrschaftlichen Bauten, sondern gerade auch in den etwas verfalleneren Ecken, der leichten Unordentlichkeit und der Nonchalance, mit der ihre Bewohner die Dinge so hinnehmen, wie sie sind. Dazwischen bleibt genügend Zeit, um in den Museen die Kunst von Bruegel und Magritte zu bestaunen, die Fingerfertigkeit der Spitzenklöpplerinnen und die Selbstverständlichkeit, mit der die Belgier die Comics zur neunten Kunst erhoben haben. Atomium und Manneken Pis? Ach so, die muß man ja auch noch rasch anschauen!

Grand' Place

Die Terrassencafés in der guten Stube Brüssels sind bei schönem Wetter immer ausgebucht

Tintin

den flinken Reporter und seinen etwas eigensinnigen Hund Milou trifft man an jeder Ecke der Stadt

Natur, Kultur Geschichte

Zahlen und Fakten

Wappen der
belgischen Hauptstadt
Brüssel

Hinweis

Zwar liegt Brüssel im flämisch-niederländischen Sprachgebiet, doch sprechen ca. 80 % aller Brüsseler Französisch. Der Einfachheit halber werden daher bei den Beschreibungen sowie in den Praktischen Informationen nur die Namen und Bezeichnungen der Sehenswürdigkeiten sowohl auf Französisch als auch auf Niederländisch (da das Flämische zumindest offiziell mehr und mehr von der niederländischen Hochsprache verdrängt wird) angeführt; Straßennamen, Métro-Stationen etc. sind dagegen lediglich mit ihrem französischen Namen angegeben.

Allgemeines

Belgische Hauptstadt und 'Hauptstadt Europas'

Brüssel (franz. Bruxelles, ndl. Brussel) ist die Hauptstadt des Königreiches Belgien und – neben Flandern und Wallonien – als 'Bruxelles-Capitale' bzw. 'Brussels-Hoofdstad' die dritte eigenständige Region des Landes; aus historischer Sicht ist sie der Hauptort des alten Herzogtums Brabant. Darüber hinaus ist Brüssel als Sitz von EU-Ministerrat und EU-Kommission Hauptsitz der Europäischen Union sowie Sitz der politischen Zentrale des nordatlantischen Verteidigungspaktes NATO. Ferner residiert hier das ständige Sekretariat der Benelux-Länder. Die belgische Kapitale ist außerdem Brennpunkt eines der aktivsten Wirtschaftsräume Europas, in dem viele weltweit operierende Unternehmen, insbesondere aus den USA, ihr europäisches Hauptquartier haben, sowie eine kulturelle Metropole von europäischem Rang – Gründe genug für den Ehrgeiz der Brüsseler Stadtväter (von denen es viele gibt), 'Hauptstadt Europas' werden zu wollen.
Manch Brüsseler allerdings sieht diesen Bestrebungen skeptisch zu, denn er verdankt all den hier versammelten Berufs-Europäern und Managern in erster Linie gestiegene Lebenshaltungskosten und Wunden im Stadtbild, die eine fast hemmungslose Gier nach Büroflächen geschlagen hat.

Geographische Lage

Die belgische Hauptstadt liegt bei 50°50' nördlicher Breite und bei 4°20' östlicher Länge im mittelbelgischen Platten- und Hügelland an der von dem Flüßchen Senne vorgezeichneten Landschaftsnaht zwischen dem Brabanter Lößlehmplateau und dem flandrischen Tiefland. Sie markiert in etwa den Mittelpunkt des Königreichs Belgien.

Topographie und Landschaftsbild

Der Stadtkern selbst liegt etwa 20 m ü. d. M. im asymmetrisch angelegten Tal der Senne. Das Flüßchen, das von Südwesten kommend in nordöstli-

◀ *Nur alle zwei Jahre wird auf der Grand'Place ein prächtiger Blumenteppich ausgelegt.*

Topographie und Landschaftsbild (Fortsetzung)

cher Richtung dahinzieht, ist weitgehend kanalisiert bzw. überbaut. Südlich bzw. östlich der Senne kennzeichnet eine markante, zwischen 50 und 100 m hohe Geländestufe den Aufstieg zum Brabanter Plateau. Lößablagerungen auf wasserdurchlässigen Sandböden ermöglichen einen lukrativen Blumen-, Frühgemüse- und Obstanbau besonders an der östlichen Peripherie von Brüssel.

Brüsseler Becken

Den geologischen Unterbau der belgischen Hauptstadt bildet das sog. Brüsseler Becken, eine in der Tertiärzeit angelegte Mulde, in der sandige und tonige Schichten abgelagert sind.

Stadtgrundriß

Brüssel war bereits im Mittelalter eine bedeutende Siedlung. Dies zeigt nicht zuletzt der relativ große alte Stadtkern mit dem Marktplatz (Grand' Place) als Zentrum. Um 1100 wurde eine erste Stadtbefestigung angelegt, und bereits im 14. Jh. erfolgte eine Ausweitung des Stadtkerns. Neben der alten Unterstadt im Talboden entstand allmählich die Oberstadt auf den Höhen südlich und östlich der Senne. Auch diese nunmehr wesentlich größere Stadt hat man mit einer Mauer umgeben. Ihr Verlauf kann noch heute an dem von den großen Boulevards um die Innenstadt beschriebenen Fünfeck nachvollzogen werden.

Unterstadt

Im Stadtzentrum rund um die Grand' Place ist – trotz moderner Überbauung – heute noch das Geflecht 'organisch' gewachsener Straßen und Gassen erkennbar. Auch hat sich am merkantilistischen Charakter der Unterstadt über Jahrhunderte kaum etwas verändert, doch prägen nun die Glas- und Eloxalfassaden moderner Betonpaläste, in denen man einkaufen, dinieren und flanieren kann, die Physiognomie der Unterstadt und lassen altehrwürdige städtbauliche Dominanten wie die Kathedrale oder das Rathaus und die Zunfthäuser um die Grand'Place wie nostalgisches Spielzeug erscheinen.

Oberstadt

Von der Unterstadt steigt man südwärts über den 'Sand' (Grand Sablon und Petit Sablon) oder über den 'Kunstberg' (Mont des Arts) hinauf in die

Blick von der 'königlichen' Oberstadt über den Mont des Arts hinab auf die 'bürgerliche' Unterstadt

Allgemeines, Oberstadt (Fortsetzung)

Oberstadt, die aussichtsreich über dem Sennetal thront. Weithin sichtbare Landmarke der großzügig angelegten 'königlichen' Oberstadt mit dem Schloß, dem Palais des Beaux-Arts und etlichen anderen herrschaftlichen Bauten ist der massige Justizpalast. Die Südgrenze der Oberstadt bilden der Boulevard de Waterloo bzw. die Avenue de la Toison d'Or. Entlang dieser beiden Straßenzüge bzw. in deren unmittelbarer Umgebung haben sich besonders in den letzten beiden Jahrzehnten zahlreiche exklusive Geschäfte und Boutiquen angesiedelt.

Cité Européenne

Östlich oberhalb der Kernstadt – rund um den Sternplatz Rond-Point Robert Schuman – ist in den vergangenen zwei Jahrzehnten das administrative Zentrum der heutigen Europäischen Union herangewachsen.

Vororte

Um die Kernstadt mit ihren rund 130000 Einwohnern gruppieren sich Vororte, die z. T. eine sehr hohe Wohndichte und einen starken Industriebesatz aufweisen.

Klima

Die relative Nähe der Nordsee bewirkt ein feucht-gemäßigtes Klima. Die vorherrschenden Westwinde bestimmen das Witterungsgeschehen. Die mittleren Tageshöchstemperaturen schwanken zwischen 4,8°C im Januar und 22,4°C im Juli, die mittleren täglichen Tiefsttemperaturen bewegen sich zwischen -0,7°C im Februar und +12,9°C im August. Bislang registrierte Extremwerte sind -18°C im Hochwinter und +39°C im Hochsommer. In der Zeit zwischen November und April zählt man bis zu 60 Frosttage. Mit Nebel hat man an 50 Tagen zu rechnen. Die jährliche Sonnenscheindauer beträgt nur rund 1600 Stunden. Die Niederschläge, deren Gesamtmenge pro Jahr zwischen 800 und 950 mm schwankt, sind über das ganze Jahr verteilt. Relativ niederschlagsarm sind der Frühling und der Spätsommer, dagegen kann es im Sommer zu starken Regenfällen kommen; ziemlich feucht ist auch der Spätherbst. Schneefälle sind relativ selten, als langjähriger Durchschnitt sind 17 Wintertage mit einer dünnen Schneedecke ermittelt worden.

Bevölkerung und Verwaltung

Bevölkerungsentwicklung

Brüssel war schon im 15. Jh. ein Ballungsraum, denn schon zu dieser Zeit wohnten 45 000 Menschen in der brabantischen Hauptstadt. Während des Freiheitskampfes der Niederlande und der spanischen bzw. österreichischen Erbfolgekriege stagnierte die Bevölkerungszahl bei 70 000. Erst nach 1830, als Brüssel Hauptstadt des neuen Königreiches Belgien geworden war, setzte eine neue Dynamik ein, die sich nicht zuletzt in einem ungestümen Ausbau der Wohnquartiere manifestieren sollte. Im Jahre 1831 zählte man in der Stadt selbst rund 100 000 Einwohner, in der Agglomeration 140 000 Menschen. Bedingt durch die rasche Entwicklung der Industrie und des Verkehrswesens wuchs die Bevölkerung weiter stetig an, lediglich während der beiden Weltkriege waren Stagnationsphasen erkennbar. Einen Höchststand erreichte die Bevölkerungszahl in den siebziger Jahren, als man in der Kernstadt über 150 000 Einwohner, in der Agglomeration knapp 1 Mio. Einwohner und im erweiterten Verdichtungsraum 1,4 Mio. Einwohner registrierte.

Fläche und Einwohnerzahl

Heute leben in der 161 km² großen Agglomeration Brüssel ca. 971 000 Menschen, was einer Bevölkerungsdichte von 6031 Einwohnern pro km² entspricht. Knapp 137 000 Brüsseler wohnen in der Kernstadt; die höchsten Einwohnerzahlen haben die Gemeinden Bruxelles und Schaerbeek.

Bevölkerungsverteilung

Betrachtet man diese Daten, so fällt ein Absinken der Bevölkerungszahl vor allem in der Kernstadt, aber auch in der Agglomeration insgesamt auf. Dem steht ein Bevölkerungswachstum in den Randgemeinden des Brüsseler Verdichtungsraums gegenüber. Ursache dieser Fluktuation war der durch den verstärkten Zuzug von Gastarbeitern und Arbeitsuchenden aus den darniederliegenden Kohlegebieten Walloniens ausgelöste Wegzug

In Brüssel hat man es gerne festlich.

Bevölkerungsverteilung (Fortsetzung)

alteingesessener, eher wohlhabender Brüsseler aus der Kernstadt in die Peripherie. Der wachsende Zustrom von EG-Angstellten tat ein übriges, die heutige Verteilung der Einwohnerschaft Brüssels zu verstärken: In der Kernstadt lebt ein hoher Prozentsatz von Ausländern und sozial Schwachen, darum herum zieht sich ein Ring von Wohngebieten des Mittelstandes, während in den bereits etwas ländlichen Randgebieten des Großraums Brüssel die Villen und tatsächlich 'besseren' Wohnviertel der gutsituierten Verdiener, vor allem von Europa-Beamten, zunehmen. Namentlich in den südlichen, flämischen Randgebieten wiederum hat diese Entwicklung dem alten Gegensatz zwischen Flamen und Wallonen eine neue Facette beschert, sind doch die wohlhabenden Neubürger fast alle Wallonen, die eine Eingliederung ihres Wohnorts nach Brüssel begrüßen würden, gegen den sich die Flamen aber mit aller Macht wehren.

Brüssel ist eine multikulturelle Stadt

Brüssel wirkt kosmopolitisch wie kaum eine andere europäische Stadt – bei einem Ausländeranteil von 25 %, der höchsten Rate in Europa, ist dies auch keine Überaschung. Spitzenreiter unter den Brüsseler Gemeinden ist Saint-Gilles mit einem Anteil von 48 % nicht in Belgien geborener Einwohner. Die ausländischen Brüsseler zerfallen aber deutlich in zwei sozial sehr unterschiedliche Gruppen. Auf der einen Seite sind dies die Gastarbeiter – aus der ersten Generation Spanier, Griechen und Italiener, die sich vor allem im Quartier des Marolles niedergelassen haben, sowie Portugiesen, die in Ixelles ihr Zentrum haben, gefolgt von einer zweiten Generation aus der Türkei und den Maghreb-Staaten, vor allem aus Marokko, mit einem Anteil von 30 % heute die zahlenmäßig stärkste Ausländergruppe in Brüssel. Sie konzentrieren sich u. a. um den Gare du Midi und in Schaerbeek. Diese Gruppe sozial schlechter gestellter ausländischer Bürger wird verstärkt durch Menschen aus der ehemaligen belgischen Kolonie Kongo, dem heutigen Zaïre, und aus den einst belgischen Mandatsgebieten Ruanda und Burundi, die sich vor allem um die Chaussée de Wavre in Ixelles niedergelassen haben, weshalb dieses Viertel gemeinhin auch nach

Brüssel ist eine multikulturelle Stadt (Forts.)

der Vergnügungsmeile der zaïrischen Hauptstadt Kinshasa 'Matongué' genannt wird. Verlief die Integration der ersten Gastarbeitergeneration noch relativ problemlos, tat und tut man sich mit den Neubürgern aus Schwarzafrika, der Türkei und dem Maghreb schwerer, die ihre kulturelle und religiöse Identität nicht aufgeben wollen, mit ihr sogar – denkt man an die zunehmenden Aktivitäten fundamentalistischer Moslems – bestenfalls Unverständnis wenn nicht gar Furcht auslösen. Aber auch die Brüsseler Behörden selbst haben manch unsensible Aktion in Gang gesetzt – so konnte ein obligatorischer Aids-Test für Studenten aus Zaïre gerade noch verhindert werden. Auf der anderen Seite Seite finden sich diejenigen Ausländer, die bei EU und NATO beschäftigt oder akkreditiert sind oder in einer der vielen Brüsseler Niederlassungen bedeutender Firmen arbeiten – ein Heer von ca. 100 000 Diplomaten, Beamten und Wirtschaftsleuten aus den fünfzehn EU-Staaten und vielen anderen Ländern. Sie sind allesamt höheren Einkommensschichten zuzuordnen, und ihr Beitrag zur Brüsseler

Treffpunkt für alle Brüsseler: der Markt am Südbahnhof

Vielvölkerschaft besteht auch weniger aus Läden, Restaurants und kultureller Vielfalt, wie ihn etwa die Italiener, Spanier, Türken oder Afrikaner leisten; ihre Gegenwart, und vor allem ihr Einkommen, hat sich direkt auf Preise und Mieten in der Hauptstadt ausgewirkt, die sich viele normal verdienende Brüsseler nur noch schwerlich leisten können.

Religion

Die Mehrheit der Brüsseler bekennt sich – wie die Belgier überhaupt – zur römisch-katholischen Kirche; Brüssel ist Sitz eines katholischen Erzbischofs. Eine starke Minderheit bilden Protestanten. Von den sonstigen religiösen Gruppierungen sind vor allem die Moslems sowie die jüdische Gemeinde besonders zu erwähnen.

Verwaltung

Die Brüsseler Verwaltungstruktur ist für Außenstehende eine recht komplizierte Angelegenheit und ohne einen Blick auf die Struktur des föderalen Belgien kaum zu verstehen. Diese basiert auf vier Säulen: Zunächst gibt es

Verwaltung (Fortsetzung)

vier Sprachgebiete (flämisch/niederländisch, französisch, deutsch und das zweisprachige Gebiet Brüssel). Diesen Gebieten entsprechen die vier Gemeinschaften (wiederum flämisch, französisch, deutsch und Brüssel), deren Gremien – die Gemeinschaftsräte – kulturelle Aufgaben wahrnehmen. Die drei belgischen Regionen Flandern, Wallonien (zu der das Gebiet der deutschsprachigen Gemeinschaft gehört) und Brüssel wiederum sind auf vielen Politikfeldern wie Wirtschafts-, Arbeits-, Wissenschafts- oder Energiepolitik autonom. Jede der Regionen wählt ein Parlament, den Regionalrat. In Flandern allerdings sind Gemeinschafts- und Regionalrat zusammengelegt. Regional- und Gemeinschaftsräte (auch der deutsche Gemeinschaftsrat) entsenden jeweils eine bestimmte Anzahl von Senatoren in die zweite belgische Kammer, den Senat. Das belgische Parlament,

BRUXELLES
BRUSSEL

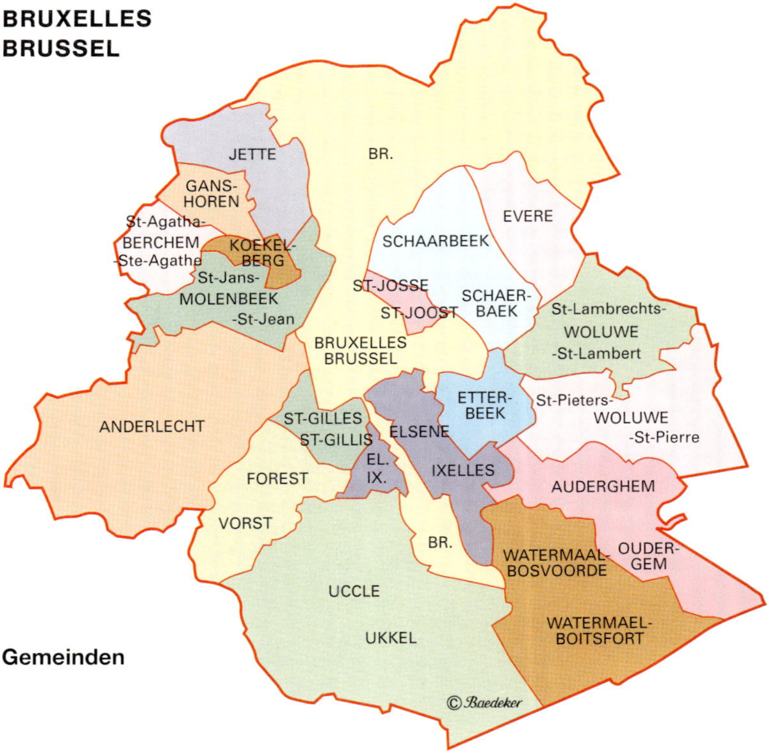

Gemeinden

die erste Kammer, wird direkt von der Bevölkerung gewählt. Über allen thront als institutionelle Klammer der König.
Vor diesem Hintergrund ist die Brüsseler Verwaltungsstruktur als Ergebnis der jahrelangen Kompromißsuche zwischen den Ansprüchen der Flamen, die im Umkreis von Brüssel die Mehrheit stellen, und der Wallonen, die in Brüssel selbst wiederum deutlich in der Mehrzahl sind, zu verstehen.

Neunzehn Gemeinden

Zunächst bleibt festzuhalten, daß es Brüssel als Stadt im verwaltungstechnischen Sinn eigentlich nicht gibt. Die Agglomeration Brüssel besteht vielmehr aus neunzehn Gemeinden, die alle einen eigenen Bürgermeister und

Gemeinden (Fortsetzung)

einen Gemeinderat haben, einen Oberbürgermeister gibt es nicht. Die Gemeinden, von denen Bruxelles/Brussel, Anderlecht und Uccle/Ukkel die flächenmäßig größten sind, nehmen einige Aufgaben wie z. B. Feuerwehr und Notdienste gemeinsam wahr, andere wiederum werden in Eigenregie bewerkstelligt, z. B. bei der Kommunalentwicklung.

Region Brüssel-Hauptstadt

Signet der Region

Brüssel ist neben Flandern und Wallonien die dritte eigenständige Region des belgischen Bundesstaates. Der Rat der Region Bruxelles-Capitale bzw. Brussels Hoofdstad besteht aus 75 Mitgliedern, die aus ihrer Mitte einen Ministerpräsidenten bestimmen, der eine Mehrheit bei beiden Sprachgruppen besitzen muß; sollte dies nicht zu erreichen sein, genügt die einfache Mehrheit, die bei den derzeitigen Verhältnissen im Rat eindeutig bei den Französischsprachigen liegt. Der Ministerpräsident steht an der Spitze einer streng nach dem Sprachenproporz zusammengestellten Regierung. Der Brüsseler Regionalrat oder der Ministerpräsident sind nicht mit einem Stadtparlament bzw. einem Oberbürgermeister gleichzusetzen.

Gemeinschaftsausschüsse

Auch auf Gemeinschaftsebene wird Brüssel verwaltet. Sowohl der Rat der Französischen Gemeinschaft (mit 19 Brüsseler Mitgliedern) als auch der Rat der Flämischen Gemeinschaft (= Regionalrat; mit sechs Brüsseler Mitgliedern) entscheiden in Sachen Kultur- und Schulpolitik für ihre jeweilige Klientel; auf einer untergeordneten Entscheidungsebene gibt es dann noch den Französischen bzw. den Flämischen Gemeinschaftsausschuß sowie – für gemeinsame Einrichtungen – den (tatsächlich so geheißenen) Gemeinsamen Gemeinschaftsausschuß.

All diese Räte, Ausschüsse und sonstigen Gremien arbeiten seit 1989 und haben sicher nicht zum Abbau der auch schon zuvor heftig gescholtenen Bürokratie beigetragen, doch scheint es angesichts des Dauerzwistes zwischen Flamen und Wallonen keine andere Lösung zu geben. Was Brüssel immer noch dringend fehlt, ist eine übergeordnete Stadtplanung – jedem Brüssel-Besucher wird sofort auffallen, wie sich dieser Mangel auf das Antlitz der Stadt ausgewirkt hat.

Flamen und Wallonen

Zwischen Flamen und Wallonen ist es immer wieder zu Konflikten gekommen, die mit der Bezeichnung 'Sprachenstreit' nur unzulänglich umschrieben sind. Die Auseinandersetzungen um die jeweilige Sprache sind letztendlich Ausdruck kultureller wie auch ökonomischer Gegensätze.

Das Französische ist mit den Burgundern ins ursprünglich rein flämische Brüssel eingezogen. Seitdem war Französisch die Sprache des Adels und der Herrschenden, und nachdem viele flämische Kaufleute und Gelehrte vor den Spaniern ins freie Holland geflohen waren, sank das Flämische mehr und mehr zur Sprache der unteren Bevölkerungsschichten herab. Lediglich nach 1815, als das heutige Belgien an Holland fiel und Niederländisch zur Staatssprache erhoben wurde, spielte die Sprache für einige Zeit keine Rolle, denn Flamen und Wallonen waren sich in der Ablehnung der holländischen Herrschaft einig und verjagten sie schließlich. In gewisser Weise ein Geburtsfehler des belgischen Staates war aber die seinerzeitige Orientierung an Frankreich. Französisch war die offizielle Sprache, französisch ausgerichtet war die Oberschicht. Hinzu kam, daß die Industrialisierung und der daraus erwachsene Wohlstand in den wallonischen Kohleregionen stattfanden, während Flandern weitgehend davon ausgenommen und agrarisch blieb. Diese Situation war der Nährboden für die Flämische Bewegung, die für die Gleichstellung des Flämischen und damit für die Flamen selbst stritt. Sie erreichte im Jahr 1898 das Gleichheitsgesetz, das französische und flämische offizielle Texte einander gleichstellte. Doch bis 1936 wurde im Parlament nur Französisch akzeptiert, und erst 1962 lag eine niederländische Übersetzung des belgischen Strafgesetzbuches vor. Die dreißiger Jahre sahen die Auseinandersetzungen um die Sprachgesetze und die Flamisierung der Universität Gent, die die flämische Sache ein großes Stück nach vorne brachte. Die Zeit nach dem Zweiten Weltkrieg war gekennzeichnet von einer schärfer werdenden Form der Auseinander-

Flamen und Wallonen (Fortsetzung)

setzungen. Der sich seit Beginn der siebziger Jahre abzeichnende Rückgang der wallonischen Stahlindustrie und der gleichzeitige Aufstieg neuer Industrien in Flandern erschütterten die Wallonen in ihrem Selbstbewußtsein; gleichzeitig wehrten sich die Flamen gegen die Nichtbeachtung der Sprachgesetze. Mit der Festlegung der Sprachgrenze 1962 hoffte man, daß wieder Ruhe einkehrte; doch immer wieder kam es bis in die Gegenwart zu auch handgreiflichen Streitigkeiten zwischen Flamen und Wallonen. Neue Hoffnung setzt man in die 1993 abgeschlossene Umwandlung des Königreichs in einen Bundesstaat.

Brüssel liegt am südlichen Rand des flämisch-niederländischen Sprachgebietes, doch überwiegt heute der Anteil der Französischsprachigen mit ca. 80 % bei weitem. Offiziell allerdings ist Brüssel zweisprachig, was den Besucher der Stadt in den Genuß zweisprachig beschrifteter Straßenschilder, Speisekarten und aller nur denkbaren offiziösen Druckwerke und Verlautbarungen einschließlich der Telefonansagedienste bringt, ihm aber auch Begegnungen mit überzeugten Brüsseler Flamen oder Wallonen eintragen können, die sich berharrlich weigern, die Sprache der jeweils anderen Seite zu sprechen – obwohl sie sie ohne Zweifel beherrschen.

Wohin geht der Weg der Flamen und Wallonen?

Wirtschaft

Wirtschaftszentrum mit Tradition

Brüssel ist seit langem eine Handels-, Gewerbe- und Industriestadt: Bereits im 11. Jh. blühte am Endpunkt der Senne-Güterschiffahrt und an der wichtigen Station des damals bedeutenden Fernhandelswegs Brügge – Köln der Handel. Zudem produzierte die Stadt begehrte Gebrauchs- und Luxusgüter – u. a. Tuche, Gobelins und Spitzen –, so daß Brüssel im 14. Jh. eine der Wirtschaftsmetropolen Westeuropas war. Umfangreiche Verkehrsbaumaßnahmen in der ersten Hälfte des 19. Jh.s, vor allem der Eisenbahnbau und die Anlage des Kanals von Willebroek ermöglichten eine frühe Industrialisierung im Raum Brüssel. Schon 1822 wurde die Société Générale de Belgique gegründet, eigentlich der erste echte Mischkonzern der Welt. Sie war (und ist) in allen Wirtschaftszweigen tätig und nahm besonders auf dem Gebiet der Verhüttung von Nichteisenmetallen – die aus dem ausgebeuteten Kongo kamen – und dem Eisenbahnbau eine führende Position ein. Noch heute ist sie das größte Unternehmen Belgiens und beherrscht ungefähr ein Drittel der belgischen Wirtschaft. Ein weiteres, heute noch aktives Unternehmen, das in der Frühzeit der Industrialisierung gegründet worden war, ist der Chemiekonzern Solvay S. A.

Industrie

Nach wie vor ist Brüssel das Zentrum eines der aktivsten Wirtschaftsräume in Westeuropa, allerdings haben sich die Gewichte sehr verschoben. Die Industrie spielt zwar keine so große Rolle mehr wie ehedem, aber dennoch eine sehr wichtige: Brüssel ist nach Antwerpen der zweitgrößte Industriestandort Belgiens. Die Fabriken sind überwiegend entlang des Kanals von Charleroi bzw. Willebroek im Westen der Stadt angesiedelt und erzeugen u. a. Maschinen, Metallwaren, Textilien, chemische Produkte, Nahrungsmittel (traditionell u. a. Süßwaren und Bier) und Druckwerke. Größter industrieller Arbeitgeber ist das Volkswagenwerk in der Gemeinde Forest/Vorst. Die Zukunftstechnologien haben sich vor allem in Evere niedergelassen. Hier wird im Brüsseler 'Silicon Valley' u. a. von IBM, Honeywell Bull und Alfa-Laval geforscht, entwickelt und produziert.

Wirtschaft

Dienstleistungen

Mittlerweile jedoch ist der Dienstleistungssektor der mit Abstand größte Arbeitgeber in Brüssel. Statistiken nennen annähernd 500000 Beschäftigte in diesem Bereich. Mehrere Gründe sind dafür ausschlaggebend: An erster Stelle steht natürlich die Ansiedlung internationaler Organisationen in der belgischen Hauptstadt – mehr als 14000 Menschen arbeiten allein bei der EU, ungefähr die gleiche Zahl bei der NATO. Dies und die verkehrsgünstige Lage haben mittlerweile über 1700 internationale Firmen, besonders amerikanische, bewogen, ihr Europa-Hauptquartier in Brüssel einzurichten, um als Lobbyisten am Ort des Geschehens zu sein. Die belgische Regierung fördert diese Entwicklung nach Kräften, u.a. indem sie den Beschäftigten ausländischer Firmen mit Sitz in Belgien erhebliche Steuervorteile bietet. Im Kielwasser der großen Firmen ist eine Vielzahl kleinerer Serviceeinrichtungen vom Sekretärinnendienst bis zum Kopierladen entstanden, die wiederum Arbeitsplätze schufen, allein von der EU leben direkt oder indirekt ca. 100000 Menschen in Brüssel und Umgebung.
Es verwundert daher nicht, daß Brüssel auch eine wichtige Rolle als Messe- und Kongreßstadt spielt. Nur in London und Paris werden auf der Welt mehr Kongresse abgehalten als in Brüssel, und die Messen auf dem Ausstellungsgelände in Heysel ziehen jährlich Zehntausende von Fachbesuchern an.

Gemüseanbau

Im Raum Brüssel – Mechelen – Leuven wird in großen Gewächshauskulturen intensiv Gemüse angebaut. Ein Großteil der gärtnerischen Produktion dieser Zone ist heute auf Märkten in ganz Mitteleuropa zu finden.

Tourismus

Daß Brüssel ohne Zweifel eine interessante und sehenswerte Stadt ist, beweist die Statistik. Jährlich besuchen weit über 5 Mio. Gäste die belgische Hauptstadt. Die meisten Touristen kommen aus den Niederlanden, der Bundesrepublik Deutschland, Großbritannien, Frankreich, den USA, Italien und Spanien, zunehmend auch aus Japan.

Belgien und Europa treffen sich im Palais du Centenaire auf dem Messegelände von Heysel.

Verkehr

Nahverkehr

Den öffentlichen Nahverkehr bestreiten Métro, Prémétro (unterirdische Tram), Tram und Busse. Das bisher eher bescheidene Netz der Métro, die erst 1976 eröffnet wurde, wird weiterhin ausgebaut.

Straßenverkehr

Das ungefähr in Landesmitte liegende Brüssel ist von allen Orten Belgiens aus per Autobahn in höchstens zwei Stunden erreichbar. Folgende Autobahnen münden in den die Stadt umgebenden, jedoch noch nicht ganz geschlossenen Autobahnring R 0:

Von Osten: A3/E40 (Ruhrgebiet – Aachen – Lüttich – Brüssel)
Von Südosten: A4/E411 (Saarland – Luxemburg – Namur – Brüssel)
Von Süden: A7/E19 (Nordwestfrankreich – Mons/Charleroi – Brüssel)
Von Westen: A10/E40 (Oostende – Gent – Brüssel)
Von Norden: A1/E19 (Niederlande – Antwerpen – Brüssel)

Eisenbahn

Mit der Eröffnung der Bahnlinie von Brüssel nach Mechelen im Jahr 1835 begann das Bahnzeitalter auf dem europäischen Festland. Heute ist Brüssel nicht nur der wichtigste Bahnknotenpunkt Belgiens, sondern auch von europäischer Bedeutung. Seine vier bedeutenden Bahnhöfe werden sowohl von den Fernzügen zu den Fährhäfen nach Großbritannien als auch von den aus Nordeuropa Richtung Paris fahrenden Zügen durchlaufen; zudem startet vom Brüsseler Bahnhof Midi bzw. Zuidstation der 'Eurostar', die direkte Zugverbindung durch den Kanaltunnel nach Großbritannien. Als eine weitere Verbindung mit Hochgeschwindigkeitszügen ist bis 1996 u. a. die Strecke nach Köln geplant.

Flughafen

Der Flughafen Bruxelles National bzw. Brussel Nationaal liegt 12 km vom Stadtzentrum entfernt auf der Gemarkung des Vororts Zaventem. Direktverbindungen bestehen zu den meisten europäischen Hauptstädten sowie nach Zielpunkten in Amerika, Asien und vor allem nach Afrika, wohin die belgische Luftfahrtgesellschaft SABENA überdurchschnittlich viele Flüge anbietet. Bis 1998 soll durch zwei neue Terminals die Gesamtkapazität auf 27 Mio. Passagiere jährlich ausgebaut werden.

Hafen

Weniger bekannt ist der Umstand, daß Brüssel auch einen Binnenhafen besitzt, der nach der zwischen 1895 und 1922 erfolgten Verbreiterung des bereits im 16. Jh. gegrabenen Willebroeck-Kanals angelegt wurde. Er kann von Antwerpen aus via Schelde und Rupel sogar von Seeschiffen bis 4500 BRT angelaufen werden und ist durch den Canal de Charleroi auch mit dem Süden des Landes verbunden. Die Kapazität von derzeit ca. 10 Mio. t Gütern jährlich soll von 1997 an durch die Eröffnung der Schleuse von Hingene nordwestlich von Brüssel verdoppelt werden.

Kunst und Kultur

Architektur- und Kunstgeschichte

Mittelalter

Die Anfänge der Stadt

Kaum jemandem, der heute über den Boulevard Anspach flaniert, ist wohl bewußt, daß er sich hier über einem Fluß, der Senne, befindet. Dieser Nebenfluß der Schelde wurde 1867 bis 1871 im inneren Bereich der Stadt überdeckelt, und ist er heute auch aus dem Stadtbild ausgegrenzt, war er doch für die Geschichte Brüssels von großer Bedeutung, denn auf einer der Flußinseln soll sich im 6. oder 7. Jh. der heilige Goorik (franz. Géry), Bischof von Cambrai, eine Klause eingerichtet haben. Noch heute erinnert der Name des Viertels Ilôt Sacré – 'heiliges Inselchen' – an diesen Anfang der Besiedelung. Ebenfalls in merowingischer Zeit gab es an der Stelle, wo sich heute die Kathedrale Saint-Michel erhebt, eine dem Erzengel Michael geweihte Taufkirche. Von diesem Kirchlein, der dazu gehörenden Siedlung sowie von den hölzernen Nachfolgebauten aus karolingischer Zeit sind keine Reste erhalten.
Im Jahre 966 wird die Ansiedlung "Bruoscella" zum ersten Mal urkundlich erwähnt. Zu dieser Zeit gab es bereits eine für den Handel wichtige Brücke über die Senne, da sich Brüssel im Schutz der 979 errichteten Burg des Herzogs Karl von Niederlothringen zu einem Knotenpunkt des Handels zwischen dem Rheinland und Flandern, Köln und Brügge entwickelte. Deshalb wurde nach den beiden Kirchen Saint-Géry und Saint-Michel die nächste dem hl. Nikolaus gewidmet, der als Schutzheiliger der Kaufleute gilt. In der Eingangshalle und im Hauptschiff von Saint-Nicolas sind noch romanische Bauteile aus dem 11. Jh. zu sehen, mithin einige der frühesten Architekturzeugnisse aus den Anfängen Brüssels. Zur selben Zeit errichteten die Grafen von Löwen auf dem Coudenberg eine Burganlage.

Stadtbefestigungen

Der wachsende Reichtum Brüssels machte schließlich eine Stadtbefestigung notwendig und möglich. Die Kirchen Saint-Géry, Saint-Michel und der Coudenberg markierten etwa diesen ersten, 4 km langen Mauerring, an dem zwischen dem 11. und 13. Jh. gebaut wurde und von dem heute immerhin noch vier Türme zu sehen sind: Tour Noire (hinter Sainte-Catherine), Tour d'Angle (Boulevard de l'Empereur), Tour du Pléban (Rue du Bois Sauvage) und Tour de Villers (Rue de Villers). Insgesamt etwa vierzig dieser einfachen halbrunden Türme waren entlang der Mauer aufgereiht, die durch sieben Stadttore Einlaß gewährte. Sollten sie früher Respekt einflößen, so wirken sie heute eher verloren und schutzbedürftig inmitten der neuzeitlichen Architektur.
Handel und Textilhandwerk florierten in der Residenz der Herzöge von Brabant, immer mehr Menschen ließen sich nieder, und 1229 wurden Brüssel offiziell die Stadtrechte verliehen. Es entwickelten sich große Vorstädte, so daß Brüssel zwischen 1356 und 1379 erneut ummauert wurde. Diese Befestigung war nun 8 km lang und beschrieb etwa ein Fünfeck. Das heute

Festungsturm Tour Noire, eines der ältesten Bauwerke Brüssels

Mittelalterliche Stadtbefestigungen (Fortsetzung)

einzige erhaltene mittelalterliche Stadttor Brüssels, die Porte de Hal, markierte die Südspitze dieser Befestigung. Hier gewinnt man noch am ehesten einen Eindruck von der ursprünglich aufwendigen Wehranlage. Die gotischen Details, Spitzbogenarkaden und Zinnen des Tores sind allerdings Zutaten der Restaurierung im letzten Jahrhundert. Ebenfalls im 19. Jh. wurde die Festungsanlage geschliffen, wodurch die Boulevards extérieurs erst so großzügig angelegt werden konnten. Ähnlich wie in Wien für die Ringstraße nutzte man auch in Brüssel dieses Reservoir an freiem Raum für neue stadtplanerische Konzepte. Heute steht der Boulevardgürtel im Kontrast zu den engen Straßenführungen der Altstadt, zeichnet aber einigermaßen das Fünfeck der zweiten Stadtbefestigung nach.

Romanik

Aus romanischer Zeit sind in Brüssel also nur geringe Reste erhalten. In der am Rand des Marollenviertels gelegenen Kirche Notre-Dame de la Chapelle kann man immerhin den Übergang von der Romanik zur Gotik beobachten: ist die Kapelle Saint-Croix (1215–1250) noch vom romanischen Stil geprägt, zeigen Chor und Querschiff die Elemente des Übergangs und der Rest eindeutig gotischen Charakter.

Gotik

Sakralarchitektur

Die Frühgotik findet man in der Kathedrale Saint-Michel am schönsten ausgebildet. Hier, im Chor der ehemaligen Stiftskirche Saints-Michel-et-Gudule, haben die Baumeister zu Beginn des 13. Jh.s Formen aus der französischen Gotik aufgegriffen, indem sie einen – im 16. und 17. Jh. wieder abgetragenen – Chorumgang und Kapellenkranz angelegten. Diese aufwendige Art der Chorgestaltung wurde in Saint-Michel zum ersten Mal im niederländischen Raum realisiert und zum Vorbild für das Gebiet Brabants. Auch die Fassade der Kathedrale entspricht französischen Vorbildern, wählte man doch mit zwei Türmen die international repräsentativste Lösung. Im allgemeinen wurde in Brabant aber, wie man an Notre-Dame de la Chapelle sieht, ein einzelner Turm vor die Westfassade gestellt. Typisch für die gotische Sakralarchitektur in Brabant ist das konservative Festhalten an den klaren Formen der Hochgotik. So findet man das spätgotische 'modische' Netzgewölbe nur sehr selten, der einfache Rundpfeiler wird dem Bündelpfeiler vorgezogen.

Gotik des 15. Jh.s begegnet in Brüssel in der fünfschiffigen, turmlosen Kirche Notre-Dame du Sablon. Bleibt die Kirche in Grundriß und Konstruktion der Hochgotik treu, so sind die Schmuckformen schon filigraner und zierlicher geworden. Die flammenartig züngelnden Formen des Maßwerks an den Langhausfenstern verweisen auf den gotischen Spätstil des Flamboyant. Das Äußere wurde allerdings im letzten Jahrhundert überarbeitet, Fialen und Wimperge sind neugotische Zutaten.

Profanarchitektur

Im Gegensatz zur sakralen gotischen Architektur, die sich an Vorbildern orientierte, war die profane Architektur innovativ. Das Rathaus von Brüssel, Ausdruck des Patrizierstolzes, ist das beste Beispiel für die sogenannte Brabanter Gotik, die durch ihre Verzierungsvielfalt geprägt ist: Die Wände wurden so reich mit Figurenschmuck und Ornamentformen bestückt, daß sie sich aufzulösen scheinen. Diese Sonderform der Gotik wurde bis ins 17. Jh. tradiert.

Brabanter Gotik

Der überbordende Figurenschmuck am Brüsseler Rathaus – zum großen Teil allerdings Reproduktionen – verkörpert aufs schönste den Stil der Brabanter Gotik

Renaissance

Architektur

Die Übernahme des in Italien entwickelten Baustils der Renaissance ging in den Niederlanden nur sehr zögerlich vor sich; zunächst wurden nur die Schmuckformen aufgegriffen. Auch deswegen sind in Brüssel nur wenige Renaissancegebäude erhalten. Einen Eindruck der Baukunst dieser Epoche in Brüssel gibt 'Le Pigeon', das Zunfthaus der Maler, an der Grand' Place, ursprünglich 1510–1533 im Stil der Hochrenaissance erbaut, nach der Zerstörung von 1695 in den alten Formen wiedererrichtet. Die drei Geschosse zeigen in der klassischen Reihenfolge von unten nach oben die Säulenordnungen dorisch, ionisch und korinthisch mit der mittleren Fenstergruppe des zweiten Stockes als sog. Serliomotiv: Ein Bogen wird von Säulen getragen, neben denen sich weitere kleine Öffnungen befinden. Typisch für die Niederlande ist, daß in die Fassadengestaltung Masken als Konsolen und Zierelemente einbezogen wurden.

Malerei

Ab etwa 1415 entsteht in den Städten der südlichen Niederlande die sog. altniederländische Malerei. Die Tafelmaler beginnen sich um eine realistische Darstellungsweise zu bemühen und bereiten damit die Grundlage für die Renaissance-Malerei. Die niederländischen Künstler gestalten ihre Bildräume rein aus der Erfahrung heraus, während die Italiener die Perspektive geometrisch konstruiert haben. Arbeiteten in Tournai Robert Campin, in Gent die Brüder van Eyck, in Leuven Dirk Bouts, so ist in Brüssel seit 1436 Rogier van der Weyden (⟶ Berühmte Persönlichkeiten) als Stadtmaler belegt. Er unterhielt in Brüssel eine große Werkstatt und war ein hoch angesehener, wohlhabender Mann. In seiner Kunst hatte nicht die realistische Detailtreue Priorität, ihm kam es vielmehr auch auf die Psychologisierung der Personen und des Bildinhaltes an. So gelangen ihm hervorragende Porträts, wie sie die Musées Royaux des Beaux-Arts besitzen.

Rogier van der Weyden

Nachdem Brüssel 1482 Sitz des Statthalters der habsburgischen Niederlande geworden war, setzte ein kultureller und politischer Aufschwung ein, der durch die religiösen Unruhen, die 1566 im Bildersturm eskalierten, und den Unabhängigkeitskampf der Geusen ein Ende fand. Künstlerische Höhepunkte und zugleich Quellen für das Leben und Lebensgefühl dieser Zeit sind die Werke Pieter Bruegels des Älteren, der seit 1563 in Brüssel im heutigen Quartier des Marolles lebte. Seine Kunst zeichnet sich durch die genaue Beobachtung von Mensch und Landschaft seiner unmittelbaren Umgebung aus. Er begründete das Bauerngenre, indem er durch seine Bilder den Bauernstand, dessen Leibeigenschaft erst im 16. Jh. aufgehoben worden war, auch für bildwürdig erklärte: Bauern bevölkern sowohl seine weltlichen als auch seine religiösen Bilder, Alltag und Feste auf dem Land stellte er gleichermaßen dar. So übersetzte er das Thema "Volkszählung zu Betlehem" (1566; Musées Royaux des Beaux-Arts) in eine reich bevölkerte niederländische Winterlandschaft. Beim Gemälde "Sturz der Engel"(1562, Musées Royaux des Beaux-Arts) kommt im Erfindungsreichtum surrealistischer Wesen Bruegels Bewunderung für Hieronymus Bosch zum Ausdruck. Viele Bilder Bruegels sind wie dieses teppichhaft dicht gefüllt, aber durch Diagonalen und Hell/Dunkel-Effekte strukturiert. Durch das Bild "Sturz des Ikarus" (1558; ebenfalls Musées Royaux des Beaux-Arts) gibt sich Bruegel als gebildeter Humanist zu erkennen. Ikarus kommt in übermütigem Leichtsinn der Sonne zu nahe. Das Wachs seiner Flügel schmilzt, und er stürzt jäh ab. Während die Tragödie ihren Lauf nimmt, der maßlose Ikarus im Bildmittelgrund rechts ins Meer fällt, geht im Vordergrund des Bildes ein Bauer unbewegt seiner Arbeit nach, und ein Schäfer sieht träumend in den Himmel. Diese 'einfachen' Menschen ruhen in sich, ohne nach Übermenschlichem zu streben, denn sie kennen ihre Grenzen – eine einfache Hilfestellung Bruegels zur Interpretation des antiken Stoffes. Als Vertreter des Manierismus unterstreicht er den Gegensatz, den die Personen ausdrücken, durch die Kontraste nah und fern, oben und unten, hell und dunkel, Arbeiten, Ruhen und Essen einerseits und Sterben andererseits. Typisch manieristisch ist auch, daß man Ikarus, den Titelhelden des Bildes, erst suchen muß. Bruegels Bilder wollen gelesen und entschlüsselt

Pieter Bruegel der Ältere

Pieter Bruegel der Ältere: "Sturz des Ikarus"

Renaissancemalerei (Fortsetzung)

werden. Die Belehrung und das moralische Anliegen, die Bruegel verfolgt, werden dem Betrachter nicht plump vordergündig aufgedrängt, sondern behutsam angeboten.
Mit der Bedeutungstiefe seiner Bilder beeinflußte Bruegel auch die niederländische Barockmalerei.

Gobelins

Vom Ende des 15. bis ins 17. Jh. hinein genoß Brüssel Weltruf für das Wirken von Bildteppichen. Die Brüsseler Werkstätten produzierten besonders sorgfältig gearbeitete und feine Gobelins, reich an Seiden-, Gold und Silberfäden und von ausufernd phantasievoller Motivwahl: Geschichten aus der Antike, mythologische Szenen, Darstellungen aus dem Alten und Neuen Testament, Allegorien, Schilderungen des Ritterlebens, Jagd- und Genreszenen und rein dekorative 'Grünteppiche', sog. Verdüren mit Laub- und Pflanzenwerk als Motive, später oft auch mit Landschaftsdarstellungen. Zu den bedeutendsten Werkstätten gehörte die Manufaktur von Pieter van Aelst, in der zwischen 1516 und 1519 im Auftrag Papst Leos X. nach den Kartons von Raffael die berühmten vatikanischen Teppiche der Apostelgeschichte gewebt wurden. Die vielen Aufträge Kaiser Karls V. führte vornehmlich die Brüsseler Werkstatt von Pieter Pannemaker aus. Der herausragendste Künstler dieser Zeit für die Teppichkartons war der Brüsseler Hofmaler Bernaert van Orley (um 1488–1541). Seine an Raffael orientierten Bildvorlagen für die Wandteppiche zeichneten sich durch strengen Bildaufbau, monumentale Figurenkonzeption und tiefenräumliche Wirkung aus. Das steigende Ansehen der Werkstätten führte schnell dazu, die Teppiche mit einer Werkstattmarke zu signieren, um Nachahmungen auszuschließen. Peter Paul Rubens war in der ersten Hälfte des 17. Jh.s der alle überragende Kartonmaler und gab den Teppichen ihre unverwechselbare malerische Qualität. Die Decius-Mus-Folge (Wien), der Eucharistie-Zyklus und die 'vatikanischen Teppiche' gehörten zu den epochemachenden Leistungen der Brüsseler Manufakturen. Rubens' Nachfolger David Teniers spürte bereits die französische Konkurrenz. Die Musées Royaux d'Art et d'Histoire besitzen eine Sammlung höchst wertvoller und außergewöhnlicher Stücke, darunter solche mit Szenen aus der Jakobsgeschichte nach Kartons von van Orley.

Barock und Klassizismus

Architektur

Kirchenbau

Die kirchlichen Bauherren hielten bis ins 16. Jh. hinein an den gotischen Formen fest. Auch als mit der Gegenreformation der italienische Barock aufgegriffen wurde, entstand noch 1657–1676 mit Saint-Jean-Baptiste au Béguinage eine Kirche, die dem Bautyp der gotischen dreischiffigen Basilika verpflichtet ist; sie stellt aber bereits eine Kombination gotischer mit barocken Formen dar, indem sie an der Fassade das barocke Dekorationsrepertoire voll entfaltet. Rein bautechnisch versuchte der Architekt das zentrale Problem der Barockarchitekur zu lösen, die Durchdringung von Längsbau und Zentralbau.

Grand' Place

Ein ebenso interessantes wie malerisches Ensemble des Barock sind die Zunfthäuser an der Grand' Place, die nach der Beschießung der Stadt 1695 entstanden sind. Teilweise wurden die alten Formen rekonstruiert, meist aber neue Fassaden entworfen, so daß dort heute ein reiches Repertoire an barocken Fassadengestaltungen zu sehen ist. Wie bei der Brabanter Gotik kommt auch im Barock die flandrische Verzierungslust zum Tragen: Die klassischen Säulenordnungen – dorisch, ionisch und korinthisch – werden erfindungsreich kombiniert, Säulen wechseln ab mit Pilastern. Von den zum Platz gekehrten Giebeln gleicht keiner dem anderen: klassisch anmutende Dreiecksgiebel, Ziergiebel mit Voluten, geschweiften Formen und Giebeltürmchen sind zu finden. Auch die Bauplastik ist variationsreich: Medaillons, Kartuschen, Flachreliefs, Büsten, Ganzfiguren und Hermen beleben die Fassaden. Gesimse, Friese und Gebälk, Balkone und Balustraden dienen als horizontale Gliederungselemente. Auch auf Farbe wurde nicht verzichtet, vor allem viel Gold wurde aufgetragen. Die uneinheitliche Geschoßhöhe der Häuser macht das Gesamterscheinungsbild der Zunfthäuser noch malerischer. Noch an anderen Stellen in der Altstadt, etwa an der Place de la Vieille Halle aux Blés, finden sich solche nach 1695 entstandene barocken Fassaden.

Ein reiches Repertoire barocker Fassadengestaltung: die Zunfthäuser an der Nordwestseite der Grand' Place

Barockarchitektur (Fortsetzung), Louis XIV

Mit Beginn des 18. Jh.s wird in Brüssel der in Frankreich geprägte Stil des Louis-Quatorze beliebt. Sind im Barock assymetrische Formen, heftig schwingende Wände und kraftvolle, teigig schwere Ornamente beliebt, sucht diese Sonderform des Barock das Maßvolle, Beruhigte und Repräsentative, wie manches Zunfthaus an der Grand'Place zeigt: La Chaloupe d'Or, La Maison des Ducs de Brabant und L'Arbre d'Or. Auch der rückwärtige Flügel des Rathauses (Rue de l'Amigo; 1706–1717) kann als Louis-Quatorze-Architektur betrachtet werden.

Louis XVI

In der zweiten Hälfte des 18. Jh.s prägt der Frühklassizismus des Louis-Seize die Stadt. Vor allem Rückbesinnung auf die klaren Formen der Antike, Abkehr von der Asymmetrie des Rokoko (ca. 1740–1765), Hinwendung zur geraden Linie und sparsamer Dekor sind für diesen Stil kennzeichnend. In der Unterstadt wurde die Place des Martyrs (1775) in diesem Stile angelegt, auf dem Coudenberg sind die Place Royale (1776–1782) mit der königlichen Hofkirche Saint-Jacques sur Coudenberg und die angrenzenden Gebäude nach Plänen der beiden Franzosen Barré und Guimard solcherart entstanden.

Klassizismus

Bis 1830, also bis zu Belgiens Staatswerdung, war der Klassizismus tonangebend. Beispiele für diesen retrospektiven Stil sind das Théâtre Royal de la Monnaie (1810–1819), das Palais des Académies (nach 1820) und auch das Gewächshaus des alten Botanischen Gartens (1826–1830), eine frühe, von ionischen Säulen geschmückte Eisen- und Glasarchitektur.

Malerei und Bildhauerei

Auf dem Gebiet der Malerei gingen die beiden Teile der Niederlande im 17. Jh. auch künstlerisch getrennte Wege. Stellten im Norden Bürgerliche die Hauptkäuferschicht der Bilder, so stammten im Süden die Auftraggeber und Kunden aus Aristokratie und Kirche. Peter Paul Rubens ist die bedeutendste Persönlichkeit, die die Malerei des katholischen Südens beherrschte und prägte. Repräsentativer Anspruch und Dramatisierung der religiösen und mythologischen Bildinhalte wurden von ihm stilbildend entwickelt. Künstlerisches Zentrum war aber Antwerpen, wo neben Rubens auch Jacob Jordaens und Adriaen Brouwer lebten und arbeiteten.

David Teniers

Von dort zog 1651 David Teniers der Jüngere (1610–1690) nach Brüssel. Er hatte sich auf Genremalerei spezialisiert, produzierte Motive des Alltagslebens wie Kneipenszenen oder Bauernfeste anstelle religiöser oder historischer Themen und arbeitete auch gezielt für den Kunsthandel, wie das Beispiel "Die bäuerliche Kirchweih" (Musées Royaux des Beaux-Arts) zeigt. Teniers, mit seiner Kunst zu einem angesehenen und reichen Mann geworden, wurde Hofmaler und Verwalter der Erzherzöglichen Kunstsammlungen. Als Bildhauer großen Könnens tat sich Luc Fayd'herbe (1617–1697) hervor, dem manche Brüsseler Kirche einen Teil ihres Skulpturenschmucks verdankt.

19. Jahrhundert

Die Stadt verändert sich

Mit der Unabhängigkeit geht Belgien einer wirtschaftlichen Blüte entgegen. Es nimmt Teil an der industriellen Revolution. Bezeichnend für die Aufbruchsstimmung sind die städtebaulichen Veränderungen: Die Boulevards extérieurs wurden angelegt, wofür die Stadtbefestigung aus dem 14. Jh. geschliffen wurde; die inneren Boulevards, die Boulevards du Centre, wurden zum Teil über der Senne geführt und durchbrechen seitdem die Altstadt von Süden nach Norden. Ein weiteres Symbol für die Prosperität sind die Galeries Saint-Hubert (1845–1847), neben der Burlington Arcade (1818) in London und der Galerie d'Orleans in Paris (1831) eine der ältesten Einkaufspassagen überhaupt.

Historismus

Das 19. Jh. ist das Jahrhundert des Historismus. Alte Bau- und Dekorationsstile wurden studiert, aufgegriffen und schließlich beliebig kombiniert. Ist Saint-Boniface ein Neubau in neugotischem Stil, so wurden viele bestehende gotische Bauten restauriert und dadurch stark verändert wie Notre-Dame du Sablon oder rekonstruiert wie das Maison du Roi an der Grand'

Historismus (Fortsetzung)

Place. Bei Sainte-Cathérine wurden eklektizistisch Elemente der Romanik, Gotik und Renaissance gemischt. Die Grande Synagogue und Sainte-Marie à Schaerbeek de wurden im romanisch-byzantinischen Stil errichtet.

Palais de Justice

Einen städtebaulichen Paukenschlag stellt der Palais de Justice (1866 bis 1883) dar. Es ist der größte Bau des 19. Jh.s, und durch seine Lage auf dem ehemaligen Galgenberg, dem höchsten Punkt Brüssels, überragt die Kuppel des riesigen Gebäudekomplexes die Stadt. Wie auch für die Börse (1871–1873) wurden am Palais de Justice klassizistische und barocke Elemente gemischt. Exotisch wird die Palette des Historimus, indem auch außereuropäische Stile aufgegriffen werden: der Japanische Turm und der Chinesische Pavillon im Parc de Laeken von 1900 und die Pavillons in maurischem Stil im Parc du Cinquantenaire (1880). Ein bitterer Beigeschmack ergibt sich für das Ende des letzten Jahrhunderts, wenn man bedenkt, daß ein Teil des zur Schau gestellten Reichtums aus der Ausbeutung der Kolonie Kongo (Zaire) resultiert. Diese war Privatbesitz von König Léopold II., dessen erklärter Wille es war, Belgiens Hauptstadt in eine repräsentative Metropole nach dem Vorbild von Paris umzuwandeln.

Malerei und Bildhauerei

Constantin Meunier

Einerseits brachte die Industrialisierung Belgiens einen gewaltigen wirtschaftlichen Aufschwung, der sich in Brüssel in reger Bautätigkeit manifestierte, andererseits entstand eine breite Arbeiterschicht und dadurch soziale Probleme. Dieser neuen Schicht der Industrie- und Lohnarbeiter widmete sich in seiner Kunst ab 1880 Constantin Meunier (1831–1905). Er beobachtete sie bei der Arbeit, hielt Kleidung und Haltungen in Bildern und Plastiken fest. Er steht allerdings mitnichten in direkter Tradition der Bauerngenrebilder von Bruegel und Teniers, ganz im Gegenteil: Die bis dato vorherrschende belgische Kunst, aus der er sich erst lösen mußte und zum Realismus hin orientierte, war ganz vom Klassizismus geprägt und ließ nur hehre Themen aus Geschichte und Mythologie und Darstellungen der 'besseren' Leute zu. Der belgische Klassizismus war ganz von dem Franzosen Jacques Louis David geprägt gewesen, der von 1815 bis zu seinem Tod 1825 in Brüssel im Exil lebte. Sein berühmtes Bild "Der ermordete Marat" hängt in den Musées Royaux des Beaux-Arts. Abgesehen von den neuen Sujets aus der Welt der Arbeiter erweist sich auch Meunier als Kind des Klassizismus. Seine Figuren sind nicht im strengen Sinne realistisch aufgefaßt, sondern idealisiert – so verzichtet er etwa beim "Dockarbeiter" von 1893 nicht auf das klassische Haltungsschema mit Stand- und Spielbein, den sogenannten Kontrapost. Eine große Anzahl seiner Plastiken und Gemälde sind in seinem Brüsseler Wohnhaus (59, Rue de l'Abbaye) ausgestellt. Sein "Sämann" steht im ehemaligen Botanischen Garten, der "Schnitter" im Parc du Cinquantenaire.

Constantin Meuniers "Sämann" im alten Botanischen Garten

Malerei und Bildhauerei im 19. Jh. (Fortsetzung), James Ensor

James Ensors (1860 – 1949) Interesse gilt der menschlichen Psyche. Er versucht das Dämonische im Menschen in seinen Gemälden einzufangen. Auf seinem Bild "Les Masques scandalisés" (1883; Musées Royaux des Beaux-Arts) sind zwei Menschen durch Faschingsmasken entstellt; die Begegnung ist unheimlich und entbehrt jeglichen Karnevalshumors. Die Masken, ein häufiges Motiv Ensors, verbergen nicht, sondern offenbaren das wahre Ich der Gestalten. Sein Hauptwerk, "Der Einzug Christi in Brüssel" (1888), befaßt sich mit dem Aufbrechen der sozialen Gegensätze und ist durchdrungen von Allegorien.

Les XX

Ensor und Meunier, so unterschiedlich ihre künstlerischen Auffassungen waren, gehörten den "Les XX" an, einer von 1883 bis 1894 bestehenden, sehr heterogenen Künstlervereinigung. Jedes Mitglied konnte frei seinen künstlerischen Intensionen nachgehen, denn es ging der Gruppe um den allgemeinen geistigen Austausch, um gegenseitige künstlerische Befruchtung und nicht um eine einheitliche Kunstauffassung. "Die Zwanzig" waren typisch für das experimentierfreudige geistige Klima Brüssels am Ende des 19. Jh.s, so daß Brüssel sowohl für die Entwicklung des Jugendstils als auch des Symbolimus eine zentrale Rolle spielen konnte.

Symbolismus

Der Symbolismus war eine Antwort auf Realisten und Impressionisten, die das Sichtbare darstellten. Die Symbolisten suchten nach dem tieferen Sinn der Dinge, dem verborgenen Wesen des Menschen. Die Bilder von Fernand Khnopff (→ Berühmte Persönlichkeiten) sind introvertiert, melancholisch und zugleich seltsam kühl. Einsamkeit und Stille waren wichtige Themen für ihn, wie auch seine Bilder "Erinnerungen" (1889), "Stille" (1890) und "Die Kunst" (1896) in den Musées Royaux des Beaux-Arts zeigen.

Jugendstil

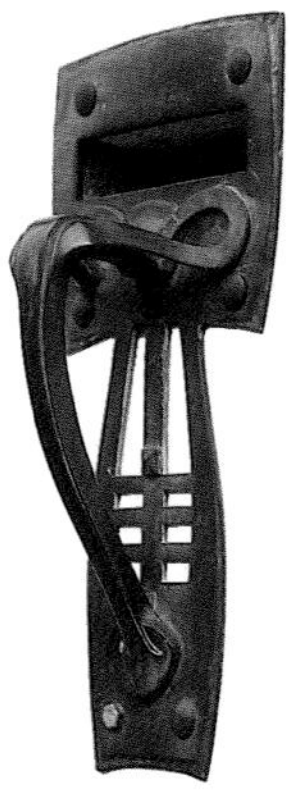

Auch in kleinen Dingen groß: Jugenstiltürgriff an einem Brüsseler Haus

Entscheidende Anstöße für die internationale Bewegung des Jugendstils bzw. der Art Nouveau gingen von Brüssel aus. Victor Hortas (→ Berühmte Persönlichkeiten) Hôtel Tassel in der Rue de Turin von 1892/1893 ist das erste Bauwerk, das als reine Jugendstilarchitektur bezeichnet werden kann, womit Brüssel zurecht als die Stadt genannt wird, in der die Art Nouveau den Durchbruch schaffte. Der Jugendstil kann als Reaktion auf den Historismus angesehen werden, indem er sich von Stilen vergangener Epochen bewußt abwandte, sie gar verpönte. Der neue Stil zeichnet sich durch die ausschließliche Verwendung neuer Ornamente aus, die Vorliebe für Asymmetrisches, die freischwingende Linie, die Aufnahme von organischen, vor allem pflanzlichen Formen in die Ornamentik und den Kult jugendlicher Schlankheit und Frische. Entscheidend war, daß die Art Nouveau die ganze Lebenswelt erfassen sollte. So wurden nicht nur die Häuser entworfen, sondern meist die gesamte Innenausstattung bis hin zu den Türklinken. Durch die neuen Techniken, vor allem den souveränen Umgang mit Glas- und Metallkonstruktionen, wurden neue Gestaltungsmöglichkeiten eröffnet. Neben Horta gehört Henry van de Velde (1863 – 1957) zu den Brüsseler Architekten von Weltruf, doch arbeitete er nach 1895 vorwiegend in Deutschland. Die Brüsseler Art-Nouveau-Häusergehören zu den Besten der Jugendstilarchitektur (→ S. 97 ff.).

Von der Jahrhundertwende bis heute

Architektur

An der weiteren Entwicklung der Kunst nahm Brüssel eher rezeptiv teil. Dennoch wurde gerade die Architektur unseres Jahrunderts zu einer Komponente, die das Antlitz der Stadt entscheidend prägt.

Brüsseler Architektur der Gegenwart: Cité Administrative ▶

Architektur der Gegenwart (Fortsetzung)

Anfang der dreißiger Jahre wird auch in Brüssel der Internationale Stil aufgegriffen. Ein Beispiel dafür ist die Wohnanlage im Quartier Léopold am Square De Meeus von Jean-Jacques Eggericx und Raphael Verwilghen (1937), deren klare Baukuben im Skelettbau errichtet sind. 1935 fand in Brüssel die Weltausstellung statt, wofür in Heysel ein Messegelände gestaltet wurde. Das Zentrum bildet das Palais du Centenaire, ein pyramidal angelegter Bau, an dessen Schauseite der Kontrast zwischen horizontalen und vertikalen Baugliedern ausgespielt wird. Die vier gigantischen Betonpfeiler des Mittelbaus und die massive Sockelgestaltung verschaffen dem Bau einen neoklassizistischen, allzu monumentalen Charakter. Das Wahrzeichen der Weltausstellung von 1958 ist das Atomium von André Waterkeyn. Gestaltet als Modell eines Moleküls ist der Bau ganz Zeichen und eher als Skulptur zu bezeichnen denn als Architektur, wäre nicht die Nutzung als 'Haus' im herkömmlichen Sinn möglich.

'Bruxellisation'

Neben dem Atomium verdankt Brüssel dieser Weltausstellung aber auch städtebauliche Veränderungen wie die verkehrstechnisch interessante, unterirdische Verbindung von Nord- und Südbahnhof. Allerdings konnten diese Neugestaltung und der einsetzende Bauboom für Verwaltungsarchitekturen – nachdem Brüssel auch Sitz der Europäischen Institutionen und der NATO geworden war – nur auf Kosten historischer Bausubstanz durchgesetzt werden. Ganze Häuserblocks fielen der Abrißbirne zum Opfer, und wo dies nicht möglich war, setzte man die Neubauten einfach in die unmittelbare Nachbarschaft, begünstigt durch eine nicht vorhandene übergreifende Stadtplanung, Kompetenzgerangel unter den 19 Teilgemeinden Brüssels und durch einen eher laschen Denkmalsschutz. Diese Vorgehensweise, unter dem Stichwort 'Bruxellisation' berüchtigt geworden, zeitigte das heute so zerrissene Stadtbild Brüssels mit seinen teilweise unwirklich anmutenden Plätze, wo historische Gebäude von riesigen Bürohochhäusern geradezu erdrückt werden, wie etwa um die Cité Administrative, am Boulevard de l'Empereur oder am Théâtre Royal de la Monnaie, das unter dem davor hingesetzten Einkaufszentrum leidet. Typische Bauwerke dieser Zeit sind das Palais Berlaymont, das Gebäude der Banque Lambert (Avenue Marnix) von dem amerikanischen Architektenbüro Skidmore, Owings & Merrill (1958) – interessant als Durchbruch einer neuen Tendenz, denn die Außenwände sind wieder tragend und das Stahlbetonraster läßt Öffnungen für Fenster – ansonsten blieb aber die von Mies van der Rohe initiierte vorgehängte Glasfassade entscheidendes Gestaltungsprinzip der Hochhäuser, etwa bei der Cité administrative de l'Etat (1958–1984), dem World Trade Center (seit 1968), dem Hilton Hotel (1963–1967) und dem International Trade Center. Die in den achziger Jahren einsetzende Postmoderne hat auch in Brüssel Spuren hinterlassen. Das Institut Supérieur de Commerce Saint-Aloysius von A. Hoppenbrouwers (1983–1987) ist nur ein Beispiel, ebenso die jüngst eingeweihten Gebäude der Cité Européenne, ganz im Geiste der 'Bruxellisation' auf Kosten des altehrwürdigen Quartier Léopold aus dem Boden gestampft.

Malerei

Surrealismus

Von den Brüsseler Künstlern unseres Jh.s sind zwei Surrealisten hervorzuheben. Paul Delvaux (1897–1994) stellt Menschen, meist sind es weibliche Akte, in architektonische Zusammenhänge, die Figuren sind aber in ihrer Umgebung fremd, auch in der Begegnung vereinzelt, auf sich selbst bezogen. Delvaux studierte an der königlichen Akademie Brüssels, wo er schließlich dann selbst auch unterrichtete. Er starb in Veurne.

International angesehener ist René Magritte (⟶ Berühmte Persönlichkeiten). Magritte kombiniert Gegenstände, Welten und Figuren neu, verändert natürliche Größenverhältnisse und Farbgebungen, so daß verfremdende Effekte entstehen. Auch setzt er die Malerei selbst surrealistisch ein, indem er Bilder ins Bild setzt, nahezu fotorealistisch Erfaßtes mit stark Abstrahiertem kombiniert. Magritte hinterfragt durch seine Bildarrangements die Sehgewohnheiten und Realitätsvorstellungen des Betrachters, um ihn zu verwundern. Dabei darf die gedankliche Tiefe und Hintergründigkeit seiner Bilder nicht übersehen werden. Werke beider Künstler sind in den Musées Royaux des Beaux-Arts zu sehen.

Musik, Literatur und Comics

Musik

Musikgeschichte ist in Brüssel nicht geschrieben worden, dennoch ist die Stadt das bedeutendste Musikzentrum Belgiens und schneidet auch international auf diesem Gebiet gut ab. Vier große Symphonie-Orchester sind in hier ansässig: das Orchestre National de Belgique (ONB/NOB), das Orchestre du Théâtre Royal de la Monnaie, das Nouvel Orchestre Symphonique de la RTBF und das Sinfonieorkest van de BRT (die beiden Orchester des Rundfunks). Außerdem gibt es in Brüssel einige Kammerorchester und bedeutende Chorvereinigungen. Das Opernhaus (Théâtre Royal de la Monnaie) ist in den achtziger Jahren unter der Ägide von Gérard Mortier wieder ein Haus von europäischem Rang geworden, den es auf dem Gebiet des Balletts durch das von 1967 bis 1987 ansässige Ballett des 20. Jahrhunderts von Maurice Béjart schon lange genoß. Renommierteste Ausbildungsstätte für den musikalischen Nachwuchs ist das Conservatoire Royal, an dem berühmte Professoren lehrten, darunter François-Auguste Gevaert (1828–1908) und Henri Vieuxtemps (1820–1881) einer der Begründer der belgischen Violinschule. Einer der schwierigsten Musikwettbewerbe der Welt findet mit dem Concours Reine Elisabeth in regelmäßigen Zeitabständen in den Fächern Violine, Klavier, Komposition und Gesang in Brüssel statt. Zu den Preisträgern gehörten einige der größten Interpreten der letzten dreißig Jahre, u. a. David Oistrach, Emil Gilels, Leonid Kogan, Vladimir Ashkenazy, Gidon Kremer, Stoika Milanova und Miriam Fried.
Einer der berühmtesten Chansonniers der Nachkriegszeit, Jacques Brel (⟶ Berühmte Persönlichkeiten), stammte aus Brüssel, doch Karriere machte er in Paris. Der Gitarrist und Mundharmonika-Virtuose Jean "Toots" Thielemans ist eine feste Größe der Brüsseler Jazz-Szene. Seit einigen Jahren recht populär ist das Brüsseler Duo Vaya Con Dios, das mit jazzig-seichten Stücken seine Zuhörer findet.

Literatur und Theater

Manch Literat hat Brüssel zwar besucht und in seinen Werken verewigt, nur wenige aber haben hier für eine längere Zeit gelebt und gearbeitet. Einer der ersten unfreiwilligen Beuscher war der aus Florenz verwiesene Petrarca; im Dezember 1851 traf Victor Hugo ein, der nach dem Staatsstreich in Frankreich geflohen war und zehn Jahre später in Waterloo die letzten Zeilen seiner "Elenden" schrieb; auch Alexandre Dumas kam im selben Monat in Brüssel an, doch ihm waren seine Gläubiger auf den Fersen, wie auch Charles Baudelaire, dem es aber in Belgien gar nicht gefiel. Andere literarische Größen machten sich aus freien Stücken auf in die belgische Hauptstadt: Honoré de Balzac, Lord Byron oder Charlotte Brontë, die das Mädchen-Pensionat Héger-Parent an der Rue Ravenstein besuchte und sich dabei unglücklich in ihren Lehrer verliebte – verschlüsselt nachzulesen in "Villette". Schlagzeilen machte der Aufenthalt von Arthur Rimbaud und Paul Verlaine, allerdings nicht wegen etwaiger dichterischer Höhenflüge, sondern weil der rasende Verlaine auf seinen Freund Rimbaud schoß, als dieser ihn verlassen wollte.
Von denjenigen, die sich in Brüssel tatsächlich um die Literatur verdient gemacht haben, ist der berühmteste Charles de Coster (⟶ Berühmte Persönlichkeiten), der Verfasser des "Thyl Ulenspiegel". Hermann Teirlinck (1879–1967), in Brüssel geboren, arbeitete als Sprachlehrer am belgischen Hof und machte sich um die Erneuerung des flämischen Theaters verdient. Dieses ist heute in Brüssel in drei größeren Häusern vertreten; auf den meisten Bühnen der etwas mehr als 40 Theater der Stadt aber wird Französisch gesprochen.

Comics

In keinem europäischen Land sind Comics (franz. bandes dessinées) so beliebt und vor allem anerkannt, gibt es eine solche Vielfalt der Bildergeschichten wie in Belgien. Das Land kann auf eine lange, von den USA als dem 'klassischen' Comicland unabhängige Tradition der Bildergeschichten zurückblicken: 1929 erschien die erste Geschichte mit Tintin, der wohl

Comics
(Fortsetzung)

Lucky Luke reitet für die belgische Post

bekanntesten Figur aus belgischer Produktion, die bald sehr erfolgreich war. Schon 1946 gab Raymond Leblanc mit der Jugendzeitschrift 'Tintin' ein Magazin heraus, das bis heute – unter dem Nachfolgetitel 'Hello B.D.' – die erfolgreichste Comiczeitschrift Belgiens geblieben ist, die nicht nur Geschichten und -serien, sondern auch einen hervorragenden redaktionellen Teil besitzt und vielen jungen Zeichnern erste Publikationsmöglichkeiten gibt. Die Strips erscheinen nicht nur in Zeitungen und Heftchen, sondern werden auch in Albenform publiziert. Viele der Abenteuer von Tintin wurden als Zeichentrickfilme oder als Spielfilme produziert, und auch die Geschichten um die Schtroumpfs, Lucky Luke oder Spirou fanden Eingang in Film und Fernsehen; Lucky Luke reitet gar für die belgische Post. Éditions Lombard, neben Casterman in Tournai und Dupuis in Charleroi einer der wichtigsten Comicverlage Belgiens, hat seinen Firmensitz in Brüssel. Viele der belgischen Comic-Figuren sind auch im deutschsprachigen Raum bekannt, allen voran Tim und Struppi (Tintin), Lucky Luke, die Schlümpfe, Gaston Lagaffe und Spirou und Fantasio. Freunden der bunten Bildergeschichten sei ein Besuch im Brüsseler Comicmuseum (→ S. 65) wärmstens empfohlen.

Bildung und Wissenschaft

Hochschulen

Die 1834 gegründete Freie Universität Brüssel (Université Libre de Bruxelles/Vrije Universiteit van Brussel) ist die führende Hochschule der Stadt. An ihr sind rund 50 000 Studenten immatrikuliert. Von allen Fakultäten gibt es eine französischsprachige und eine niederländischsprachige Abteilung. In der Woluwé-St-Lambert befindet sich eine große Niederlassung der Medizinischen Fakultät der Universität Leuven (Louvain-en-Woluwé).
Brüssel ist zudem Sitz der ehrwürdigen Académie Royale des Sciences, des Lettres et de Beaux-Arts de Belgique, der Ecole Nationale Supérieure d'Architecture et des Arts Visuels, des Conservatoire Royal de Musique sowie zahlreicher anderer bedeutender Akademien, Schulen, wissenschaftlicher Gesellschaften und Forschungseinrichtungen der Europäischen Union.

Museen

Aus der vielfältigen, ca. 70 Häuser umfassenden Museumslandschaft Brüssels ragen zwei heraus: die Musées Royaux des Beaux-Arts de Belgique, mit ihren hervorragenden Sammlungen alter flämischer Meister und moderner belgischer Maler ein Kunstmuseum von Weltrang, und die Musées Royaux d'Art et d'Histoire, die u.a. eine einzigartige Kollektion Brüsseler Spitzen und Gobelins besitzen.

Berühmte Persönlichkeiten

Hinweis

Die nachstehende namensalphabetisch geordnete Liste vereinigt Persönlichkeiten, die durch Geburt, Aufenthalt oder Tod mit Brüssel verbunden sind und überregionale Bedeutung erlangt haben.

Maurice Béjart
(geb. 1.1.1928)

Maurice Béjart, in Marseille als Maurice Berger geboren, hat mit seiner Balletttruppe 'Ballett des 20. Jahrhunderts' Tanzgeschichte geschrieben. Er gründete diese Compagnie als Ballettdirektor des Brüsseler Théâtre Royal de la Monnaie, wohin er 1960 gekommen war. Bis 1981 blieben er und seine Tänzer in Brüssel, von wo aus sie zu weltweiten Erfolgen aufbrachen. Zu seinen bedeutendsten Choreographien zählt Strawinskis "Sacre du printemps"; vor allem aber widmet sich Béjart bis heute der Erneuerung des Balletts durch die Verbindung klassischer und moderner Elemente zu einem 'spectacle seul', wie er es mit seinem eigenen Werk "La symphonie pour un homme" 1955 vollbrachte.

Jacques Brel
(8.4.1929 bis
9.10.1978)

Jacques Brel, der in Paris berühmt gewordene Poet, Chansonsänger und Schauspieler, stammte aus Brüssel. Er hatte sich mit gesellschaftskritischen Liedtexten einen Namen gemacht, die er mit markanter Stimme vortrug. Sehr bekannt sind seine Lieder "Les Flamandes", "Marieke" und "Ne me quitte pas". Aufgrund einer schweren Krankheit zog er sich ab 1975 mit kurzen Unterbrechungen in die Südsee zurück. Er starb 1978 in Paris. Ihm zu Ehren hat in Brüssel ein Kulturzentrum mit Jugendherberge seinen Namen erhalten.

Pieter Bruegel d. Ä.
(wahrscheinlich
1525 bis
5.9.1569)

Pieter Bruegel der Ältere, auch 'Bauernbruegel' genannt, wurde um 1525 in Brogel (Kempen) oder bei Breda geboren. Er ist einer der bedeutendsten Maler des 16. Jahrhunderts. Er war spätestens 1551 Angehöriger der Antwerpener Lukasgilde und siedelte 1561 nach seiner Eheschließung mit Mayken Coeke, der Tochter seines Lehrmeisters Pieter Coeke van Aelst, nach Brüssel über. Hier bezog er ein Haus an der Hoogstraat im heutigen Marollenviertel. Dieser Ehe entstammen die Söhne Pieter Bruegel d. J. ('Höllenbruegel'; 1564–1638) und Jan Bruegel d. Ä. ('Blumenbruegel' oder 'Sammetbruegel'; 1568–1625). Bruegels umfangreiches Werk umfaßt ca. 45 Gemälden sowie Zeichnungen und Kupferstiche. Besonders bekannt sind seine Darstellungen des bäuerlichen Lebens und seine Landschaftsbilder aus seiner flämisch-brabantischen Heimat. Zu seinen berühmtesten Werken zählen die beiden Stiche "Sieben Tugenden" und "Sieben Laster", die sogenannten 'Wimmelbilder' "Kinderspiele" und "Streit zwischen Karneval und Fasten" sowie die Gemälde "Bauernhochzeit", "Bauerntanz", "Schlaraffenland", "Jäger im Schnee", "Der Bethlemitische Kindermord" und "Turmbau zu Babel".

Berühmte Persönlichkeiten

Charles de Coster (10.8.1827 bis 7.5.1889)

Für Charles de Coster, in München geboren, doch seit früher Kindheit in Brüssel lebend, kam der Ruhm erst nach dem Tod. Zeit seines Lebens mußte er um seine Existenz bangen, und erst 1870 kam er als Deutschlehrer an der Brüsseler Militärschule zu einem gesicherten Einkommen. Mit "La légende d'Ulenspiegel", an der er zehn Jahre schrieb, schuf er in derber, bildkräftiger Sprache ein literarisches Denkmal für den Freiheitskampf der Spanischen Niederlande, in dessen Mittelpunkt der Spötter und Tyrannenfeind Thyl Ulenspiegel aus dem flandrischen Damme und dessen Freund Lamme Goedzak stehen.

André Cluytens (26.3.1905 bis 3.6.1967)

Der in Antwerpen geborene Dirigent André Cluytens hat sich besondere Verdienste um das Musikleben der belgischen Hauptstadt erworben. Seine musikalische Laufbahn begann er als Kapellmeister in seiner Geburtsstadt, später wirkte er fast zwei Jahrzehnte in Paris, wo er große Erfolge feiern konnte. Im Jahre 1962 kehrte er nach Brüssel zurück, wo er Chefdirigent des Belgischen Nationalorchesters wurde und besonders mit Interpretationen von Ravel und Débussy hervortrat.

Audrey Hepburn (4.5.1929 bis 20.1.1993)

Sicher wird man sich etwas wundern, Audrey Hepburn als 'berühmte Brüsselerin' zu finden – aber immerhin: die Darstellerin der kapriziösen Holly Golightly in "Frühstück bei Tiffany" und der Eliza Doolittle in "My Fair Lady", Tochter eines Briten und einer Niederländerin, wurde als Edda van Heemstra Hepburn-Ruston in Brüssel geboren und verlebte die erste Zeit ihres irdischen Daseins in der belgischen Hauptstadt.

Hergé (22.5.1907 bis 4.3.1983)

Jeder Belgier kennt den flinken Reporter Tintin und seinen Hund Milou (dt. Tim und Struppi), die, unterstützt von Captain Haddock, den Bösewichtern dieser Welt das Handwerk legen. Der Vater dieser bunten Comic-Männchen wurde in Etterbeek geboren und hieß Georges Remi. Er drehte einfach die Anfangsbuchstaben seines Namens um und brachte es als 'Hergé' (RG) zu Belgiens bedeutendstem Comiczeichner, stilbildend für ganze Generationen von Nachfolgern. Hergés Bildgeschichten bestechen durch ihre Präzision: Sei es die Kleidung der Figuren, seien es Flugzeuge, Autos, Straßenzüge oder technische Geräte – alles ist eine exakte Wiedergabe des Ortes und der Zeit, in der die Geschichten spielen, ohne dabei aber den einfachen Strich des Comics zu vergessen. Tintin und Milou erschienen erstmals 1929 in "Tintin au pays de Soviets", der viele andere Geschichten folgen sollten.

Hergé ist allerdings nicht unumstritten. War "Tintin au pays de Soviets" holzschnittartig-derb antikommunistisch, so beförderte "Tintin au Congo" deutlich imperial-rassistisches Gedankengut. Auch Hergés Haltung gegenüber der deutschen Besatzungsmacht im Zweiten Weltkrieg hat ihm manch Belgier übelgenommen. Der Popularität und Klasse seiner Bildergeschichten aber hat dies bis heute keinen Abbruch getan.

Victor Horta (6.1.1861 bis 8.9.1947)

Der in Gent geborene Victor Horta war einer der richtungweisenden Architekten des ausgehenden 19. Jh.s und der ersten Hälfte des 20. Jh.s in Belgien. Er war insbesondere ein Vertreter des Jugendstils bzw. des 'Modern Style'. Hierfür stehen Gebäude wie das Hôtel Tassel, das Hôtel Solvay und das – inzwischen leider abgerissene – Maison du Peuple in Brüssel. Nach einem Aufenthalt in den USA von 1916 bis 1919 ließ er wieder Elemente des Klassizismus in seine Architektur einfließen. Dies wird deutlich im Palais des Beaux-Arts in Brüssel, der in den zwanziger Jahren nach Hortas Vorlagen entstanden ist. Leben und Werk des Architekten sind in seinem ehemaligen Wohnhaus in der Rue Américaine dokumentiert.

Fernand Khnopff (12.9.1858 bis 12.11.1921)

Der in Grimbergen bei Brüssel geborene Künstler gilt als Hauptmeister des belgischen Symbolismus. Nach einem Jurastudium hielt sich Khnopff in Paris auf, wo ihn besonders Eugène Delacroix und Gustave Moreau faszinierten. Die größten Erfolge konnte der bereits zu Lebzeiten gefeierte Künstler um die Jahrhundertwende mit Ausstellungen bei den Wiener Sezessionisten verzeichnen. Im Jahre 1902 ließ sich Khnopff in Brüssel

Fernand Khnopff (Fortsetzung)

einen weißen Jugendstil-Marmorbau errichten, in dem er lebte und arbeitete. In der Abgeschlossenheit dieses Hauses entstanden Buchillustrationen, Skulpturen und Gemälde, vor allem jene seltsamen Frauenfiguren, die dem Leben entrückt zu sein scheinen und die immer wieder mit denselben Attributen auftauchen: einer Lilie und einer Elfenbeinmaske von Hypnos, dem Gott des Schlafes und Bruder des Todes.

René Magritte (21.11.1898 bis 15.8.1967)

Der in Lessines geborene Künstler, Hauptvertreter des belgischen Surrealismus, verdingte sich nach seiner Ausbildung an der Brüsseler Kunstakademie zunächst als Reklamezeichner. Größten künstlerischen Einfluß übte das Werk Giorgio de Chiricos auf ihn aus. Nach einem dreijährigen Parisaufenthalt ließ er sich in Brüssel nieder und begründete mit seiner Malerei eine eigene, vom Surrealismus geprägte Schule. In seinen Bildern stellte er detailliert gemalte banale Gegenstände in neue Zusammenhänge und hinterfragte damit die Gewohnheiten der Wahrnehmung. Neben großen Tafelbildern hat er auch eindrucksvolle Wandgemälde geschaffen, so z.B. 1961 im Brüsseler Palais des Congrès.

Maria von Burgund (13.2.1457 bis 27.3.1482)

Die in Brüssel geborene Erbtochter von Karl dem Kühnen war die letzte burgundische Herrscherin in Brabant. Sie wurde 1477 zur Herzogin erhoben und heiratete im selben Jahr den späteren deutschen Kaiser Maximilian I. Nach ihrem Tod fiel ihr burgundisches Erbe an ihren Ehemann und damit an das Haus Habsburg. Der Ehe mit Maximilian entstammen Philipp I. (der Schöne) von Kastilien und Margarete von Österreich.

Karl Marx (5.5.1818 bis 14.3.1883)

Das an Ausweisungen und Exilen reiche Leben von Karl Marx verschlug ihn 1845 auch nach Brüssel, wo er mit seiner Familie bis zur erneuten Ausweisung 1848 bleiben konnte. Er kam allerdings aus Paris, von wo er wiederum – auf Drängen der preußischen Regierung – wegen zweier antipreußischer Artikel im Pariser "Vorwärts" ausgewiesen worden war. Die nächste Station war nun Brüssel – in Preußen hätte ihn ein Hochverratsprozeß erwartet –, allerdings mußte sich Marx verpflichten, nichts über das tagespolitische Geschehen zu veröffentlichen. Mehrfach wechselte er mit seiner Frau Jenny, seiner Tochter gleichen Namens und der Haushälterin Lenchen Demuth den Wohnort; u.a. lebte die Familie auch im heutigen Maison du Cygne an der Grand'Place. In Brüssel wurden seine Tochter Laura und sein Sohn Edgar geboren. Während seines Brüsseler Aufenthaltes verfaßte er zusammen mit Friedrich Engels u.a. die "Deutsche Ideologie" und das "Elend der Philosophie", gründete die "Deutsche Brüsseler Zeitung" und veröffentlichte im Februar 1848 das "Manifest der Kommunistischen Partei", das jedoch in der gleichzeitig stattfindenden Revolution kein großes Echo fand. Nach Revolution und Veröffentlichung des Manifests war dann auch die Grenze des Großmuts der Brüsseler und der belgischen Politiker – die ihn ständig beschatten ließen – überschritten: Anfang März wurde die Familie Marx aus Belgien ausgewiesen; Jenny Marx, die den eigentlichen Lebensunterhalt der Familie bestritt, ist gar für eine Nacht im Brüsseler Stadtgefängnis, dem heutigen Hotel Amigo, festgehalten worden. Über Köln und Paris kam Marx 1849 schließlich nach London, wo er wenige Wochen nach dem Tod seiner ersten Tochter Jenny starb.

Arthur Rimbaud (20.10.1854 bis 10.11.1891) und Paul Verlaine (30.3.1844 bis 8.1.1896)

Der Brüsseler Aufenthalt der beiden Dichter Rimbaud und Verlaine hat zunächst Skandal- und später auch Literaturgeschichte geschrieben. Paul Verlaine, einer der bedeutendsten Lyriker Frankreichs, wurde in Metz als Sohn eines Offiziers geboren. Sein Leben verlief zunächst in geordneten Bahnen. Er schlug die Beamtenlaufbahn ein und heiratete im Jahre 1870.

Rimbaud und Verlaine (Fortsetzung)

Arthur Rimbaud

Aber bereits ein Jahr nach seiner Eheschließung lernte er den damals 17jährigen, im Ardennenstädtchen Charleville geborenen Arthur Rimbaud kennen, der sich zum Dichter berufen fühlte. Zu ihm fühlte er sich immer stärker hingezogen, bis er – inzwischen dem Alkohol verfallen – sich von Frau und Beruf lossagte und mit Rimbaud durch Nordfrankreich, England und Belgien vagabundierte. Die Beziehung der beiden war jedoch mehr und mehr geprägt von alkoholischen Exzessen, Eifersuchtsszenen und Auseinandersetzungen über den Rimbaud zu bürgerlichen Lebensstil Verlaines. In London schließlich verließ Verlaine den jungen Rimbaud und ging nach Brüssel, wo er seine Mutter traf. Er flehte von dort aus jedoch Rimbaud an, zurückzukommen, was dieser auch tat. Am 10. Juli 1873 aber teilte ihm Rimbaud mit, daß er ihn nun endgültig verlassen wollte, woraufhin der völlig betrunkene Verlaine auf diesen schoß und an der Hand verletzte. Dennoch gingen sie später gemeinsam mit Mutter Verlaine zum Gare du Midi, doch unterwegs schoß Verlaine erneut auf Rimbaud, der auf eine Polizeiwache floh. Verlaine wurde zu zwei Jahren Gefängnis verurteilt.

Paul Verlaine

Die Brüsseler Pistolenschüsse wurden zum Wendepunkt im Leben Verlaines. Vor der Bekanntschaft mit Rimbaud hatte er sich bei seinen Dichtungen im wesentlichen an die konventionellen Formen und Inhalte der 'Parnassiens' gehalten, während dieser Zeit entwickelte er dann "seinen" Stil: formal durch die Aufgabe starrer Versmaße und Reimschemata und thematisch durch das Sichtbarmachen tabuisierter seelischer Stimmungen, wie Zärtlichkeit, Ekstase, Obszönität, Erotik. Nach der Schießerei in der Rue de la Colline entdeckte er den Katholizismus wieder, griff auf Bilder der Kindheit zurück, wandte sich vom freien Vers ab und schuf gebetsartige Gedichte. Den Sprung ins bürgerliche Leben schaffte Verlaine nach Verbüßen seiner Gefängnisstrafe nicht mehr. 1874 hatte sich seine Frau scheiden lassen, danach schlug er sich als Lehrer in England durch. Seinen Lebensabend verbrachte er überwiegend in Spitälern, Bordellen und Kneipen. Völlig verlassen und verarmt starb er 1896 in Paris. Mit Rimbaud traf er sich 1874 noch einmal in Stuttgart. Dieser gab die Literatur völlig auf und führte ein unstetes Leben, u. a. als holländischer Soldat in Sumatra. Er starb in Marseille. Literarischen Ruhm erlangte er dennoch durch Verlaine, der ihn in den "Poètes Maudits" bekannt gemacht hatte.

Paul-Henri Spaak (25. 1. 1899 bis 31. 7. 1972)

Der Sozialist Paul-Henri Spaak aus Schaerbeek war der bedeutendste belgische Politiker der Nachkriegszeit. Seit 1936 diente er – mit Unterbrechungen – bis 1966 seinem Land als Außenminister (darunter 1940 – 1944 im Londoner Exil) und war 1938/1939, 1946 und 1947 – 1949 Premierminister. Schon in seiner Londoner Zeit begann er an der Schaffung der Benelux-Zollunion mitzuarbeiten, 1945 beteiligte er sich an der Ausarbeitung der UN-Charta und war Präsident der ersten UN-Vollversammlung 1946. Spaak hatte entscheidenden Einfluß auf den Thronverzicht König Leopolds III. In den fünfziger Jahren war er einer der Motoren der europäischen Integration. Montanunion, die Gründung von EWG und EURATOM tragen die Handschrift von Paul-Henri Spaak, der, nachdem er von 1957 – 1961 noch Generalsekretär der NATO war, als Außenminister einer Koalitionsregierung bis 1966 sein letztes politisches Amt bekleidete.

Andreas Vesalius (Dezember 1514 bis Oktober 1564)

Die moderne Medizin wäre ohne die Energie – und auch den Wagemut – von Andreas Vesalius, fläm. Andries van Wesel, nicht denkbar. Der Sohn des Hofapothekers Karls V. wurde in Brüssel geboren und studierte in Leuven und Padua Medizin und Anatomie, wo er von 1537 an auch lehrte. Sein Hauptinteresse galt der Anatomie. Er gewann völlig neue Erkenntnisse, die er 1543 im reich illustrierten Buch "De humanis corporis fabrica, libri septem" veröffentlichte, das als das erste vollständige Lehrbuch der menschlichen Anatomie gilt. Die Leistung Vesalius' beruht nicht nur auf seiner wissenschaftlichen Brillanz, sondern auch in seiner Skepsis gegenüber den bis dahin gültigen Lehren des antiken Galen, der lediglich aus der Sektion von Tierkadavern auf die menschliche Anatomie geschlossen hatte, und in seinem Mut, als Gelehrter den Verboten der Katholischen Kirche zu trotzen und Sektionen nicht durch unausgebildete Assistenten vornehmen zu lassen, sondern sich selbst daran zu machen. Die Leichen für seine Vivisektionen besorgte er sich u.a. heimlich des nachts vom Brüsseler Galgenberg, wo heute der Justizpalast steht.
Nach der Veröffentlichung des Buches machte ihn Karl V. 1543 zu seinem Leibarzt. Mit dem spanischen Hof reiste Vesalius durch Europa; von 1553 bis 1556 lebte er noch einmal in Brüssel. Er starb auf der griechischen Insel Zakynthos auf der Rückkehr von einer Pilgerreise nach Jerusalem.

Rogier van der Weyden (um 1440 bis 18.6.1464)

Das erste gesicherte Datum aus dem Leben des bedeutenden flämischen Renaissance-Malers Rogier van der Weyden ist das Jahr 1427, in dem er in Tournai eine Lehre bei Robert Campin absolvierte, dem sogenannten 'Meister von Flémalle', der seinerseits Schüler Jan van Eycks war. Ab 1435 unterhielt er dann ein großes Atelier als Stadtmaler in Brüssel. Um die Jahrhundertmitte hielt er sich auf Einladung italienischer Fürstenhöfe in Rom, Florenz, Ferrara und Venedig auf, schuf um 1460 für St. Columba in Köln den "Dreikönigsaltar" (heute in München), kehrte jedoch immer wieder nach Brüssel zurück, wo er auch starb.
Rogier van der Weyden signierte seine Werke nicht. Eine sichere Zuordnung der Bilder ist daher oft schwer. Die Neuerung dieses Künstlers liegt vor allem im Abrücken von der Statik der Figuren hin zu einer Dramatisierung des Bildgeschehens. Sein bedeutendstes Werk ist die Altartafel mit einer "Kreuzabnahme" im spanischen Königspalast Escorial.

Marguerite Yourcenar (8.6.1903 bis 17.12.1987)

Die in Brüssel geborene Verfasserin psychologischer Romane und Novellen, eigentlich Marguerite de Crayencour, wurde 1980 als erste Frau in die Académie française gewählt. Ihr bekanntestes Werk sind die imaginären "Mémoires d'Hadrien" ("Memoiren des Hadrian").

Eugène Ysaye (16.7.1858 bis 12.5.1931)

Eugène Ysaye, in Lüttich geboren, Schüler des Violinvirtuosen Henri Vieuxtemps, lehrte von 1886 bis 1898 am Brüsseler Konservatorium und feierte gleichzeit große Erfolge als Violinsolist und Dirigent. Komponisten wie César Franck und Claude Debussy widmeten ihm einige Werke. Auch Ysaye selbst wagte sich an das Komponieren, u.a. schuf er zwei Opern und sechs Violinkonzerte.

Stadtgeschichte

Jungsteinzeit	Funde in Boitsfort, Uccle und Schaerbeek belegen die früheste bislang bekannte Siedlungstätigkeit im Raum Brüssel.
Römerzeit	In Laeken existiert eine römische Villa, die auf ca. 100 n. Chr. datiert wird.
Frühes Mittelalter	Auch die Merowinger haben einige Siedlungsspuren hinterlassen.
6./7. Jahrhundert	Der heilige Goorik (franz. Géry, dt. Gaugerich) soll sich auf einer Insel in der Senne niedergelassen haben.
966	In einer Urkunde Ottos I. taucht erstmals der Name "Bruocsella" auf, was "Siedlung in den Sümpfen" bedeutet.
979	Herzog Karl von Niederlothringen, dessen Geschlecht das Land östlich der Schelde und damit Brabant seit dem Vertrag von Verdun (843) regiert, läßt auf der St.-Goorik-Insel (westlich des heutigen Börsenplatzes) eine Burg mit einer dem hl. Goorik geweihten Kapelle errichten. Das Jahr 979 gilt als das offizielle Gründungsdatum Brüssels. Im Schutz dieser Burg entwickelt sich eine Siedlung mit einem Flußhafen, deren Handel mit London schon für die Jahrtausendwende belegt ist.
984	Die Gebeine der 712 gestorbenen hl. Ursula aus dem Geschlecht der Pipiniden werden in die Gooriks-Kapelle überführt.
um 1010	Wahrscheinlicher Baubeginn für den ersten Festungswall.
1040	Lambert II. Balderic von Leuven beginnt mit der Errichtung einer von einem Wall umgebenen Burg auf dem Coudenberg. Damit entsteht der zweite Brüsseler Siedlungskern in der heutigen Oberstadt. In den folgenden Jahrzehnten lassen sich vermehrt Handwerker und Händler nieder. Am Osthang des Sennetales entsteht ein Markt.
1047	Die Reliquien der hl. Gudula werden in die Kirche des hl. Michael, der heutigen Kathedrale Saint-Michel, überführt.
12. Jahrhundert	Im Laufe des 12. Jh.s konsolidiert sich Brüssel als Handelsstadt an der Handelsstraße zwischen dem rheinischen Köln und dem flandrischen Brügge. Um die Mitte des Jahrhunderts zählt die Stadt 30 000 Einwohner.
13. Jahrhundert	Das Tuchmacherhandwerk erreicht seine volle Blüte. Seine Produkte sind bis in den Orient hinein begehrt. Die herzogliche Tuchhalle wird 1221, die Tuchmacherzunft 1282 erstmals urkundlich erwähnt. Sieben Patrizierfamilien regieren die Stadt. 1226 beginnt der Bau der dem hl. Michael und der hl. Gudula geweihten Kathedrale anstelle der alten Kirche.
1303–1306	Unter dem Eindruck des Sieges der Brügger Zünfte über ein französisches Ritterheer in der Sporenschlacht von 1302 erheben sich ein Jahr später

auch die Brüsseler Zünfte gegen die Herrschaft von Patriziern und Adel 1303–1306
und übernehmen die Regierung der Stadt. Sie werden erst 1306 in der (Fortsetzung)
Schlacht von Vilvoorde geschlagen.

Nach dem Tod Johanns III. von Lothringen fällt Graf Ludwig von Flandern 1356
in Brabant ein und setzt sich in Brüssel fest. Nach zwei Monaten wird er von Everard t'Serclaes und den Seinen wieder vertrieben.
Herzogin Johanna erläßt zu ihrem Amtsantritt die 'Charte de la Joyeuse Entrée', die die Rechte der Brabanter Bürger festschreibt.

Baubeginn für die zweite Festungsmauer, deren Verlauf heute noch am 1357
Boulevardring um die Innenstadt zu erkennen ist.

Erstmals wird der Ommegang als Fest zu Ehren der hl. Jungfrau vom Sand 1359
(Sablon/Zavel) erwähnt.

Unter dem – im Laufe der Geschichte immer wieder angeführten – Vor- 1370
wand der Hostienschändung kommt es zu einem Pogrom an den Brüsseler Juden. Die Verehrung der 'heiligen Hostie' spielt seitdem eine große Rolle in der Kathedrale Saint-Michel.

Trotz der politischen Wirren ist fast das gesamte 14. Jh. die Ära der florie- Ende 14./Anfang
renden Tuchindustrie. Dieser Umstand und seine Residenzfunktion 15. Jahrhundert
machen Brüssel zur bedeutendsten Stadt des Herzogtums Brabant. Im letzten Viertel des 14. Jh.s allerdings zeichnet sich die Krise der Tuchindustrie ab, nachdem der Wollelieferant England die Produktion weitgehend selbst übernimmt. Im Laufe des 15. Jh.s gelingt es jedoch, diesen Rückgang durch die Herstellung von Luxusgütern wie Gobelins und Spitzen zu kompensieren.

Der Grundstein für das Rathaus wird gelegt. 1401

Nach dem Tod von Margarete, Erbtochter der Herzogin Johanna, überneh- 1406
men die Burgunder in Person Philipps des Kühnen, der seit 1369 mit Margarete verheiratet war, de facto die Herrschaft in Brabant. Damit beginnt die legendäre Blütezeit Brüssels als Residenz der burgundischen Herzöge, die Adel und Künstler aus ganz Europa anzieht.

Die Stadt erhält eine Selbstverwaltung, die in dieser Form im wesentlichen 1421
bis ins 18. Jh. bestehen bleibt.

Brabant und damit Brüssel fallen offiziell an Burgund, das zu dieser Zeit 1430
von Philipp dem Guten regiert wird.

Rogier van der Weyden beginnt seine Arbeit als Stadtmaler von Brüssel. 1436

Die Stadt hat weit über 40 000 Einwohner. um 1450

Das Rathaus ist vollendet. 1455

Mit dem Tod Karls des Kühnen in der Schlacht von Nancy endet die bur- 1477
gundische Glanzzeit Brüssels.

Nach dem Tod von Karls Tochter Maria von Burgund, die Kaiser Maximilian 1482
I. verheiratet war, übernehmen die Habsburger die Herrschaft in den Niederlanden.

Der spätere Kaiser Karl V. wird Erzherzog von Brabant und hält auf dem 1515
Coudenberg Hof.

Karl V. wird in Brüssel zum Kaiser des Heiligen Römischen Reiches Deut- 1519
scher Nation proklamiert.

1520	Die seit 1490 zwischen Mechelen und Innsbruck bestehende Kurierpostverbindung wird auf Initiative des zum Generalpostmeister ernannten Johann Baptist von Taxis nach Brüssel verlängert.
1531	Brüssel wird Hauptstadt der Spanischen Niederlande, die Holland und das heutige Belgien umfassen.
1549	Zu Ehren von Karl V., Philipp II. und anderen gekrönten Häuptern Europas wird der Ommegang besonders prachtvoll begangen. Er hat seitdem einen festen Platz im Brüsseler Festkalender.
1555	Karl V. dankt nach dem Augsburger Religionsfrieden ab. Brabant und Brüssel werden von Philipp II. von Spanien regiert. In den folgenden Jahren verschärft sich der Konflikt zwischen den protestantischen, nach Unabhängigkeit strebenden 'Geusen' unter der Führung von Wilhelm von Oranien und den katholischen Spaniern. Philipps Statthalter, der Herzog von Alba, führt ein blutiges Regime.
1561	Der Kanal von Willebroeck, der Brüssel mit Antwerpen verbindet, wird nach elfjähriger Bauzeit eröffnet.
1563	Pieter Bruegel d. Ä. läßt sich in Brüssel nieder.
1566	Der Bildersturm verschont auch die Brüsseler Kirchen nicht.
1568	Die Grafen Egmont und Hoorn, Weggefährten Wilhelms von Oranien, werden auf der Grand'Place hingerichtet.
1577	Nach dem Einzug Wilhelms in die Stadt bricht der offene Aufstand gegen die Spanier auch in Brüssel los.
1585	Die nördlichen Niederlande unter Wilhelm von Oranien sagen sich nach jahrzehntelangem Kampf von Spanien los. Alexander Farnese erobert Brüssel zurück; die südlichen, überwiegend katholischen Niederlande bleiben spanisch.
1599	Die Infantin Isabella, Tochter Philipps II., übernimmt zusammen mit ihrem Mann, Erzherzog Albert von Österreich, die Regentschaft in Brabant und läßt sich in Brüssel nieder.
17. Jahrhundert	Brabant erlebt fast das gesamte 17. Jh. hindurch ruhige Zeiten. Brüssel hat um die Jahrhundertmitte ca. 70 000 Einwohner.
1695	Die Eroberungskriege Ludwigs XIV. machen auch vor Brüssel nicht halt. Von Marschall de Villeroy geführte französische Truppen schießen die Unterstadt in Brand. Ca. 4000 Häuser sind zerstört oder beschädigt; die Grand'Place ist verwüstet. Sie wird in den folgenden Jahren wieder erbaut.
1703	Die Brüsseler Handelskammer wird gegründet.
1713/1714	Ende des Spanischen Erbfolgekrieges. Durch die Verträge von Utrecht gelangen die Spanischen Niederlande und damit Brüssel zu Österreich.
1719	Frans Anneessens, Doyen der Brüsseler Zünfte, wird nach einem Aufstand gegen die Österreicher, die die Rechte der Zünfte beschneiden wollten, enthauptet, obwohl er selbst sich in diesem Streit zurückgehalten hatte.
1731	Der Palast auf dem Coudenberg brennt ab.
1744	Karl von Lothringen wird Statthalter der österreichischen Erblande und residiert in Brüssel. Unter seiner Ägide wird von 1768 an die Oberstadt neu gestaltet.

Die Grand'Place nach der Beschießung durch die Franzosen im Jahr 1695: Blick auf die Nordwestseite, links das Rathaus

Unter dem Eindruck der Geschehnisse in Frankreich erhebt sich Brabant gegen Österreich. Die Vereinigten Belgischen Niederlande werden proklamiert, die die brabantischen Farben Schwarz-Gelb-Rot führen. 1789

Die Österreicher gewinnen die Herrschaft zurück. 1790

Das revolutionäre Frankreich vertreibt die Österreicher. Belgien und Holland werden als Batavische Republik vereint. 1792–1794

Das Direktorium in Paris schlägt den belgischen Teil der Batavischen Republik Frankreich zu; Brüssel wird lediglich Hauptstadt des Départements Dyle. 1795

Napoléon Bonaparte, Erster Konsul, hält sich zehn Tage in der Stadt auf. 1803

Auf dem Wiener Kongreß werden Holland und Belgien zum Vereinigten Königreich der Niederlande zusammengeschlossen. Brüssel wird neben Den Haag zweite Hauptstadt des Reiches und zweite Residenz von König Wilhelm I., der im Haus der Generalstände inthronisiert wird. 1814

Der auf den Kontinent zurückgekehrte Napoléon wird bei Waterloo endgültig geschlagen. 1815

Die Originalfigur des Manneken Pis wird gestohlen und nur zerbrochen wiedergefunden. 1817

Brüssel erhält Gasbeleuchtung. 1819

Am 25. August bricht in Brüssel die Revolution los. Ausgangspunkt ist das Théâtre Royal de la Monnaie, wo eine patriotische (italienische!) Oper die 1830

1817 herrscht helle Aufregung in der Stadt – Manneken Pis ist gestohlen worden!

1830 (Fortsetzung) Gemüter erhitzt. Im Park von Brüssel liefern sich holländische Truppen und Brüsseler Revolutionäre Feuergefechte.
Am 4. Okotber proklamiert die provisorische Regierung das unabhängige Königreich Belgien mit Brüssel als Hauptstadt.

1831 Leopold von Sachsen-Coburg-Gotha wird belgischer König und zieht am 21. Juli in Brüssel ein.
Zur Zeit seines Amtsantritts leben im Großraum von Brüssel schon ca. 140 000 Menschen.

1834 Gründung der Freien Universität Brüssel durch Theodor Verhaegen.

1835 Eröffnung der ersten Eisenbahnlinie auf dem europäischen Kontinent zwischen Brüssel und Mechelen. Dieses Ereignis ist auch ein Symbol für die rasche Industrialisierung Belgiens.

1837 Gründung der Königlichen Bibliothek.

1846 Sieben Nachbargemeinden vereinigen sich mit Brüssel zur 'Agglomeration von Brüssel'.
Die Galeries St-Hubert, eine der ersten überdachten Ladenpassagen in Europa, wird eröffnet.

1847 Während ihres Brüsselers Exils arbeiten Karl Marx und Friedrich Engels am Kommunistischen Manifest.

1863 Unter Bürgermeister Jules Anspach beginnen die Arbeiten zur Überdeckelung der Senne.

1871 Die großen Boulevards der Innenstadt werden angelegt.

Die Börse wird eingeweiht. 1873

In dem anläßlich der Fünfzigjahrfeiern des belgischen Staates angelegten 1880
Parc du Cinquantenaire findet eine große internationale Ausstellung statt.
Bürgermeister Charles Buls veranlaßt die Restaurierung der Grand'Place.

Der gigantische Palais de Justice wird vollendet. 1883

Victor Horta erbaut das Hôtel Tassel, das erste Art-Nouveau-Gebäude 1892/1893
Brüssels, und gibt damit den Startschuß zum Aufstieg der Stadt zur europäischen Jugendstilmetropole.

Der Willebroeck-Kanal wird verbreitert und vertieft, so daß auch Seeschiffe 1902–1922
bis Brüssel fahren können.

Im Ersten Weltkrieg besetzen deutsche Truppen die Stadt. Die Regierung 1914–1918
flieht nach Le Havre, der König führt von De Panne an der Nordseeküste aus die belgische Armee. Bürgermeister Adolphe Max, der sich den Besatzern nicht fügt, wird deportiert.

Mit der Eingemeindung dreier weiterer Nachbargemeinden erhält die Ag- 1921
glomeration Brüssel ihre heutigen Ausmaße.

Das hundertjährige Bestehen Belgiens wird mit der Weltausstellung auf 1935
dem Messegelände in Heysel begangen.

Im Zweiten Weltkrieg wird Brüssel 1940 abermals von deutschen Truppen 1939–1944
besetzt. Das belgische Kabinett flieht nach England, König Leopold III. unterzeichnet am 28. Mai 1940 die Kapitulationsurkunde und wird interniert. Am 3. September 1944 befreien britische Verbände die Stadt.

Der Musikwettbewerb 'Concours Musical International Reine Elisabeth' 1951
wird ins Leben gerufen.

Im Heysel-Park findet erneut eine Weltausstellung statt. Ihr Wahrzeichen 1958
ist das Atomium.

Brüssel wird Sitz der Europäischen Wirtschaftsgemeinschaft (EWG) und 1959
der EURATOM.
Baubeginn an der Cité Administrative.

König Baudouin vermählt sich in Brüssel mit der spanischen Adligen Fabi- 1960
ola de Mora y Aragón.
Maurice Béjart gründet das 'Ballett des 20. Jahrhunderts'.

Im Gesetz über den Sprachengebrauch für Verwaltungsangelegenheiten 1963
wird die flämisch-wallonische Sprachgrenze festgelegt. Der Raum Brüssel ist als zweisprachiges Gebiet ausgewiesen.

Die NATO verlegt ihr politisches Hauptquartier von Paris nach Brüssel. Das 1967
militärische Hauptquartier zieht nach Casteau bei Mons in Südbelgien.

Die Bibliothèque Albert I und der Kongreßpalast werden eingeweiht. 1969

Die Stadt Brüssel begeht ihr 1000jähriges Jubiläum. 1979

Belgien feiert, überschattet von einer schweren Wirtschaftskrise, den 1980
150. Jahrestag seiner Unabhängigkeit. Gleichzeitig erschüttern innenpolitische Schwierigkeiten infolge des anhaltenden Sprachenstreits das Land. Das Parlament gibt grünes Licht für die allmähliche Föderalisierung Belgiens: Flandern und Wallonien erhalten den Status von Regionen. Der Raum Brüssel erhält einen vorläufigen Sonderstatus.

1984	Glanzvolle Eröffnung des unterirdisch angelegten Musée d' Art Moderne als Teil der Musées Royaux des Beaux-Arts.
1985	Papst Johannes Paul II. besucht im Verlauf seiner Benelux-Reise die belgische Hauptstadt. Im Brüsseler Heysel-Stadion kommt es während des Fußball-Europapokal-Endspiels FC Liverpool gegen Juventus Turin zu blutigen Krawallen. 38 Menschen finden den Tod.
1988	Neben Flandern und Wallonien wird Brüssel dritte belgische Region, allerdings mit einem Sonderstatus. Manneken-Pis begeht sein 600jähriges Jubiläum. Im Quartier Léopold beginnen die Bauarbeiten für neue Gebäude der EG.
1991	Das Palais Berlaymont muß wegen Asbestverseuchung geräumt werden.
1993	Das belgische Parlament verabschiedet im Frühjahr eine Verfassungsreform, die Belgien endgültig zu einem Bundesstaat umwandelt. Dieser besteht aus drei Regionen, die auf vielen Gebieten autonom agieren können: Flandern, Wallonien und Brüssel-Hauptstadt. Am 31. Juli stirbt König Baudouin überraschend. Er wird im Rahmen eines Staatsakts in Brüssel zu Grabe getragen. Im September wird das neu errichtete Brüsseler Sitzungsgebäude des Europäischen Parlaments eröffnet.

Brüssel in Zitaten

Albrecht Dürer (21.5.1471 bis 6.4.1528) Deutscher Maler, Zeichner und Graphiker

Von Mecheln fuhren wir durch das Städtlein Vilvoorde und kamen gen Brüssel am Montag zu Mittag. [...]
Ich hab gesehen zu Brüssel im Rathaus in der goldenen Kammer die 4 gemalten Materien, die der grosse Meister Rogier gemacht hat. Ich hab gesehen in des Königs Haus zu Brüssel hinten hinaus die Brunnen, Labyrinth, Tiergarten, dass ich lustigere Dinge, mir gefälliger, gleich einem Paradies, nie gesehen hab. [...]
Auch hab ich gesehen die Dinge, die man dem König aus dem neuen goldenen Land [Mexiko] gebracht hat: eine ganz goldene Sonne, einen ganzen Klafter breit, desgleichen einen ganz silbernen Mond, auch so gross, desgleichen zwei Kammern voller Rüstungen derselben, desgleichen allerlei Waffen, Harnische, Geschütze, wunderbare Schilde, seltsame Kleidung, Bettwäsche und allerlei wunderbare Dinge zu mannigfachem Gebrauch, die da viel schönner anzusehen sind, denn Wunderdinge. Diese Dinge sind alle köstlich gewesen, dass man sie auf hunderttausend Gulden Wert schätzt. Und ich hab aber all mein Lebtag nichts gesehen, das mein Herz also erfreuet hat als diese Dinge. Denn ich hab dabei gesehen wunderbare kunstvolle Dinge und hab mich verwundert der subtilen ingenia der Menschen in fremden Landen. Und der Dinge weiss ich nit auszusprechen, die ich da gehabt hab. Ich hab sonst viel schöne Dinge zu Brüssel gesehen [...] Ich bin auch in des von Nassau Haus gewesen, das so köstlich gebaut und also schön geziert ist. [...] Dieses Haus liegt hoch, daraus ist das schönste Aussehen, darob sich zu verwundern ist. Und ich glaub nit, dass allein in deutschen Landen desgleichen sei.

Aus: Tagebuch der niederländischen Reise (Dürer ist am 27. August 1520 in Brüssel angekommen)

Georg Forster (27.11.1754 bis 10.1.1794) Deutscher Weltumsegler, Schriftsteller und Revolutionär

Der sogenannte Große Markt ist wirklich nicht so groß, wie man ihn sich nach diesem Beinamen vorstellen möchte; allein das Rathaus mit seinem hohen gotischen Turme ziert diesen Platz und gibt ihm Ansehen. Das Einfache pflegt selten die stärkste Seite der gotischen Bauart auszumachen; bei diesem Turme halten jedoch die vielen kleinen Spitzen und einzelnen Teile den Beobachter nicht ab, *einen* großen Eindruck von kühn und leicht emporstrebender Höhe zu empfangen. Es wird immer den Gebäuden diesen Geschmack zum Vorwurf gereichen, daß ihre Gestalten stachlicht und gleichsam zersplittert scheinen, zu scharfe, eckige, in die Länge gzerrte Verhältnisse und Formen darbieten und dem Auge keine Ruhe lassen. St. Michael steht nicht übel auf der Spitze dieses Turms in kolossalischer Größe, die jedoch von unten immer noch klein genug erscheint, und mit dem besiegen Feinde zu seinen Füßen. Auf dem benachbarten Giebel des Brauerhauses steht des Prinzen Karl von Lothringen vergoldete Bildsäule zu Pferde lange nicht so schön und gewiß nicht an ihrem Orte ; allein die Brüsseler scheinen diesen Fürsten so lieb gehabt zu haben, daß sie ihn gern über ihren Köpfen reiten ließen.
Zu den Veränderungen in Brüssel muß man noch die seit Aufhebung der Klöster angebauten Plätze rechnen, auf denen jetzt schon ein große Zahl neuer Häuser stehen. Eins von diesen Klöstern, welches innerhalb der

Georg Forster
(Fortsetzung)

Stadt ansehnliche Gärten besaß, brachte durch seine Aufhebung zum ersten Mal den Einwohnern und ihrem Handel einen wichtigen Vorteil, indem der Kaiser daselbbst einen schönen, geräumigen Platz zum Kornmarkte einrichten ließ, auf welchem jeder Gattung von Getreide ihr besonderer Ort angewiesen ist: es stehen Pfähle errichtet, mit Brettern daran, worauf man „Bohnen", „Buchweizen", „Weizen", „Roggen", „Hafer", „Gerste" usw. liest. [...] Diese Veränderungen und Verschönerungen einer Stadt, die, wenn man einzelnne Gebäude ausnimmt, im ganzen bereits an Schönheit mit Berlin verglichen werden darf, werden jetzt eine Zeitlang ins Stocken geraten; wennigstens werden die noch übrigen Klöster vorderhand wohl noch mit dem Schicksal, das Joseph der Zweite ihnen drohete, verschont bleiben. Das fromme katholische Volk von Brabant hängt mit ganzer Seele an seinem Herkommen in der Religion wie in der Politik, und wenn man es aufmerksam beobachtet, so begreift man nicht, wie es möglich und wirklich geworden ist, daß dieses Volk mit der Anstrengung eines Augenblicks seine Oberherrn vertrieben hat.

Aus: "Ansichten vom Niederrhein, von Brabant, Flandern, Holland, England und Frankreich im April, Mai und Junius 1790"

Victor Hugo
(26.2.1802 bis
22.5.1885)
Französischer
Schriftsteller

Letztes Jahr (1861), an einem schönen Maimorgen, reiste ein Fremder – der Erzähler dieser Geschichte – von Nivelles nach La Hulpe. Er ging zu Fuß. [...]
"Wie heißt diese Ortschaft?" fragte der Reisende.
"Hougoumont", erklärte die Bäuerin.
Der Wanderer richtete sich wieder auf. Er ging ein paar Schritte weit und schaute über die Hecken hin. Am Horizont, im Durchblick, zwischen den Bäumen, gewahrte er wie einen kleinen Berg und darauf etwas, das aus der Ferne einem Löwen glich.
Er war auf dem Schlachtfeld von Waterloo.
[...]
Hougoumont, das war ein Ort des Verderbens, der Anfang der Hindernisse, der erste Widerstand, den bei Waterloo jener große Holzhacker Europas fand, den man Napoleon hieß, der erste Astknorren unter dem Hieb seiner Axt. [...]
Das erste, was ihm hier auffiel, war eine Tür aus dem sechzehnten Jahrhundert, die eine Arkade vortäuschte, da allles übrige um sie eingestürzt war. Der Eindruck des Monumentalen entsteht oft durch den Verfall. Neben dieser 'Arkade' öffnete sich in einer Mauer eine weitere Tür mit Gewölbesteinen aus der Zeit Heinrichs IV. Dahinter erblickte man die Bäume eines Obstgartens.
Dieser spürt das Nahen des Maimonats wie jeder andere. Er hat seine Goldknöpfchen und seine Gänseblümchen, das Gras steht hoch darin, Ackerpferde weiden hier, Seile, an denen Wäsche zum Trocknen hängt, spannen sich von Baum zu Baum und zwingen den Hindurchgehenden, sich zu bücken, und wenn man dieses Brachland durchschreitet, sinken die Füße in Maulwurfslöcher ein. Mitten im Gras sieht man einen entwurzelten, aber immer noch grünenden Baum liegen. An diesen hatte sich der sterbende Major Blackman gelehnt. Unter einem hohen BBaum daneben fiel der deutsche General Duplat, Abkömmling einer französischen Familie, die bei der Aufhebung des Edikts von Nantes ins Ausland geflüchtet war. Dicht daneben neigt sich ein alter, kranker Apfelbaum vornüber, den man mit einem Pflaster aus Stroh und Lehm verbunden hat. Fast alle Apfelbäume sinken vor Altersschwäche zusammen. Nicht einer ist unter ihnen, in dem nicht eine Gewehr- oder Kartätschenkugel steckt. Die Gerippe abgestorbener Bäume liegen in diesem Garten zu Hauf. Die Raben fliegen durch das Geäst, und hinten steht ein Gehölz voller Veilchen.
Bauduin getötet, Foy verletzt, Brand, Gemetzel, Totschlag, ein Strom aus englischem, deutschem und französischem Blut, gemischt in wütendem Handgemenge, ein Sodbrunnen, den man mit Leichen gefüllt, die Regimenter von Nassau und Braunschweig vernichtet, Duplat niedergemacht, Blackman getötet, die englischen Gardisten zusammengehauen, zwanzig

Victor Hugo (Fortsetzung)

französische Bataillone von den vierzig der Truppe von Reille dezimiert, dreitausend Mann erhauen, gemetzelt, erstochen, erschossen und verbrannt – dies ist allein in diesem verfallenen Gemäuer von Hougoumont geschehen, und all das nur, damit heute ein Bauer zu einem Fremden sagen kommt: "Mein Herr, geben Sie mir drei Franken. Wenn Sie wollen, erkläre ich Ihnen die ganze Geschichte da über Waterloo."

Aus: "Die Elenden" (1862)

Baedeker's "Belgien und Holland"

Seit dem 12. Jahrhundert war Brüssel Sitz der Herzöge von Brabant. Die späteren Burgundischen Herzöge zogen viel franz. Ritterschaft in ihre Nähe; sie selbst sprachen französisch und machten diese Sprache damals schon zur Mode unter dem Niederländischen Adel. So bildete sich der Charakter der Stadt allmählich aus. Oben Hof, Adel, französische Sprache und Bräuche, unten im Thal Bürger, Handel, flämische Sitte und Zunge.
Noch heute tritt diese Scheidung ziemlich scharf hervor. In dem obern nach dem heftigen Brand von 1731 neu erbauten Stadttheil: die Paläste des Königs, der Kammern, die breite, 20 Min. lange rue Royale, erst in neuerer Zeit durch eine Reihe glänzender Läden belebt; die rue de la Loi und die rue Ducale mit den Bureaux der Ministerien, die place Royale mit den großen Gasthöfen, das neue, fast ausschließlich von den höheren Classen bewohnte prächtige Quartier Léopold u.s.w.
In der untern Stadt dagegen, besonders in den Straßen welche von der place Royale hinabführen, regt sich der lebendigste Handels- und Gewerbebetrieb. Characteristisch für dieselbe und ihre alte Bedeutung ist der große Marktplatz, der mit seinem prächtigen Rathaus, den stattlichen Zunfthäusern und seinem ganzen andern Reichthum an mittelalterlicher Architectur in gleicher Schönheit nur selten wieder getroffen wird. Im Uebrigen hat auch die Unterstadt bereits ein modernes Gepräge angenommen, das neuerdings wieder in der Anlage des dieselbe quer durchschneidenden Boulevard Central seinen Ausdruck gefunden hat.
Die französische Sprache ist in den besseren Ständen die vorherrschende; die niederen Classen sprechen unter sich meist flämisch. Fast jedes in Brüssel aufwachsende Bürgerkind eignet sich jedoch beide Sprachen an; bei dem einen waltet das eine, bei dem andern das andere Element vor. Immerhin läßt sich der fremde Accent des französisch redenden Flamingers nicht verkennen, wenn er auch der Sprache noch so mächtig ist. Der Zischlaut *sch* ist hierbei dem Flaminger wie seinem nähern Stammgenossen, dem Westfalen, hinderlich. Sein Liebling *„Keizer Karel de Vijfde"* wird, wenn der Flaminger die Zunge französisch spitzt, sehr oft zum *„Ssarle-Quint"*, der *juge* zum *suse*. Häufig hört man bei ihm auch in der französischen Sprache flämische Worte, namentlich den Fluch *„Godverdome"*.
Brüssel hat im Aeußern manche Aehnlichkeit mit der französischen Hauptstadt und wird nicht mit Unrecht ein *klein Paris* genannt. Es hat seine Cafés, seinen Tuileriengarten im Park, seine Boulevards, sein Bois de Boulogne im Bois de la Cambre, u. dgl., alles jedoch in bescheideneren Verhältnissen und ohne das großartige Leben der französischen Hauptstadt.

Aus: Baedeker's "Belgien u. Holland", 13. Auflage 1875

David Oistrach (30.9.1908 bis 24.10.1974) Sowjetischer Musiker

Ich liebe Brüssel und das herrliche architektonische Zusammenspiel, seinen majestätischen Justizpalast, seine schattigen und anmutigen Parks, seine illuminierten Boulevards, seinen Grand' Place, der einmalig auf der Welt ist. [...] Ich liebe die Museen, wo ich so sehr die Meisterwerke der alten flämischen Meister bewundert habe. Aber es ist vor allem der Musiker in mir, der sich an diese Stadt erinnert: Ich höre sie mehr noch, als ich sie sehe. Ja, ich höre die Violine des großen Ysaye, der so oft die Herzen der Brüsseler ergriffen hat. Während ich darüber nachsinne, finde ich mich wieder in den herrlichen Aufführungen des Théâtre de la Monnaie. [...] Ich höre den Klang des Symphonieorchesters wieder, im Saal des Palais des Beaux-Arts, wo das wunderbare Nationalorchester so oft zur Freude des Brüsseler Publikums beitrug.

Sehens-
würdigkeiten
von A bis Z

Stadtbesichtigung

Hinweis

Die nachstehenden Empfehlungen sollen dem Reisenden, der zum ersten Mal nach Brüssel kommt und nur wenig Zeit zur Verfügung hat, als Leitlinie dienen, um den Aufenthalt in der Stadt möglichst eindrucksvoll zu gestalten. Die fettgedruckten Sehenswürdigkeiten, Orte und Plätze beziehen sich auf die Beschreibungen der "Sehenswürdigkeiten von A bis Z" im Hauptteil dieses Reiseführers.

Stippvisite

Wer sich nur einige Stunden in Brüssel aufhält und dennoch das Wichtigste sehen will, dem sei die Teilnahme an einer organisierten Stadtrundfahrt (→ Praktische Informationen, Stadtbesichtigung) empfohlen oder aber ein kurzer Gang auf eigene Faust durch die Innenstadt, wobei man – ausgehend von der ****Grand'Place** – das ****Manneken Pis** kennenlernen kann, dann den ***Mont des Arts** hinauf in die Oberstadt geht, um die ***Place Royale** und das ***Palais Royal** zu sehen; danach – vielleicht mit einem Abstecher in den ***Parc de Bruxelles** – wieder hinunter in die Unterstadt zurück zur Grand'Place, um von dort aus die ***Börse** und das ***Théâtre Royal de la Monnaie** (Opéra National) zu erkunden und in einem Café in den ***Galeries Saint-Hubert** den Kurzbesuch ausklingen zu lassen. All das läßt sich in drei Stunden gut bewerkstelligen.

Rundgänge

Ausgangspunkt: Grand'Place

Stadtplan mit Rundgängen s.S. 52/53

Die Sehenswürdigkeiten der Brüsseler Innenstadt liegen mehr oder weniger dicht beieinander und lassen sich daher sehr gut zu Fuß erkunden. Die nachfolgend beschriebenen Rundgänge sind als Anleitung zum Kennenlernen der Stadt gedacht; wer gut zu Fuß ist, kann sie an einem Tag bewältigen, zwei Tage aber sind auf alle Fälle besser, denn dann bleibt auch Zeit für Museumsbesuche. Ausgangspunkt ist jeweils die 'gute Stube' von Brüssel und gleichzeitig die Hauptsehenswürdigkeit der belgischen Hauptstadt, die ****Grand' Place** mit ihren im italienischen Barockstil gehaltenen ****Zunfthäusern**, dem prächtigen spätgotischen ****Rathaus** und dem ***Maison du Roi** mit dem Brüsseler Stadtmuseum.

Rundgang 1

Dieser Rundgang führt von der Unterstadt hinauf in den 'königlichen Teil' der Oberstadt. Man verläßt die Grand'Place in deren Ostecke links vom Maison des Ducs de Brabant und geht die Rue de la Montagne hinauf zur weiß erstrahlenden Kathedrale ***Saint-Michel** mit ihren wundervollen Glasmalereien und dem Grab von Rogier van der Weyden. Von diesem großen Gotteshaus gelangt man weiter bergan und über die einigermaßen verlassen wirkenden großen Freiflächen zwischen den Hochhäusern der Cité Administrative zur **Colonne du Congrès**, die an die Gründung Belgiens erinnert. Hier wendet man sich auf der Rue Royale nach rechts bis

◀ *Eisen in 165-milliardenfacher Vergrößerung: Das Atomium ist seit der Weltausstellung von 1958 das Wahrzeichen des modernen Brüssel.*

Rundgang (Fortsetzung)

zur Kreuzung mit der Rue de la Loi und dann nach links zum * **Palais de la Nation**. Dessen Hauptportal gegenüber befindet sich der Eingang zum * **Parc de Bruxelles**, durch den hindurch zum großen Platz vor dem * **Palais Royal** schlendert, dem Amtssitz des belgischen Königs, der allerdings nur von Ende Juli bis Anfang September besichtigt werden kann. Sein Westflügel, das Hôtel de Bellevue, beherbergt drei ganzjährig zugängliche Museen, darunter das Musée de la Dynastie, das sich mit dem belgischen Königshaus befaßt. Hinter dem Westflügel öffnet sich die * **Place Royale**, ein prachtvolles klassizistisches Platzensemble von selten schöner Geschlossenheit, dominiert von der Kirche Saint-Jacques sur Coudenberg und dem Denkmal für Gottfried von Bouillon. In südwestlicher Richtung schließen sich an der Rue Royale die ** **Musées Royaux des Beaux-Arts** an, und in einiger Entfernung thront die mächtige Steinburg des * **Palais de Justice**. Diese beiden Sehenswürdigkeiten berührt der zweite Rundgang; dieser Rundgang kommt nun zu seinem Ende, indem man den * **Mont des Arts** hinabgeht (rechts oberhalb sieht man dabei das jüngst restaurierte Jugendstilkaufhaus Grands Magasins Old England) und von dort über die Place de l'Albertine und die Rue de la Violette mit dem

Auch von der Kutsche aus läßt sich Brüssel kennenlernen.

* **Musée du Costume et de la Dentelle** zurück zur Grand'Place geht, die man in deren Südecke zwischen dem Maison des Ducs de Brabants und dem Zunfthaus der Brauer wieder betritt.

Rundgang 2

Dieser Rundgang ist von Kontrasten geprägt, führt er doch vom Kleine-Leute-Viertel der Marollen wiederum hinauf in die Oberstadt zum fast mondänen Sablon und weiter zu den Kunstmuseen. Zunächst aber geht es zu Brüssels berühmtester Sehenswürdigkeit, dem ** **Manneken Pis**. Man erreicht es von der Grand'Place geraden Wegs auf der zwischen dem Rathaus und dem Maison du Cygne abgehenden Straße und kann es auch nicht verfehlen – es ist immer von einer Menschentraube umlagert. Von hier geht es nach links über die von Giebelhäusern umstandene Place de

Stadtplan mit Rundgängen

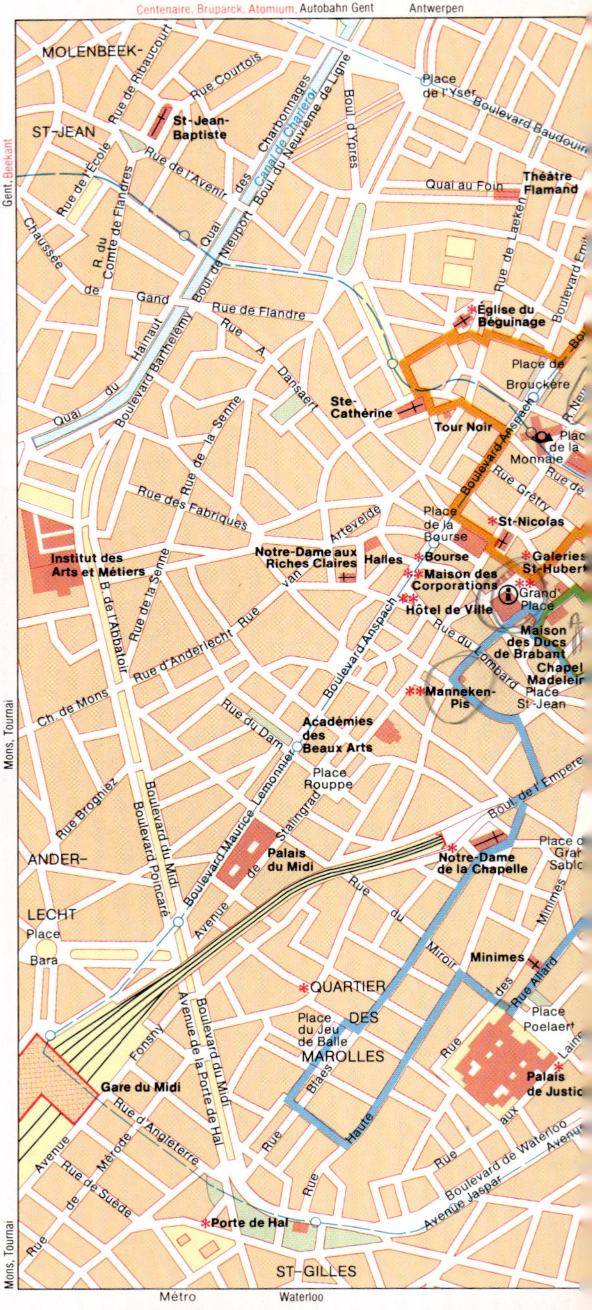

Stadtplan mit Rundgängen

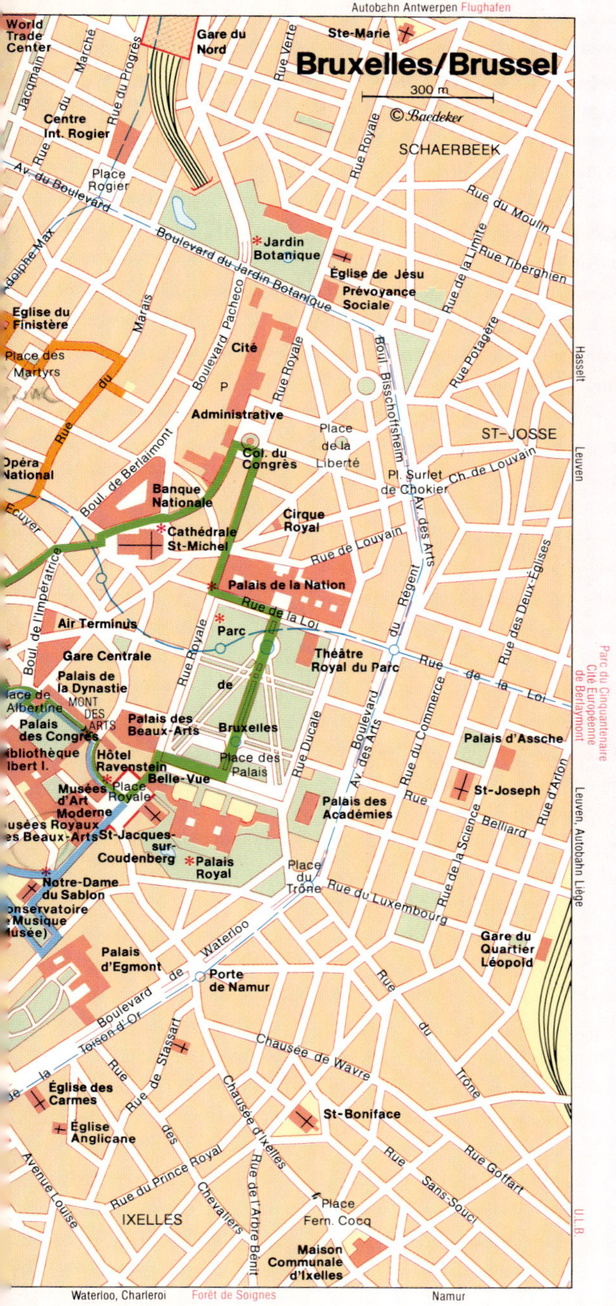

Rundgang 1

Rundgang 2

Rundgang 3

Rundgang 2 (Fortsetzung)

la Vieux-Halle-aux Blés und vorbei an der Tour de Villers zum Boulevard de-l'Empereur mit der Tour d'Angle, beides Reste der Stadtbefestigung aus dem 13. Jahrhundert. Hier wendet man sich zur Kirche ***Notre-Dame de la Chapelle** und betritt nun das ***Quartier des Marolles**. Auf der Rue Blaes erreicht man die Place du Jeu de Balle, und wenn man es so eingerichtet hat, daß dieser Spaziergang an einem Samstag unternommen wird, erlebt man hier einen Flohmarkt, der diesen Namen noch verdient. Der Platz ist der beste Ort, um in einem der Cafés eine Pause einzulegen. Danach geht es auf der Rue Haute wieder zurück, vorbei am Musée de Brueghel, und auf einem der Seitensträßchen bergauf zum mächtigen ***Palais de Justice**. Hier bietet sich von einer Plattform eine gute Aussicht auf Brüssel. Am Ende der Rue Allard steht man auf dem ***Grand Sablon**, dem Kontrastprogramm zur Place du Jeu de Balle: Findet man dort kleine Läden, Kneipen und einen richtigen Flohmarkt, hat man hier einen Antiquitätenmarkt, Szenetreffs und exquisite Boutiquen. Zur Rue Royale hin schließt die spätgotische, turmlose Kirche ***Notre-Dame du Sablon** den Platz ab, den man ebenso umrunden sollte wie den jenseits der Hauptstraße liegenden ***Petit Sablon**, eine sehr hübsche, kleine Parkanlage mit dem Denkmal der Märtyrer Egmont und Hoorn und Bronzestatuetten der Brüsseler Zünfte. Danach führt der Weg die Rue Royale entlang Richtung ***Place Royale**, wobei man auf der linken Straßenseite in den Skulpturengarten der ****Musées Royaux des Beaux-Arts** blickt und kurz darauf den Haupteingang dieses überaus bedeutenden Kunstmuseums erreicht. Am Ende des alten Museumsbaus sollte man nach links auf die Place du Musée abbiegen, um das klassizistische ***Palais de Charles de Lorraine** zu sehen. Wie im ersten Rundgang schon beschrieben, geht es nun wieder den ***Mont des Arts** hinab zur Grand'Place.

Rundgang 3

Dieser Rundgang bleibt in der Unterstadt. Unmittelbar hinter dem Maison du Roi schließt sich die **Ilôt Sacré** an die Grand'Place an, der verwinkelte alte Kern von Brüssel mit seinen vielen kleinen Speiselokalen. Bald stößt man auf den Eingang zu den ***Galeries Saint-Hubert**, einem herrlichen Einkaufsparadies und eine der ältesten überdachten Ladenpassagen der Welt. Nachdem man sie durchquert hat, steht man an der Rue du Montagne-aux-Herbes fast direkt vor dem Traditionscafé À la Mort Subite. Man folgt dem Straßenzug weiter bis zur Rue des Sables mit dem Comic-Museum ***Centre Belge de la Bande Dessinée** – und selbst wer nichts mit den Sprechblasengeschichten anfangen kann, wird Gefallen finden am Museumsgebäude, denn es ist das einzige erhaltene Jugendstilkaufhaus von Victor Horta. Danach wendet man sich auf der Rue du Persil zur **Place des Martyrs**, einem schönen, aber leider verfallenen klassizistischen Platz mit dem Ehrenmal für die in der Revolution von 1830 Gefallenen, überquert den Boulevard Adolphe Max und befindet sich nun in einer stilleren Gegend, in der man auf die herrlich flämisch-italienische Kirche ***Saint-Jean-Baptiste au Béguinage** trifft. Von dort marschiert man geradewegs auf den **Marché aux Poissons** mit seinen vielen Fischrestaurants und der Kirche **Sainte-Catherine**. Anschließend geht es an der **Tour Noire** vorbei wieder zurück zum Boulevard Adolphe Max, den man in Höhe der Place de la Monnaie überquert. Hier steht – geduckt zwischen den Bürohochhäusern – das ***Théâtre Royale de la Monnaie**, wichtiger Ort der belgischen Geschichte und heute berühmtes europäisches Opernhaus. Südwärts auf dem Boulevard Adolphe Max erreicht man die ***Börse**, in deren unmittelbarer Nachbarschaft die Jugendstilcafés Falstaff und Sirio zur wohlverdienten Pause am Ende des Rundgangs einladen.

Empfehlungen für einen längeren Aufenthalt

Wer mehr als zwei Tage Zeit hat für Brüssel, sollte zum einen längere Museumsbesuche einplanen, in erster Linie die ****Musées Royaux des Beaux-Arts**, das Stadtmuseum im **Maison du Roi** und die ****Musées**

Touristische Höhepunkte in den Außenbezirken

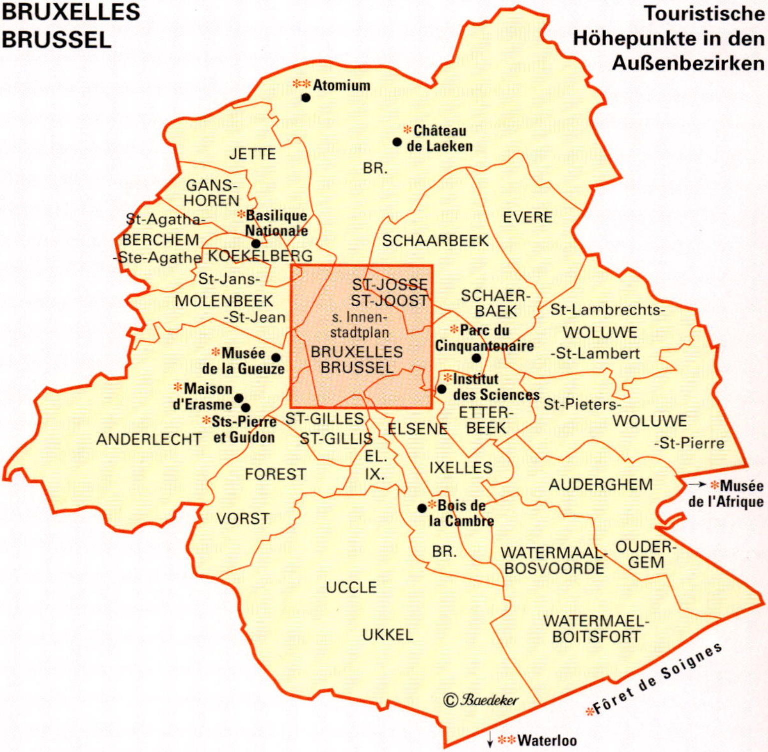

Empfehlungen für einen längeren Aufenthalt (Fortsetzung)

Royaux d'Art et d'Histoire im Palais du Cinquantenaire im *Parc du Cinquantenaire. Damit ist auch schon eine der wichtigsten Sehenswürdigkeiten außerhalb der Kernstadt genannt, die man sich bei einem längeren Aufenthalt ebenfalls nicht entgehen lassen sollte und mit öffentlichen Verkehrsmitteln gut zu erreichen sind. Neben dem schon erwähnten Museum findet man im Palais du Cinquantenaire noch das ***Musée Royal de l'Armée et d'Histoire Militaire** und das Automuseum ***Autoworld**. Der ***Parc du Cinquantenaire**, schließt fast unmittelbar an die Bauten der **Europäischen Union** an, diese aber sind eher enttäuschend. Am anderen Ende der Stadt liegt Brüssels berühmtestes Wahrzeichen, das ****Atomium**. Ist man schon hier draußen, kann man auch das ***Château Royal de Laeken** mit seinem herrlichen Park besuchen; wer damit weniger anfangen kann, ist im Vergnügungspark **Bruparck** nahe dem Atomium möglicherweise besser aufgehoben.
Von den noch weiter außerhalb liegenden Sehenswürdigkeiten stehen an erster Stelle das geschichtsträchtige ****Waterloo** und das ***Musée de l'Afrique Centrale** in Tervuren.
Als Ausflugsziele in der Umgebung bieten sich Leuven und Mechelen an, aber selbst Gent und vor allem das prächtige Brügge sind nicht weit.

Sehenswürdigkeiten von A bis Z

**Atomium J 18

Lage
Heysel, Boulevard du Centenaire

Métro-Station
Heysel (1 A)

Tram
18, 81

Öffnungszeiten
April – Aug.
tgl. 9.30–20.00;
Sept. – März
tgl. 9.30 – 18.00

Neben dem ⟶ Manneken Pis ist das Atomium (⟶ Abb. S. 48/49) das in aller Welt bekannte Wahrzeichen Brüssels. Die für die Weltausstellung 1958 geschaffene eindrucksvolle Stahl- und Aluminiumkonstruktion wurde von dem Ingenieur André Waterkeyn entworfen und von 1956 an unter Leitung der Architekten André und Michel Polak erbaut. Sie stellt als Symbol des Atomzeitalters in 165-milliardenfacher Vergrößerung ein Eisenmolekül dar. Insgesamt 102 m hoch, setzt sich das Atomium aus neun Kugeln von je 18 m Durchmesser zusammen, die untereinander durch 3 m lange Zylinder mit Treppen bzw. Rolltreppen verbunden sind. In den Kugeln ist die Ausstellung 'Biogénium' eingerichtet, in der die naturwissenschaftlich-medizinische Entwicklung der letzten Jahrzehnte dargestellt werden. In die oberste Kugel fährt ein Aufzug, von der sich ein prächtiger Rundblick über Brüssel und seine Umgebung bietet (Eintrittsgebühr).

Umgebung des Atomiums

Messegelände

Palais du Centenaire

Am nördlichen Ende des Boulevard du Centenaire beginnt das Mitte der dreißiger Jahre zur ersten Brüsseler Weltausstellung angelegte Messegelände. Zentrales Bauwerk ist der stufenförmige Palais du Centenaire des Archirekten van Neck. Besonders fällt der 31 m hohe Zentralteil mit seinen vier Betonzinnen auf. Diese bekrönen vier große Statuen – Allegorien auf die Schiffahrt, den Transport mit Pferden, die Dampfkraft und die Luftfahrt – von Égide Rombaux.

Brussels International Trade Mart

Neben dem Palais du Centenaire dehnt sich der Ausstellungskomplex Brussels International Trade Mart aus, der 1973 – 1975 nach Plänen des amerikanischen Architekten John Portman errichtet worden ist. Er ist einer der größten seiner Art weltweit.

Heysel-Stadion

Westlich des Boulevard du Centenaire sieht man inmitten ausgedehnter Sportanlagen die Betonschüssel des Stade du Centenaire, besser bekannt als Heysel-Stadion. Es wurde 1930 nach Plänen von van Neck realisiert und faßt mehr als 70 000 Zuschauer. Traurige Berühmtheit erlangte es 1985, als bei Krawallen während des Europapokal-Endspiels Juventus Turin gegen FC Liverpool 38 Menschen starben.

Planetarium

Unweit südlich vom Heysel-Stadion bietet das Nationale Planetarium unter seiner 24 m durchmessenden Kuppel drei verschiedene Vorführungen an: 'Wanderungen im Sonnensystem', 'Reise in den Kosmos' und 'Wanderungen der Sterne'.

Bruparck

Zwischen Atomium, Stadion und Planetarium erstreckt sich der Vergnügungspark ⟶ Bruparck.

*Basilique Nationale du Sacré-Cœur · Nationale Basiliek van het Heilig Hart F 13

Lage
Koekelberg

Métro-Station
Simonis (1 A, 2)

Im Nordwesten von Brüssel ragt inmitten des Elisabethparks die gewaltige Basilique du Sacré-Cœur auf, schon bei der Anfahrt nicht zu übersehen als Blickfang am Ende des Boulevards Léopold II. Dieser König hat den Bau der im Volksmund so getauften 'Koekelberg-Basilika' anläßlich des 75jährigen Bestehens des belgischen Staates angeregt und 1905 höchstpersönlich den Grundstein gelegt. Im Jahr 1951 erfolgte die Weihe, doch erst 1969 war dieses nationale Monument endgültig fertiggestellt. Während der langen Bauzeit arbeiteten nicht nur verschiedene Architekten an der Kirche, sondern es änderten sich auch der Geschmack und damit die Formen der Ausführung. Die ursprüngliche Planung als gotische Kathedrale zeigt eine Maquette im südlichen Querschiff. Von 1926 bis 1935 war Albert van Huffel mit der Leitung der Bauarbeiten betraut, der neue Pläne vorlegte, ihm folgte Paul Rome. Das Resultat nach siebzigjähriger Bauzeit ist ein Konglomerat von diversen Stilen und Materialien, das sich durch eine mächtige Kuppel und zwei schlanke Türme auszeichnet. Von der Kuppel hat man eine schöne Aussicht auf Brüssel (nur März – Okt.: Mo. – Fr. 11.00 – 15.00 Uhr; Eintrittsgebühr).

Innenraum

Der Kirchenraum strahlt durch die Verwendung von Backstein und Terrakotta trotz seiner immensen Größe Wärme aus. Beachtenswert sind die Kirchenfenster von Jean Huet mit Personen und Szenen aus Bibel und Religionsgeschichte sowie die fast 4,50 m hohe bronzene Herzjesu-Skulptur am Hochaltar von Georges Minne (1941).

Château de Rivieren

Im nordöstlich vom Elisabethpark gelegenen Stadtteil Ganshoren befindet sich inmitten eines hübschen Parks das reizvolle, von einem Wassergraben umgebene Château de Rivieren aus dem 16./17. Jahrhundert.

Ein Stilkonglomerat: die Basilique Nationale auf dem Koekelberg

Bibliotheka Wittockiana R 7

Lage
Woluwé-St-Pierre, 21–23 Rue du Bemel

Tram
39, 44 (ab Métro-Station Montgomery)

Für Bibliophile ist diese Adresse ein Muß, finden sie hier im Osten Brüssels doch Europas bedeutendste Sammlung kunstvoller Bucheinbände. Die ca. 2000 antiken und 400 modernen Stücke wurden vom Textilfabrikanten Michel Wittock zusammengetragen, darunter Prätiosen wie allein zwölf Einbände des berühmten Buchbinders Jean Grolier (1479–1565) und neuere Stücke wie z. B. von Henry van de Velde. Die Bibliothek, auch als Musée de la Reliure/Museum van de Boekbindkunst bekannt, ist zugleich eine wichtige Forschungsstätte (Öffnungszeiten: Di.–bis Sa. 10.00–17.00 Uhr; Eintrittsgebühr).

*Bois de la Cambre · Ter Kameren Bos M/N 17

Lage
Südlich der Teiche von Ixelles

Tram
23, 90, 93, 94

Bus
71

Was für die Pariser der Bois de Boulogne, ist für die Brüsseler der schöne Bois de la Cambre im Süden der Stadt. Der eigentliche Park nimmt mit seinen 124 ha zwar eine wesentlich kleinere Fläche ein als sein Pariser Gegenstück, doch da an ihn praktisch nahtlos der ⟶ Forêt de Soignes anschließt, ist zusammengenommen eine Park- und Waldlandschaft großer Ausdehnung zustande gekommen. Der Bois de la Cambre dehnt sich über leicht hügeliges, stellenweise bewaldetes Gebiet aus und umschließt einen kleinen künstlichen See, auf dem man Boot fahren kann. Restaurants, Spielwiesen, Wege und Sportanlagen in unmittelbarer Nähe locken besonders an Wochenenden Tausende aus der Innenstadt. Den Eingang flankieren zwei Wegzollhäuschen von 1835/1836, die ursprünglich an der Porte de Namur standen.

Geschichte

Im Jahr 1842 verleibte sich die Stadt Brüssel, auf der Suche nach einer 'grünen Lunge', diesen damaligen Teil des Forêt de Soignes ein und beauftragte den Landschaftsarchitekten Keilig damit, einen repräsentativen Park anzulegen. Um zu diesem zu gelangen, mußten die Brüsseler allerdings noch zwei Jahrzehnte lang teilweise unwegsames Gelände überwinden, da sich die Gemeinden Ixelles und St-Gilles, denen das Gelände zwischen dem heutigen Boulevard extérieur und dem Bois de la Cambre gehörte, lange Zeit gegen die Brüsseler Ausdehnungsgelüste sperrten.

Avenue Louise

Erst 1864 kam eine gesetzliche Regelung zustande, die den Bau der prachtvollen Avenue Louise als direkte und rasche Verbindung von der Innenstadt zum Bois de la Cambre ermöglichte. Die Avenue Louise war also ursprünglich eine vornehme Luxuspromenade, die die Brüsseler benutzten, um ins Grüne zu gelangen. Dies erklärt auch das bis heute bestehende kuriose Detail, daß die Avenue Louise und der Bois de la Cambre zur Commune de Bruxelles gehören und nicht etwa zu Ixelles, St-Gilles oder Uccle, deren Territorium sie, rein geographisch betrachtet, eigentlich angehören müßten.

Université Libre de Bruxelles

Am Ostrand des Bois de la Cambre entlang verläuft die Avenue Franklin D. Roosevelt, gesäumt von eleganten Villen, Botschaftsgebäuden und dem alten Verwaltungsgebäude sowie Hörsälen der 1834 gegründeten Freien Universität Brüssel (Université Libre; ULB). Hier gibt es ein Museum für Mineralogie und Geologie (Öffnungszeiten: Di.–Fr. 9.00–12.00 und 14.00 bis 17.00 Uhr).
Der weitaus größte Teil der Institute und Hörsäle der Universität wurde allerdings 2 km weiter nach Nordosten auf das Gelände des ehemaligen Champ de Manœuvres (Exerzierfeld) in Etterbeek verlegt. Dort kann man das Pharmakologische Museum besuchen (Öffnungszeiten: s. vorher, zusätzlich Sa. 9.00–12.00 Uhr).

Galopprennbahn

Im südlichen Teil des Bois de la Cambre befindet sich die Galopprennbahn von Boitsfort (Hippodrome de Boitsfort).

Einst Gewächshaus, heute kulturelles Zentrum der französischsprachigen Gemeinschaft: Botanique

*Botanique · Kruidtuin M 11

Zwischen der → Place Rogier und der Porte de Schaerbeek erstreckt sich der 6,4 ha große ehemalige Botanische Garten. Er wurde von 1826 bis 1829 von der Societé d'Horticulture auf einem Gelände am ehemaligen Stadtgraben angelegt, auf dem im Mittelalter die Pestkranken zu leben hatten. 1870 schon verkaufte die Gesellschaft den Garten an den belgischen Staat.

Zwar zeigt sich das Gelände noch immer als ansehnliche, skulpturengeschmückte Gartenanlage, doch hat es den offiziellen Rang des Nationalen Botanischen Gartens 1958 verloren, als die Domäne Bouchout eröffnet wurde (→ Praktische Informationen, Ausflüge). Die alten Glasgewächshäuser wurden in den achtziger Jahren mustergültig renoviert und beherbergen seitdem das Kulturzentrum der Französischen Gemeinde (Centre Culturel de la Communauté Française) in Brüssel. Zwei Theatersäle, ein Kinosaal, mehrere Ausstellungsräume, eine Bibliothek und weitere für kulturelle Aktivitäten nutzbare Räumlichkeiten sowie abwechslungsreiche Programme ziehen die Besucher an.

Lage
St-Josse,
236 Rue royale

Métro-Station
Botanique (2)

Tram
92, 93, 94

Boulevards H–M 7–13

Boulevards du Centre (Innere Boulevards)

Städtebaulicher Impuls

Die Inneren Boulevards (Boulevards du Centre) – Boulevard Adolphe Max, Boulevard Anspach und Boulevard Lemonnier – durchschneiden die Altstadt in ihrer ganzen Länge etwa vom Nordbahnhof bis zum Südbahnhof, parallel zu dem älteren, von der → Rue Neuve und der Rue de Midi gebil-

Boulevards du Centre (Fortsetzung)

deten Straßenzug. Sie entstanden in den Jahren 1867 bis 1874, als man sich entschlossen hatte, die Senne zu kanalisieren und zu überbauen, um die umliegenden Viertel zu entwässern. Verantwortlich für die Planung war Léon Suys, Architekt der Börse. Die Anlage der Boulevards zog zunehmend wohlhabende Bürger und Adlige an, die sich hier in der Innenstadt repräsentative Häuser errichten ließen. Damit erhielt Brüssel einen entscheidenden Impuls in seiner städtebaulichen Entwicklung, in dessen Folge es zur echten Métropole aufstieg. Allerdings ist von der einst so schönen Bebauung nicht mehr allzuviel übriggeblieben.
Während tagsüber der Verkehr über die Boulevards braust und das Geschäftsleben pulsiert, lohnt sich besonders ein abendlicher Bummel von der Börse zur Place Rogier, wenn sich der Boulevard und die Place de Brouckère, von einer Unmenge von Reklameinschriften und einer großzügigen Stadtbeleuchtung angestrahlt, als ein Lichtermeer weltstädtischen Ausmaßes präsentieren.

Wo sich der Boulevard Anspach an der Place De Brouckère teilt, läßt sich noch etwas vom Flair der Jahrhundertwende erahnen.

Place De Brouckère

An der nach Bürgermeister Charles de Brouckère (Amtszeit 1848–1860) benannten Place De Brouckère teilt sich der von Süden kommende Boulevard Anspach in die zum äußeren Boulevardring strebenden Boulevards Adolphe Max und Émile Jacqmain. In der Mitte dieses Platzes stand früher das Monument Anspach, ein 20 m hohes Brunnendenkmal zur Erinnerung an den Bürgermeister Jules Anspach (Amtszeit 1863–1879), neben Léopold II. der Hauptförderer der Boulevard-Anlagen; es wurde von dort entfernt und am Fischmarkt (⟶ Marché aux Poissons) wieder aufgestellt. Überdimensionale Neubauten haben in den letzten Jahren das Gesicht der Place de Brouckère entscheidend gewandelt: Moderne Geschäftsgebäude und Einkaufsgalerien, vor allem das Centre Monnaie, der Philips-Bau und das Anspach Center sind an die Stelle alter Fin-de-siècle-Gebäude getreten, die dem Platz einst ein kräftiges Pariser Flair gaben. Lediglich das 1870 erbaute Hôtel Métropole, in dessen herrliches Foyer man einen Blick werfen sollte, und das 1933 im Art-Déco-Stil errichtete Kino Eldorado lassen etwas von der vergangenen Attraktivität ahnen. Im ersten Stock des Anspach Center bietet das Wachsfigurenkabinett Historium einen Gang durch 2000 Jahre Menschheitsgeschichte (Öffnungszeiten: tgl. 10.00 – 18.00 Uhr).

Place De Brouckère (Fortsetzung)

Historium

Der an den Platz anschließende Boulevard Anspach ist bis zum Börsenplatz hinab zusammen mit dem Boulevard Adolphe Max und der Rue Neuve die belebteste Straße der Stadt. Ziemlich genau in seiner Mitte liegt der Börsenplatz mit der imposanten Börse (⟶ Bourse).

Boulevard Anspach

An den Boulevard Anspach schließt sich ab der Place Fontainas der Boulevard Maurice Lemonnier an, der über die Place Anneessens – mit einem Denkmal des 1719 von den Österreichern hingerichteten Frans Annesseens – führt und unweit des Südbahnhofs (Gare du Midi) auf der Place de la Constitution endet.

Boulevard Maurice Lemonnier

Boulevards extérieurs · Ceinture (Äußere Boulevards)

Die das Fünfeck des alten Brüsseler Stadtgebiets in einer Länge von 8 km umschließenden Äußeren Boulevards, Boulevards extérieurs oder auch 'Ceinture' genannt, sind von 1818 bis 1840 anstelle der ehemaligen Stadtbefestigung aus dem 14. Jh. angelegt worden. Mittlerweile sind sie als Ringstraße um die City vom Autoverkehr heftig in Anspruch genommen und haben ihr Aussehen, vor allem durch Unter- und Überführungen an den wichtigsten Kreuzungen, sehr verändert. Dennoch gibt es auch hier einige zum Bummel einladende Abschnitte, insbesondere von der Porte de Schaerbeek hinab zur Place Louise.

Im Verlauf der alten Stadtbefestigung

Der nordöstliche Boulevard ist der an der ⟶ Place Rogier vorüberziehende Boulevard du Jardin Botanique, der zur oberen Stadt hinaufführt. An seiner Nordseite liegt der alte Botanische Garten (⟶ Botanique).

Boulevard du Jardin Botanique

Jenseits der Kreuzung mit der Rue Royale, die vom markanten Hochhaus der Prévoyance Sociale (1957) überragt wird, folgt der Boulevard Bischoffsheim. Am nördlichen Ende der Rue Royale erkennt man den weithin sichtbaren Kuppelbau der Kirche ⟶ Ste-Marie in Schaerbeek. Im weiteren Verlauf zur Place Madou kommt man an der Place Henri Frick mit dem alten Observatorium von 1823 und gegenüber an der Place des Barricades vorbei, wo in Haus Nr. 4 Victor Hugo wohnte.

Boulevard Bischoffsheim

An der Place Madou, an der einst mit der Porte de Louvain eines der sieben Brüsseler Stadttore lag, beginnt der belebte Boulevard du Régent (an der stadtzugewandten Seite) bzw. der Boulevard des Arts (an der stadtabgewandten Seite). Er durchquert die vornehmen Stadtteile in der Nähe des Parc de Bruxelles (westlich) und dem Quartier Léopold (östlich). Rechter Hand liegt zwischen Boulevard und Park das 1823 bis 1829 für den damaligen Prinzen von Oranien errichtete heutige Palais des Académies. Weiterhin rechts die Place du Trône mit einem Reiterstandbild Léopolds II. von 1925; dahinter erstreckt sich der Garten des Palais Royal. Der Boulevard du Régent endet bei der Porte de Namur.

Boulevard du Régent · Boulevard des Arts

Als breite, doppelt angelegte Verkehrsader ziehen der Boulevard de Waterloo und die Avenue de la Toison d'Or von der Porte de Namur im Nordosten zur ⟶ Porte de Hal im Südwesten. An der Place Louise zweigt die Avenue Louise nach Süden zum ⟶ Bois de la Cambre ab. Diese drei Straßenzüge, insbesondere auch um die pulsierende Place Louise nahe des ⟶ Palais de Justice, sowie das erste Teilstück der Avenue Louise sind heute mit mehreren seitlich abzweigenden Galerien das exklusive Shopping-Zentrum der Oberstadt. Gucci, Chanel, Louis Féraud, Daniel Hechter, van Cleef & Arpels sind nur einige Namen, die für kostspielige Qualität bürgen.

Boulevard de Waterloo · Avenue de la Toison d'Or · Avenue Louise

✻ Einkaufsviertel

*Bourse · Beurs K 10

Lage
Place de la Bourse

Prémétro-Station
Bourse
(23, 52, 55, 56, 81)

Blickfang am Boulevard Anspach ist die einem griechischen Tempel gleichende Brüsseler Börse an der Place de la Bourse, die wichtigste belgische Börse vor denjenigen von Antwerpen, Gent und Liège. Die Börse wurde durch ein Dekret vom 19. Messidor des Jahres IX nach der Französischen Revolution (8. Juli 1801) gegründet. Die Regierung in Paris wies ihr als ersten Standort das ehemalige Augustinerkloster zu; danach wurde sie mehrfach verlegt, um schließlich ihren heutigen Standort am Ort eines im 13. Jh. gegründeten Klosters am neuen innerstädtischen Nord-Süd-Boulevard zu finden. Mit dem Enwurf wurde Léon Suys (1823–1887) beauftragt, der sich für ein klassizistisches, tempelartiges Gebäude mit überreichem Skulpturenschmuck, an dem bedeutende zeitgenössische Künstler arbeiteten, entschied. Die Bauarbeiten begannen 1871, und im Dezember 1873 konnte die Börse eingeweiht werden. Nach einem Brand im Untergeschoß im November 1990 wurde das Gebäude gründlich renoviert.

Innenbesichtigung nicht möglich

Touristen dürfen die Börse nicht betreten; man wird nur in einen Vorraum gelassen, durch dessen Glaswände man einen Blick auf das Treiben der Börsianer werfen kann.

Hauptfassade

Die prächtige Hauptfassade blickt zum Boulevard Anspach und zeigt sich als Säulenhalle, der eine breite Freitreppe vorgelagert ist. Sechs korinthische Säulen tragen den Sims mit der Aufschrift "Bourse de Commerce" und stützen das Feld des dreieckigen Giebels, in dem ein Flachrelief von Jean-Joseph Jacquet das "Aufrechte Belgien" darstellt, umgeben von Figuren, die die "Industrie" (rechts) und die "Seefahrt" (links) symbolisieren. Die den Giebel überragende Attika ist mit Ornamenten überladen, ganz oben ragt eine Allegorie auf Belgien von Jacquet auf, begleitet von den beiden Genien "Handel" und "Industrie". Das Wappenschild Belgiens, umrahmt von einer großen, wuchtigen Girlande, beherrscht die Mitte des

Die Börse von Brüssel steht am Ort eines mittelalterlichen Klosters.

Bourse (Fortsetzung)

Unterbaus. An den äußeren Enden des gewölbten Teils stellen zwei Gruppen den "Handel zu Lande" (rechts) und "zu Wasser" (links) dar. Über der Mitteltür, die Uhr umrundend, symbolisieren geflügelte Figuren von Jacques-Philippe De Haen "Das Gute" und "Das Böse". Die Giebel über den Parterrefenstern tragen Allegorien auf "Post und Telegraphie" (rechts) sowie "Arbeit und Wohlstand" (links). Die Treppe flankiert je ein Löwe, geführt von einem Genius mit einer Fackel, ebenfalls von Jacquet.

Südfassade

Die zur Rue Henri Maus zeigende Südfassade wurde von Jules Brunfaut (1852 – 1942) entworfen. Beherrschend sind die korinthischen Säulen, ein girlandengeschmückter Sims und das Stadtwappen im Giebelfeld. In den Nischen entdeckt man rechts, einen Hahn haltend, die "Wachsamkeit", links Allegorien auf die "Kunst" und die "Wissenschaft". Die beiden Gruppen auf der Attika schuf Antoine van Rasbourgh: links "Asien", rechts "Afrika". Zwischen Attika und Säulenwand ein von Carrier Belleuse unter Mitwirkung von Auguste Rodin und Julien Dillens gestalteter Fries.

Rückfassade

Die Rückfassade nimmt den Stil der Vorderfront noch einmal auf. Sie präsentiert zwei Figuren des Bildhauers Louis Samain, "Handel" und "Schifffahrt"; in der Mitte ein geflügelter Genius von Jacquet; an den äußeren Enden der Attika zwei Kindergruppen, rechts der "Handel" von Égide Melot, links die "Feldarbeit" von Jean van den Kerckhove.

Nordfassade

Die zur Rue de la Bourse liegende Nordfassade zeigt allegorische Skulpturen zum Thema "Hüttenindustrie" (rechts) und "Landwirtschaft" (links); auf der Attika "Europa" und "Amerika" von Charles-Joseph van Oemberg.

Umgebung der Börse

Pulsierender Mittelpunkt Brüssels

Die Börse ist aber nicht nur ein Platz für Finanzgeschäfte und ihre Treppe häufig Ort von Demonstrationen, in den Straßen und Gassen um sie herum ist Tag und Nacht das Leben zu Hause. In den Cafés und Restaurants trifft man sich, trinkt ein Bier, macht Pause von der Arbeit und vergnügt sich am Abend, im Sommer bevorzugt in den Terrassencafés. Einige der schönsten und originellsten Brüsseler Cafés findet man hier, und nur drei seien genannt. An erster Stelle steht natürlich das Falstaff (17 – 25 Rue Henri Maus), eine wunderbare Jugendstilbrasserie, an dessen Einrichtung sich seit der Eröffnung 1883 kaum etwas geändert hat: Spiegelwände, dunkelbraune Holzverkleidungen, die eine schummerig-heimelige Atmosphäre schaffen, bunte Glasfenster und -decken im schönsten Jugendstil. Kaum weniger angenehm ist das 1900 gegründete Belle-Epoque-Café Cirio (16 Rue de la Bourse), das etwas von der Atmosphäre eines englischen Pubs atmet. Etwas versteckt liegt La Bécasse (11 Rue Tabora). Hierher geht man nicht wegen des Ambientes, sondern wegen des hauseigenen Biers – säuerliches Lambic und koriandergewürztes Weißbier, stilecht serviert im Steingutkrug.

* Le Falstaff

Bruxella 1238

Wie es im Mittelalter an dieser Ecke Brüssels ausgesehen hat, kann man im Museum Bruxella 1238 in der Rue de la Bourse erfahren. Allerdings muß man sich dazu am Rathaus einfinden, von wo die Führung startet (Mi. 10.00, 10.45, 11.30; Fr. 13.45, 14.30, 15. 15 Uhr; Auskunft auch im Stadtmuseum im Maison du Roi). An der Rue de la Bourse selbst kann man nur einen Blick durch ein Glasdach auf einige freigelegte Mauerreste werfen.

Bruparck H 18

Lage
Plateau von Heysel

Der Freizeitpark 'Bruparck', der 1987/1988 auf dem Plateau von Heysel nahe beim → Atomium angelegt worden ist, fügt sich nahtlos in die Serie von Publikumsmagneten ein, die in den letzten Jahrzehnten im Brüsseler

Vergnügen im Schatten des Atomiums bietet der Bruparck.

Métro-Station
Heysel (1 A)

Tram
18, 81

Norden entstanden sind. Der kommerziell ausgerichtete Freizeitpark, der Investitionen in Höhe von umgerechnet 75 Mio. DM verschlungen hat, besteht aus vier Hauptkomponenten: der Miniaturstadt 'Mini-Europe', der Kinostadt 'Kinépolis', dem Badepark 'Oceadium' und dem Dorf 'Le Village' mit diversen Vergnügungseinrichtungen für die alle eine Eintrittsgebühr zu entrichten ist.

Mini-Europe

In diesem 2,5 ha großen Teil des Freizeitparks sind historische Stadtkerne (u.a. von Brüssel, Gent, Antwerpen), bedeutende Baudenkmäler sowie Residenzen, Verwaltungs-, Industrie- und Verkehrsbauten (u.a. Eisenbahn- und Hafenanlagen) im Maßstab 1:25 nachgebildet. Es sind hier nicht nur mehr als 300 Bauwerke aus den Staaten der Europäischen Union nachempfunden worden, auch technische und Natursehenswürdigkeiten wie ein qualmender Vesuv, ein TGV-Hochgeschwindigkeitszug und eine startende "Ariane"-Rakete können bestaunt werden (Öffnungszeiten: April – Juni und Sept. – Okt. tgl. 9.30 – 18.00; Juli – Aug. tgl. 9.30 – 20.00; Nov. – Anfang Jan. tgl. 10.00 – 18.00; Mai – Sept. Sa., So., Fei. bis 21.00 Uhr geöffnet).

Oceadium

Eine Attraktion besonderer Art ist das 7000 m² große Erlebnisbad 'Oceadium' im 'Parc Aquatique', dessen Besucher sich wie im Urlaub fühlen sollen. Dazu gehören ein Wellenbad, ein Warmwasserbecken, eine Riesenrutsche und diverse Wasserspiele ebenso wie eine Sauna-Landschaft und ein Solarium. Verschiedene Vergnügungseinrichtungen und eine abwechslungsreiche Gastronomie ergänzen das Angebot.

Kinépolis

Die Kinostadt 'Kinépolis' umfaßt 24 Kinos mit insgesamt 4500 Plätzen. In einem der größeren Säle ist das Projektionssystem IMAX installiert. Die Filme werden hier auf eine 28 m × 20 m große Leinwand geworfen, so daß die Zuschauer den Eindruck gewinnen, am Filmgeschehen unmittelbar beteiligt zu sein.

Bruparck (Fortsetzung)

Le Village

'Le Village' heißt die Nachempfindung von Alt-Brüssel auf 1 ha Fläche. Die Sonderausstellung 'Belgique Joyeuse' der Expo '58 hat hier wohl Pate gestanden. 'Das Dorf' ist in drei Bereiche gegliedert: ein gastronomischer Komplex, wo man Fast Food ebenso konsumieren kann wie erlesene Speisen, eine Boutiquen-Straße, in der allerhand Kunst und Kitsch feilgeboten werden, und schließlich ein Erlebnisbereich, in dem u. a. eine kleine Brauerei eingerichtet ist. Kleinere Ausstellungen runden das Programm ab.

*Centre Belge de la Bande Dessinée · Belgisch Centrum van het Beeldverhaal — L 10

Lage
20, Rue des Sables

Métro-Station
Botanique (2)

Öffnungszeiten
Di. – So.
10.00 – 18.00

Eintrittsgebühr

Über die Popularität von Comics (franz. bandes dessinées) in Belgien und der Kreativität der belgischen Zeichner ist an anderer Stelle in diesem Reiseführer schon berichtet worden (⟶ S. 31/32). In Brüssel befindet sich das einzige Museum in Europa, das sich ausschließlich dieser 'Neunten Kunst' widmet, sowohl in rein darstellender Weise für alle als auch als echte Forschungsstätte für Kenner der Szene. Diese werden schon am Logo des Museums ihre Freude haben, zeigt es doch eine leere Sprechblase, auf der der widerspenstige Haarschopf von Hergés Tintin emporsteht.

*Maison Waucquez

Doch selbst wer nichts mit Comics anfangen kann, sollte den Weg in die Rue des Sables nicht scheuen, denn die Ausstellungen sind im einzigen erhalten gebliebenen Kaufhausbau des wohl berühmtesten belgischen

Im Maison Waucquez, dem einzigen erhalten gebliebenen Kaufhausbau von Victor Horta, sind Jugendstilarchitektur und Comics – die 'Neunte Kunst' – aufs trefflichste vereint.

Centre Belge de la Bande Dessinée (Fortsetzung)

Jugendstilarchitekten Victor Horta (1861–1947) untergebracht. Er erhielt 1903 vom Textilhändler Charles Waucquez den Auftrag zum Bau seines neuen Kaufhauses, das dann 1906 eröffnet wurde. Äußerlich eher unscheinbar, offenbart es von innen dank seiner lichten Konstruktion, in der Glasdecken und filigrane Eisenkonstruktionen dominieren, aufs schönste die Grundprinzipien des Jugendstils, die sich besonders in den eleganten Schwüngen des Treppenhauses zeigen. Nachdem das Textilkaufhaus 1970 schloß, dämmerte dieses Architekturjuwel vor sich hin und verfiel allmählich. Erst 1986 begann die Restaurierung, und mit der Installation des Comic-Zentrums 1989 fand man eine angemessene Nutzung.

Ausstellung

Der Gang durch die belgische Comic-Landschaft beginnt im Zwischengeschoß, wo man auf sehr anschauliche und vergnügliche Weise kennenlernt, wie ein Comic entsteht und wieviel Arbeit nötig ist, um einen Zeichentrickfilm herzustellen. Hier befindet sich auch die 'Schatzkammer', in der in ständigem Wechsel Originalzeichnungen aus dem großen Fundus gezeigt werden. Im darüberliegenden Geschoß werden die belgischen Comic-Helden vorgestellt: Man begegnet Spirou, Fantasio und dem Marsupilami (in Deutschland als 'Pit und Pikkolo' bekannt), kann die Mondrakete von Tintin und Kapitän Haddock aus der Nähe bestaunen, wirft einen Blick in Gaston Lagaffes wie immer chaotisches Büro und erlebt im Saloon, wie Lucky Luke schneller als sein eigener Schatten zieht. Im Erdgeschoß warten eine Schmöker- und eine Studienbibliothek, ein sehr gut ausgestatteter Comic- und Souvenirladen und das Café Horta auf die Besucher. Dort beschreibt eine weitere Ausstellung auch die Geschichte des Hauses.

Chapelle de la Madeleine · Magdalena-Kapel Chapelle de Sainte-Anne · Anna-Kapel K 9

Lage
Rue de la Montagne

Métro-Station
Gare Centrale (1 A, 1 B)

Unterhalb der Place Albertine, etwas verloren inmitten der Straße wirkend, erhebt sich das Türmchen der Chapelle de la Madeleine, im 15. Jh. erbaut, aber schon aus früheren Zeiten überliefert und beliebtes Kirchlein verschiedener Brüsseler Zünfte. Die Kapelle mit ihrer Fassade von 1453 ist im Lauf der Zeit mehrmals umgebaut, geschlossen und wiedereröffnet worden und nun seit 1957 wieder als kleines Gotteshaus zugänglich, dessen Innenraum sein Licht durch hübsche Glasfenster empfängt.

An die Sakristei auf der Nordseite wurde 1957 die sehr schöne flämisch-barocke Fassade der Chapelle Sainte-Anne angefügt, deren übrige Teile im selben Jahr dem Neubau des Zentralbahnhofs weichen mußten. Die Kapelle wurde anfangs des 16. Jh.s erbaut, um den aus allen Landesteilen kommenden Fuhrleuten, die sich in den umliegenden Herbergen einquartierten, eine Möglichkeit zum Gebet zu geben.

* Château Royal de Laeken · Koninklijk Kasteel van Laeken L 17

Lage
Avenue du Parc Royal

Métro-Station
Bockstael, Stuyvenbergh (1 A)

Tram
52, 92

Die inmitten eines 160 ha großen Waldparks im Norden von Brüssel gelegene Residenz der belgischen Könige ist ein schlichter klassizistischer Bau, der 1782 bis 1784 für den damaligen österreichischen Statthalter Herzog Albert von Sachsen-Teschen erbaut wurde. Noch als Erster Konsul erwarb Napoléon Bonaparte 1804 das Schloß, in dem er mehrmals weilte. Danach wurde es zeitweilig vom holländischen König genutzt, seit 1831 ist es Residenz. Nach einem Brand im Jahr 1890 wurde es umfassend renoviert und etwas später von dem französischen Architekten Charles Girault wesentlich vergrößert. Das Schloß kann nicht besichtigt werden.

In den Königlichen Treibhäusern von Laeken ▶

Den besten Blick auf das Schloß in seiner Gesamtheit und vor allem eine wunderbare Sicht auf Brüssel hat man vom in der Hauptachse des Schlosses liegenden Hügel mit dem Denkmal für Léopold I. Es wurde 1878 errichtet und zeigt den ersten belgischen König, umgeben von Allegorien auf die neun Provinzen des Landes am Sockel. Östlich davon das Belvédère, 1788 erbaut und bis zu dessen Inthronisation Wohnort des Prinzen Albert.

Château Royal de Laeken (Fortsetzung)

Monument Léopold I

Die unter König Léopold II. errichteten berühmten Königlichen Treibhäuser (Serres Royales) bilden das Herz der kunstvoll gestalteten Parkanlagen. Der König ließ den Architekten Alphonse Balat (1818–1895) zwischen 1870 und 1879 und noch einmal 1885 und 1886 riesige, kunstvoll gestaltete Glas-Eisen-Konstruktionen errichten, von denen allein die Kuppel des Wintergartens 60 m durchmißt und 30 m Höhe erreicht. Die Königliche Kapelle Église de Fer entstand 1892 im selben Stil. Im Palmenhaus daneben ließ sich Lépold II. eine Wohnung einrichten, in der er sein letztes Lebensjahr zubrachte. Mit den Treibhäusern schuf der Gartenliebhaber Léopold, der besonders Kamelien schätzte, die größte unter Glas gehaltene Zierpflanzenlandschaft des europäischen Kontinents – bezahlt allerdings wurde diese Pracht mit dem Blut der Menschen des gnadenlos ausgebeuteten, dem König als Privateigentum gehörenden Kongo.
Die Treibhäuser sind nur Ende April / Anfang Mai für ca. vierzehn Tage dem Publikum zugänglich; entsprechend groß ist der Andrang.

*Serres Royales

Auf dem Weg zum Japanischen Turm kommt man an der Fontaine de Neptune vorbei, der Kopie eines prächtigen Renaissancebrunnens, die der flämische Bildhauer Jean de Boulogne für die Piazza del Nettuno im italienischen Boulogne schuf.

Fontaine de Neptune

Im Nordosten der Königlichen Domäne ließ Léopold II. den Japanischen Turm der Pariser Weltausstellung von 1900, der ihn sehr beeindruckt hatte, von Alexandre Marcel wieder errichten. Heute wird hier eine Ausstellung japanischer Kunst gezeigt (Öffnungszeiten: Di.–Fr. 10.00–16.45 Uhr).

Tour Japonaise

Jenseits der Av. J. van Praet erhebt sich der Chinesische Pavillon, ebenfalls von der Pariser Weltausstellung 1900 hierhergebracht und an einer Stelle wiederaufgestellt, an der schon unter Albert von Sachsen-Teschen ein Chinesischer Turm stand. Er beherbergt normalerweise Sammlungen asiatischer Kunst, insbesondere chinesisches Porzellan, wird derzeit jedoch restauriert.

Pavillon Chinois

Im Westteil des Parks von Laeken liegt die Domäne Stuyvenberg. Sie wurde zu Beginn des 16. Jh.s erbaut und gehörte Louis van Bodhegem, dem Erbauer des Maison du Roi an der → Grand' Place. Im 18. Jh. ausgebaut, erwarb Léopold II. das Anwesen, das fürderhin von der königlichen Familie genutzt wurde; u. a. war es von 1951 bis zu deren Tode Alterssitz von Königin Elisabeth, der Witwe Alberts I.

Domäne Stuyvenberg

Colonne du Congrès · Kongreszuil — L 10

Die Kongreßsäule, ein insgesamt 47 m hohes Denkmal, wurde 1859 zum Andenken an den Nationalkongreß errichtet, der nach der Revolution von 1830 die belgische Verfassung verkündete. Die Grundsteinlegung erfolgte im Beisein von König Léopold I. im September 1850, die Ausführung der Arbeiten war dem Gewinner des Wettbewerbs für das Nationaldenkmal, dem Architekten Joseph Poelaert anvertraut, der auch den Justizpalast entworfen hatte. Auf dem Sockel sind die Namen der 237 Mitglieder des Kongresses sowie die wichtigsten Verfassungsartikel eingemeißelt. Dar-

Lage
Place du Congrès

Tram
92, 93, 94

◀ *Der Schein trügt: Hinter der Colonne du Congrès offenbart sich geistlose Zweckarchitektur*

Colonne du Congrès (Fortsetzung)

über flankieren Allegorien auf die Versammlungsfreiheit, die Pressefreiheit, die Religionsfreiheit und die Freiheit der Lehre eine 25 m hohe Säule, die ein Bildnis von König Léopold I. bekrönt. Am Fuße des Denkmals brennt die Ewige Flamme zu Ehren des Unbekannten Soldaten.

Cité Administrative

Ein klassisches Beispiel für die Brüsseler Kahlschlag-Architektur ist die hinter der Kongreßsäule sich öffnende, kalt und fast unwirtlich anmutende Esplanade, flankiert von den nicht minder unattraktiven Gebäuden der Cité Administrative (→ Abb. S. 29). Immerhin freuen sich Skateboardfahrer über die weiten Flächen, und der Tourist hat von der Brüstung einen recht guten Blick auf die Brüsseler Unterstadt.

Eglise des Brigittines · Brigittinenkerk J 8

Lage
Rue des Brigittines

Bus
20, 48

Die ehem. Brigittinenkirche steht unweit der Kirche → Notre-Dame de la Chapelle im Marollenviertel. Das frühere Gotteshaus ist zwischen 1663 und 1672 erbaut worden. Sein Turm fiel der Beschießung von 1695 zum Opfer; die prachtvolle, im Stil des italienisch-flämischen Barock gehaltene Fassade sowie die ausgewogenen Proportionen und Dekors kommen allerdings bei der unattraktiven Umgebung nur wenig zur Geltung, sieht man von der nächtlichen Beleuchtung ab. Die Kirche diente nach Auflösung des Brigittinenordens 1794 als Militärapotheke, Asyl, Schule und sogar als Metzgerei. Von 1964 bis 1975 wurde sie renoviert und zum Stadtteiltreffpunkt umgebaut.

Europäische Union

Europa-Hauptstadt Brüssel

Brüssel ist der wichtigste Arbeits- und Tagungsort der Europäischen Union (EU). Hier haben EU-Kommission und EU-Ministerrat ihren Sitz, diejenigen Gremien, in denen die Entscheidungen in der Europapolitik fallen; hier arbeiten im Vergleich zu den beiden anderen EU-Städten Luxemburg und Straßburg die bei weitem meisten 'Eurokraten', so daß Brüssel mit Fug und Recht als Europas Hauptstadt bezeichnet werden kann. Zudem legt die belgische Hauptstadt allen Ehrgeiz daran, noch weitere EU-Stellen an sich zu ziehen.

Geschichte und Organe der EU

Im Jahre 1951 wurde auf Anregung des französischen Außenministers Robert Schuman ein Vertrag über die Gründung einer Europäischen Gemeinschaft für Kohle und Stahl (Montanunion) unterzeichnet, der als Vorstufe zur späteren EWG betrachtet werden kann. 1957 folgten in Rom die Verträge zur Gründung der Europäischen Wirtschaftsgemeinschaft (EWG) und der Europäischen Atomgemeinschaft (EAG bzw. Euratom), die am 1. Januar 1958 in Kraft traten. Gründungsmitglieder dieser drei Gemeinschaften waren Belgien, die Bundesrepublik Deutschland, Frankreich, Italien, Luxemburg und die Niederlande. Sie verpflichteten sich zur Einhaltung der 248 Artikel der Römischen Verträge, deren Grundlagen das Prinzip des freien Warenverkehrs, ein gemeinsamer Außenzoll sowie freier Personen- und Kapitalverkehr und eine Verbesserung der Lebensbedingungen in den einzelnen Ländern sind. Als 1985 die mit der Einheitlichen Europäischen Akte' (EEA) die Römischen Verträge auf eine erweiterte Basis gestellt wurden, war aus EWG, Montanunion und Euratom schon die Europäische Gemeinschaft (EG) geworden, die sich um Dänemark, Irland und Großbritannien (1973) sowie Griechenland (1981) erweitert hatte. 1986 folgten Spanien und Portugal. Seit dem Inkrafttreten des Maastrichter Vertragswerks am 1. November 1993 heißt die Gemeinschaft nun Europäische Union, 1995 um Schweden, Finnland und Österreich erweitert.

Die Organe der EU sind der Ministerrat mit Sitz in Brüssel, dem die jeweiligen Ressortminister aller Mitgliedsstaaten angehören. Er ist das oberste und wichtigste Gremium der EU. Die EU-Kommission, ebenfalls mit Sitz in Brüssel, ist das ausführende Organ, überwacht die Einhaltung der Verträge und hat ein ausgedehntes Initiativ- und Vorschlagsrecht gegenüber dem Ministerrat. Ihr gehören jeweils zwei Vertreter aus Deutschland, Frankreich, Großbritannien, Italien und Spanien sowie je ein Vertreter aus den kleineren Mitgliedsländern an. In Straßburg tagt das Europäische Parlament – seine Ausschüsse treffen sich jedoch in Brüssel, wie "bei Bedarf" auch das gesamte Parlament, sein Generalsekretariat sitzt in Luxemburg – wo es Gesetzesvorhaben des Rates berät, doch hat es bei weitem keine solchen Befugnisse wie nationale Parlamente. In Luxemburg sind der Europäische Gerichtshof und der Europäische Rechnungshof angesiedelt. Wiederum in Brüssel tagt der Wirtschafts- und Sozialausschuß.

Geschichte und Organe der EU (Fortsetzung)

Über alle Angelegenheiten der Union informiert das EU-Büro an der Nordecke des Rond Point Schuman gegenüber vom Palais Berlaymont. Euro-Souvenirs aller Art gibt es bei 'Eurotempo', Ecke Rue Stevin/Boulevard Charlemagne.

Information · Souvenirs

Euro-City **N/O 8/9**

Lage

Die meisten Gebäude der EU, mittlerweile Euro-City genannt, gruppieren sich um den Rond Point Schuman an der Rue de la Loi, kurz vor dem Parc du Cinquantenaire. Man ereicht sie am besten mit der Métro-Linie 1 A oder 1 B bis zur Station Schuman oder mit den Buslinien 28, 36 oder 67.

Palais Berlaymont

Zum architektonischen Wahrzeichen der Union ist das Palais Berlaymont am östlichen Ende der Rue de la Loi geworden. Seinen Namen verdankt es dem Kloster Berlaymont, an dessen Ort es 1963 bis 1968 nach Plänen von

Derzeit niemand zu Hause: das leerstehende Palais Berlaymont

Baedeker Special

Europa-Baustelle Brüssel – die EU platzt aus allen Nähten

Faro, Gueuze, Framboise und Kriek: Davor also hatten wir Deutschen uns einmal so sehr gefürchtet, daß wir sogar den Europäischen Gerichtshof um Beistand baten – belgische Biersorten, von denen viele beileibe nicht nach dem strengen deutschen Reinheitsgebot von 1516 gebraut werden. Doch über Geschmack kann trefflich gestritten werden, solange die freie Auswahl gewährleistet bleibt, und so entschied seinerzeit der Europäische Gerichtshof, daß das Deutsche Reinheitsgebot nicht als undurchlässiger Riegel für die Einfuhr von Gersten- und Hopfengetränken etwa mit Zucker-, Farbstoff- und Fruchtzusätzen nach Deutschland mißbraucht werden dürfe. Dieses Urteil fiel 1987, zu einem Zeitpunkt, als sich die Europäische Gemeinschaft (EG) anschickte, die Grenzpfähle zwischen ihren zwölf Mitgliedstaaten endgültig einzureißen, einen einheitlichen Markt für Waren, Dienstleistungen und Kapital zu schaffen und ihren Bürgerinnen und Bürgern zu gestatten, sich an jedem Platz in der Gemeinschaft niederzulassen, um zu arbeiten und zu leben.

Mittlerweile haben wir uns an ausländische Biere in den Supermarktregalen gewöhnt, der Europäische Binnenmarkt ist seit 1993 kaum noch umstrittene Realität, und die Gemeinschaft hat sich den bedeutungsschweren Namen Union zugelegt. Die Einigung Europas geht in Riesenschritten voran, schon sind umwälzende Projekte wie die gemeinsame Wirtschafts- und Währungsunion oder eine unionsweite Außen- und Sicherheitspolitik auf den Weg gebracht. Gleichzeitig wächst die Europäische Union (EU): Nach den jüngsten Beitritten Finnlands, Österreichs und Schwedens 1995 warten in Osteuropa bereits weitere EU-Aspiranten ungeduldig vor der Tür.

Ein Problem mit den zwölf kreisförmig angeordneten gelben Sternen auf blauem Grund, dem offiziellen Emblem der EU, gab es glücklicherweise nicht im Zuge der Vergrößerung des Zwölferclubs auf 15 Mitgliedstaaten. Allzu eifrige Zeitgenossen hatten sich zwar schon ihre Köpfe darüber zerbrochen, wie teuer die Umstellung all der Visitenkarten, Briefbögen, kleinen und großen Flaggen auf Tischen und Fahnenmasten den europäischen Steuerzahler kommen und welch unermeßlicher Verwaltungsaufwand sich bei der vermeintlich notwendigen Sternenvermehrung von zwölf auf fünfzehn Bahn brechen könnte. Doch übersahen sie, daß sich bereits die Montanunion (1954) und die 1958 ins Leben gerufene Europäische Wirtschaftsgemeinschaft (EWG) trotz ihrer seinerzeit lediglich sechs Mitglieder umfassenden Gründungsgruppe mit den zwölf Sternen schmückte. Schließlich handelt es sich um ein traditionelles Zeichen europäischen Integrationswillens, wodurch auch eine grafische Anpassung infolge der späteren Erweiterungen nicht notwendig gewesen war.

Dafür steht die EU vor einem enormen Platzproblem. Denn sich stetig erweiternde Zuständigkeiten, ehrgeizige Politikvorhaben und eine wachsende Zahl an Mitgliedern erfordert eine umfangreiche Vergrößerung der wichtigsten EU-Einrichtungen: Die Union platzt aus allen Nähten. Und als hätte Brüssel nicht schon genug zu tun mit seiner vierfachen Hauptstadtrolle für Belgien, Flandern, die französischsprachige Kulturgemeinschaft sowie die Region Brüssel, betont sie mit Nachdruck und hohem finanziellen Aufwand ihre herausragende Stellung als Hauptstadt Europas durch radikale und tief in die Stadtstruktur einschneidende Baumaßnahmen.

Es paßt kaum noch in einen Rahmen: das neue Parlamentsgebäude der Europäischen Union

Während sich die Büros der Eurobeamten in den Anfangsjahren noch auf mehrere Gebäude in Brüssel verteilt hatten, wurde spätestens nach der Zusammenlegung der Montanunion, der EWG und EURATOMs zur EG im Jahre 1967 auch eine Zentralisierung ihrer Arbeitsplätze notwendig. Die baulichen Planungen konnten zu jener Zeit auf festeres Fundament gestellt werden, da sich die EG-Mitgliedstaaten auf eine – allerdings immer noch vorläufige – Orts- und Arbeitsteilung der EU-Organe geeinigt hatten: Die Kommission und der Ministerrat erhielten ihren Sitz in Brüssel, der Europäische Gerichtshof urteilt in Luxemburg, und das Europäische Parlament tagt in Straßburg. Den recht spöttischen Spitznamen 'Wanderzirkus' konnte die EU dennoch bis heute nicht ablegen: So kommen die Abgeordneten des Europäischen Parlaments zwar in Straßburg zu ihren Debatten zusammen, ihr wissenschaftlicher Beratungsdienst und das EP-Sekretariat jedoch arbeiten auf dem Kirchberg in Luxemburg, und die wichtigen Fraktions- und Ausschußsitzungen finden in Brüssel statt. Darüber freuen sich vorwiegend die belgischen und französischen Lastwagenfahrer, die die Dokumenten- und Aktenberge zwischen den Städten hin- und herkutschieren, und die Fluggesellschaften, die die dazugehörigen europäischen Volksvertreter befördern – der Steuerzahler sieht es weinenden Auges. Der Poker der drei Städte um die einflußreichsten EU-Institutionen aber geht unvermindert weiter.

Viele Jahre lang war es sehr einfach, einem Ortsunkundigen in Brüssel die Richtung zu den EU-Schaltstellen zu beschreiben: Zentral in der Rue de la Loi am Place Robert Schuman. Dort wurde 1969 das Palais Berlaymont als Sitz der Kommission fertiggestellt, kurze Zeit später kam als Nachbar der Bürokomplex Charlesmagne für den Ministerrat hinzu. Während die Kommission als 'Motor der Union' Gesetzesvorschläge entwirft und sich dabei mit so unterschiedlichen Dingen wie Milchquoten, Mehrwertsteuervereinheitlichungen oder Spielfilmquoten im Fernsehen auseinandersetzt, hat der Ministerrat das letzte und entscheidende Wort über diese Vorschläge. Er setzt sich zusammen aus den zuständigen Fachministern der Mitgliedstaaten. Je nach Gesetzentwurf kommen also beispielsweise die Landwirtschaftsminister, Finanzminister oder für Kultur zuständigen Minister nach Brüssel, wo bereits eine ständig vor Ort tätige Schar von Mitarbeitern mit ihren Ratschlägen auf sie warten. Das Europäische Parlament erhält zwar immer weitere Mitentscheidungsrechte und politische Einflußmöglichkeiten, ist jedoch noch weit davon entfernt, oberstes demokratisches Entscheidungsorgan zu werden, wie wir es von seinesgleichen in den Mitgliedsländern kennen.

Schon Anfang der achtziger Jahre reichte jedoch der vorgesehene Platz nicht mehr aus: Das Palais Berlaymont etwa, für rund 3000 Kommissionsmitarbeiter konzipiert, konnte die weiter ansteigende Zahl von Eurobeamten nicht mehr fassen, so daß wieder Büros außerhalb angemietet werden mußten. Heute benötigen rund 15 000 Eurokraten einen Platz zum Arbeiten, hinzu kommen über 10 000 Angestellte von Verbänden und Unternehmen, die direkt als Lobbyisten Einfluß auf die Politik der Union nehmen wollen. Zu allem Überfluß mußte das Berlaymont 1992 auf unbestimmte Zeit geräumt werden, da eine Asbestverseuchung festgestellt wurde. Die wieder verstreuten Dienststätten der EU und die Büros der Lobbyisten finden sich nun entlang der gesamten Rue de la Loi, der Rue Belliard und der Querverbindungen, zwischen diesen beiden Straßen.

Zurück zum guten belgischen Bier und was man dafür zu zahlen hat. Die steigenden Preise in Brüssel sind ein deutliches Anzeichen für den Aufwind europäischer Politik. Der mächtige und anhaltende Zustrom weiterer EU-Mitarbeiter und Lobbyisten – über die NATO ist noch gar nicht gesprochen worden – verdirbt die Preise, liegt doch deren Einkommen in der Regel deutlich über dem der alteingesessenen Brüsseler Bevölkerung. Das ist etwa für die Gastronomie eine willkommene Chance, das eigene finanzielle Polster durch ein Heraufsetzen der Preise praller zu füllen. Kein Wunder, daß sich schon mancher Eurobeamter gefragt hat, ob das EUR-Nummernschild an seinem Wagen, welches den Eurobediensteten vorbehalten ist, nicht ein Anziehungspunkt für vandalistische Gelüste nicht ganz so friedfertiger Einwohner sein könnte. Ein Trend der letzten Jahre verschärft darüber hinaus den Unbill mancher Brüsseler: Belgische Immobiliengesellschaften kaufen meist veraltete, aber den bisherigen Mietern billigen Wohnraum bietende Gebäude, oft auch ganze Straßenzüge mit leerstehenden Häusern, und verwandeln sie in teure Luxuseigentumswohnungen und elegante Bürohäuser. Die steigende Nachfrage aus Europa macht's möglich: In zehn Jahren kletterten die Büromieten um das Zweieinhalbfache und liegen knapp über Frankfurter Niveau.

Vor wenigen Jahren noch als 'heimliche' Hauptstadt Europas tituliert, hebt Brüssel nun an zum entscheidenden Sprung zur Metropole der Union. Im eigentlich schon entschiedenen Konkurrenzkampf mit Straßburg und Luxemburg versucht die Stadt gewichtige Punkte zu erzielen durch die Ausweisung von rund 1,5 Mio. m^2 bestehender und noch zu erschließender Baugrundstücke für Büros bis zum Jahr 2000. Ehrgeizigstes Projekt ist die Schaffung der 'Euro-City' gegenüber der von der Union bereits okkupierten Rue de la Loi. Im Quartier Léopold errichten 21 Architekten für den Ministerrat einen Bürokomplex von 375 000 m^2 Nutzfläche im Gesamtvolumen von 2,5 – 4 Mrd. DM. Während diese Anlage bis 1996 fertiggestellt werden soll, wurde ein Neubau für das Europäische Parlament bereits im Oktober 1993 eingeweiht in der Hoffnung darauf, den Straßburgern 'ihre' EU-Einrichtung abzuluchsen. Die Europaabgeordneten sollen dazu verleitet werden, den nach der jüngsten EU-Erweiterung zu klein gewordenen Plenarsaal in Straßburg zugunsten des für rund 1000 Abgeordnete eingerichteten, weitaus komfortableren Pendants in Brüssel aufzugeben. Doch der 'Wanderzirkus' hat noch nicht seine letzte Vorstellung gegeben: Inzwischen baut auch Straßburg ein größeres Parlamentsgebäude. Gewinner sind die Immobilienspekulanten und Bankiers, unter ihnen der ehemalige EU-Kommissar Étienne Davignon. Er ist mittlerweile Präsident der Société Générale de Belgique und kooperiert eng mit Brüsseler Banken: Da die Union nicht das Geld besitzt, diese gewaltige Menge an neuer Bürokapazität zu kaufen, ist sie Miet- und Leasingverträge mit den kommerziellen Bauherren eingegangen. Doch viele Brüsseler mögen sie nicht sonderlich, die Neubauten: Sie sähen aus wie Festungen, gewaltige Portalattrappen hätten den Charme internationaler Großbanken und das Innere die Modernität von ICE-Zügen. Den Parlamentsneubau nennen die Wohlmeinenderen daher 'Brüsseler Tonne', die anderen schlicht abfällig nach einer französischen Weichkäseschachtel 'Caprice des Dieux'.

Europäische Union, Palais Berlaymont (Fortsetzung)

Lucien Devestel als Sitz der Kommission erbaut wurde. Ungewöhnlich wie der Grundriß auf einem unregelmäßigen Kreuz ist auch die übrige Gestaltung: Im Zentrum befinden sich ausschließlich fensterlose Sitzungssäle, und es läßt sich auch keines der 3302 Fenster der Außenfassade öffnen. Allerdings müssen sich die Euro-Beamten seit 1992 nicht mehr über die schlechte Luft aus der Klimaanlage ärgern, denn damals mußte das Gebäude komplett geräumt werden, weil beim Bau zuviel Asbest verwendet wurde. Nachdem man zwischenzeitlich an einen Abriß dachte, soll das Gebäude nun doch saniert werden.

Neubauten

Charlemagne

Als die Erweiterung der Union den Platz im Berlaymont zu eng werden ließ, wurde zu dessen Entlastung in unmittelbarer Nähe das Hochhaus 'Charlemagne' als Sitz des Ministerrats errichtet.

Euro-City

Im Areal südlich der Rue de la Loi hat die EU in den letzten Jahren gewaltige Neubauten in Angriff genommen, um eine 'Euro-City' zu schaffen. Ursprünglich war von privaten Trägern ein Kongreßzentrum geplant, doch gelang es diesen, der EU die Neubauten schmackhaft zu machen. Herausragend im wahrsten Wortsinn ist das neue Parlamentsgebäude mit seiner 72 m hohen Glaskuppel, das im September 1993 eröffnet wurde. 1995 soll das neue Ministerratsgebäude direkt gegenüber vom Palais Berlaymont bezogen werden, und 1996 schließlich soll mit dem Kongreßzentrum 'Espace Léopold' der letzte Bauabschnitt vollendet sein.
Die EU-Neubauten werden nicht nur wegen ihrer architektonischen Gigantomanie heftig kritisiert. Vor allem die Kostenexplosion – von einer Milliarde DM 1989 auf 2,5–4 Milliarden bis 1996 – hat viele EU-Parlamentarier und Brüsseler empört, zumal sich Spekulanten eine goldene Nase verdienen und dafür das liebenswerte alte Quartier Léopold zunehmend den Baggern zum Opfer fällt.

Quartier Léopold

Nur noch an manchen Stellen südlich der Neubauten mag man erahnen, wie dieses schöne bürgerliche Wohnviertel einmal ausgesehen hat, etwa am alten Bahnhof Gare Léopold und an der Place du Luxembourg. Auch der 1852 angelegte Parc Léopold ist unverändert geblieben.

Forest · Vorst

G/H 4/5

Lage
3 km südlich vom Stadtzentrum

Tram
18, 52

Bus
48, 50, 54

Die Vorstadt Forest erstreckt sich am Hang des Sennetales. Gern besucht wird der Parc de Forest, eine rund 13 ha große Grünanlage, die im Jahre 1878 nach den Vorstellungen von V. Besme angelegt worden ist. Dieser Park ist nur durch einen Straßenzug von einem südlich gelegenen weiteren Park getrent, dem 23 ha großen Parc Duden. Er war früher Teil eines Waldgebietes, das von Karl V. als Jagdrevier genutzt worden ist. Der Park ist heute nach einem deutschen Industriellen benannt, der sich hier im 19. Jh. niedergelassen hatte.
Wiederum südlich davon kommt man in das eigentliche Zentrum von Forest an der Avenue de Bruxelles.

Saint-Denis

Hier erhebt sich als schönes Beispiel gotischen Kirchenbaus in Brüssel die kleine Kirche St-Denis, an deren Stelle sich schon im 7. Jh. ein dem hl. Denis geweihtes Gotteshaus befunden hat. An dieser Stelle hat sich die später heiliggesprochene Alène, eine Tochter des heidnischen Herrn von Dilbeek, heimlich taufen lassen. Erzürnt hierüber, ließ der Vater sie zu Tode prügeln. Nach ihrer Beisetzung in der Kapelle geschahen Wunder am Grab, die schließlich auch Alènes Vater dazu bewegten, sich zum Christentum zu bekehren.
Die jetzige Kirche wurde ab etwa 1250 errichtet. In ihren Bauformen erkennt man mehrere Epochen der Gotik. Der schöne Innenraum ist reich an wertvollen Kunstwerken. Dies gilt besonders für die Chapelle Ste-Alène, den ältesten Teil der Kirche, mit dem Steingrabmal der hl. Alène (vermutl. 11. Jh.) und einem vierflügeligen Altarbild des Brüsseler Malers

Forest, Saint-Denis (Fortsetzung)

Cornelius van Coninxloo (16. Jh.). Weiterhin beachtenswert sind eine Christusfigur (13. Jh.), einige Reliquiengefäße (15. und 16. Jh.), ein schmiedeeisernes Gitter (17. Jh.) und – im rechten Seitenschiff – ein Grabstein aus der ersten Hälfte des 13. Jahrhunderts.

Kulturzentrum Forest

Hinter der Kirche St-Denis findet man das Kulturzentrum von Forest mit seinem großen Saal für 7000 Gäste. Es ist in Bauten der ehemaligen Benediktinerabtei St-Denis untergebracht, die im Jahre 1106 gegründet und 1764 durch Brand teilweise zerstört worden ist.

* Forêt de Soignes · Zoniënwoud T/U 4/5

Lage
Südöstliches Stadtgebiet

Tram
94

Südöstlich von Brüssel erstreckt sich jenseits des → Bois de la Cambre der die Stadtbezirke Watermael-Boitsfort und Auderghem umschließende, etwa 4000 ha große Forêt de Soignes (Wald von Soignes), der mit seinen prächtigen Buchenhainen zu den schönsten Waldungen Belgiens zählt. Er ist als Naherholungsgebiet sehr geschätzt.

Groenendael

Inmitten des Waldes liegt 13 km südöstlich von der Stadtmitte (Ausfahrt auf der Avenue Louise durch Ixelles und Boitsfort, dann N 275) in einem schönen Talgrund die Ortschaft Groenendael, wo einst die 1343 von dem Mystiker Ruysbroek gegründete berühmte Augustinerabtei stand. Von ihr ist nur noch ein einziges Gebäude aus dem 18. Jh. erhalten. Am Nordhang des Tales befindet sich das Arboretum von Groenendael mit über 400 Baum- und Straucharten sowie einem Forstmuseum.

Arboretum Tervuren

Zum nordöstlichen Teil des Forêt de Soignes gehört auch das Arboretum Tervuren (südlich des Vorortes Tervuren), in dem die wichtigsten Baumarten aus der Alten und der Neuen Welt zu sehen sind.

Abtei von Rouge-Cloître

Westlich davon Richtung Brüssel finden sich die Reste der im 14. Jh. erbauten Abtei von Rouge-Cloître, wo der flämische Maler Hugo van der Goes 1482 starb.

Informationszentrum

Beim Kloster erfährt man Wissenswertes über den Forêt de Soignes im Informationszentrum mit dem angegliederten Förstereimuseum (Öffnungszeiten: Di. – Do., Sa. und So. 14.00 – 17.00; Juli und Aug. auf Anfrage Tel. 6 41 34 11).

* Galeries Saint-Hubert K 10

Lage
Zwischen Rue du Marché-aux-Herbes und Rue de l'Ecuyer

Métro-Station
Gare Centrale (1 A, 1 B)

Einer der elegantesten Orte Brüssels sind die Galeries Saint-Hubert, die sich direkt an die Restaurantmeile um die Rue du Marché-aux-Herbes anschließen und die Verbindung zwischen Grand' Place und dem Viertel um die Place de la Monnaie auf höchst angenehme Weise herstellen: Hier schlendert man wettergeschützt an edlen Geschäften, Cafés und Restaurants vorbei von einem Zentrum Brüssels in das andere.
Der Bau der Galerien wurde 1845 durch eine Brüsseler Gesellschaft beschlossen, die eigens für diesen Zweck ins Leben gerufen wurde. Mit der Planung beauftragte man Jean-Pierre Cluysenaer (1811 – 1880), und König Léopold I. legte am 6. Mai 1846 den Grundstein. Um Platz zu schaffen, wurde das Zunfthaus der Goldschmiede, das nach dem Beschuß von 1695 wiedererrichtet worden war, ebenso abgerissen wie ein Armenviertel. Am 20. Juni 1847 konnten die Galerien eröffnet werden, die mit einer Länge von 213 m die damals größten und – abgesehen von einigen sehr kleinen Galerien in Paris – auch die erste echte Einkaufspassage der Welt

Eine der ältesten Einkaufspassagen Europas: die Galeries Saint-Hubert ▶

Galeries Saint-Hubert (Fortsetzung)

waren. Sie teilt sich in die von der Rue du Marché-aux-Herbes parallel zum Boulevard du Centre laufende Galerie de la Reine, die nach der Rue des Bouchers bis zur Rue de l'Ecuyer hin von der Galerie du Roi fortgesetzt wird. Von dieser geht die kleinere Galerie des Princes ab, wo 1851 Victor Hugos Freundin Juliette Drouet wohnte.

Fassade

Die klassisch inspirierte Fassade an der Rue du Marché-aux-Herbes zeigt neben vier Skulpturen in den Nischen über dem Portal ein Flachrelief mit dem Haupt Merkurs, umgeben von zwei Flüssen. Ganz oben ist der Wahlspruch 'Omnibus omnia' (Allen alles) angebracht, letzter Rest des Hauses der Goldschmiede, das einst an diesem Platze stand.

Innendekoration

Unter der von Joseph Jacquet geschaffenen Innendekoration fallen nahe der Uhr die allegorischen Figuren 'Belgien', 'Brabant' und die 'Stadt Brüssel' auf. An der Ecke Rue des Bouchers und Galerie de la Reine erinnern zwei Plaketten an die Fünfzig- und die Hundertjahrfeier des Bestehens der Passage. Galerie du Roi Nr. 7. trägt eine Plakette zur Erinnerung an die erste Filmvorführung in Belgien am 1. März 1896 an diesem Ort.

Geschäfte und Cafés

In die Galeries Saint-Hubert geht man allerdings weniger der Kunst wegen, sondern um einen Schaufensterbummel zu machen, eines der Cafés und Restaurants aufzusuchen und auch, um etwas Geld auszugeben. Neben den allfällig bekannten Filialen internationaler Mode- und Parfümketten findet man hier einige altehrwürdige und ausgefallene Geschäfte für den gehobenen Geschmack. Spitzen kauft man in der Manufacture Belge de Dentelles in der Galerie de la Reine, schöne Stoffe findet man am Nordende der Galerie du Roi. Alteingesessen sind das Handschuhgeschäft Ganterie Italienne und der Juwelier Teldonck. Die berühmten belgischen Pralinen und Schokolade gibt es im 1857 eröffneten Neuhaus und schräg gegenüber bei Corné de la Toison d'Or – hier kann sich auch der schmalere Geldbeutel vergnügen. Kunstbücher bietet die Librairie du Passage feil, französisch-flämisch gemischt geht es in der Buchhandlung Tropismes in der Galerie des Princes zu. Wer Stärkung braucht, kehrt in eines der vielen Cafés ein oder nimmt davor an den zu jeder Jahreszeit herausgestellten Tischen Platz. Sehr gute Adressen zum Speisen sind die Taverne du Passage in der Galerie de la Reine und De l'Ogenblik am Ende der Galerie des Princes. Wer es volkstümlicher, dafür um so origineller haben möchte, der verlasse die Galerie du Roi an der Rue de l'Ecuyer und kehre ins gegenüberliegende A la Mort Subite ein.

**Grand' Place · Grote Markt K 9

Métro-Station
Gare Centrale
(1 A, 1 B)

Prémétro-Station
Bourse
(23, 52, 55, 56, 81)

Das Herz der Stadt schlägt auf der Grand' Place, der 'guten Stube Brüssels', im Mittelalter Ort des Handels, Richtstätte und wichtiger Versammlungsplatz, und noch heute, trotz der Scharen von Touristen, Marktplatz wie ehedem. Dieser herrliche Mittelpunkt der Altstadt, 110 m lang und 68 m breit, umsäumt von gotischem Rathaus und barocken Zunfthäusern, ist in seiner Geschlossenheit einer der schönsten urbanen Plätze der Erde, oder gar, wie Jean Cocteau bemerkte, "die schönste Bühne der Welt." Auf dieser Bühne zu wandeln lohnt sich zu jeder Tageszeit: Am Morgen, wenn werktags die Blumenstände aufgebaut sind, und noch schöner sonntags, wenn Vogelmarkt ist; am Mittag, um, im Terrassencafé sitzend, die Flaneure zu betrachten, und am Abend, wenn die Fassaden beleuchtet werden. Von April bis August wird am späten Abend (zwischen 21.30 und 23.00 Uhr) ein Licht- und Ton-Spektakel geboten.

***Ommegang ·**
***Blumenteppich**

Einmal im Jahr, jeweils Anfang Juli, lebt in Brüssel das 16. Jahrhundert wieder auf, wenn auf der Grand' Place der Ommegang zelebriert wird. Dieses farbenprächtige Spektakel erinnert an das Fest, das der Brüsseler Rat am 2. Juni 1549 zu Ehren Karls V., seines Sohnes Philipp II. von Spanien

Ommegang · Blumenteppich (Fortsetzung)

und anderer gekrönter Häupter abgehalten hat. Alle zwei Jahre im August wird der gesamte Platz mit einem bunten Blumenteppich in Gestalt von Wappen und Ornamenten belegt.

Geschichte

Das Zentrum Brüssels erwuchs auf einem trockengelegten Sumpfgelände. Ungefähr am heutigen Ort des Rathauses bot eine Sandbank die beste Möglichkeit, erste Häuser zu erbauen. Dies geschah wohl im 11. oder 12. Jh., wie ein 1911 in 1,20 m Tiefe gefundenes Straßenpflaster vermuten läßt; Urkunden aus dem 13. Jh. haben die Namen der Häuser wie Papenkelder, Wilde Ever, de Moor oder Rodenborch überliefert. Die ersten öffentlichen Gebäude folgten im 13. Jh. und dienten der Versorgung und dem Handel: Tuchhalle, Fleischhalle und Brothalle. Im 15. Jh. begann man mit dem Bau eines neuen Hauses für den Rat der Stadt, der bis dahin in einem der gewöhnlichen Häuser am Platz zusammenkam. Im 16. Jh. wich das Brothaus dem Maison du Roi, das als Gerichtshof der Spanier diente. Direkt davor war der Richtplatz, auf dem als prominenteste Delinquenten im Jahr 1568 die Grafen Egmont und Hoorn hingerichtet wurden. Im Jahr 1695 legten die Kanonen des französischen Marschalls de Villeroy die Brüsseler Unterstadt und damit auch den Marktplatz in Schutt und Asche. Der Rat beschloß den Wiederaufbau von Rathaus und Maison du Roi und den Neuaufbau der übrigen Häuser; so entstanden die heute zu sehenden herrlichen barocken Zunfthäuser. Nach der Französischen Revolution jedoch litten die Gebäude heftig unter dem Desinteresse und dem Geldmangel der Besitzer, an historisierender Renovierwut oder wurden wie das Maison d'Étoile gar abgerissen; erst Ende des 19. Jh.s setzte Bürgermeister Charles Buls den Gedanken des Denkmalschutzes durch und unterstützte die Hausbesitzer finanziell. Er gilt zurecht als Retter der Grand' Place und wird durch eine Gedenktafel am Maison d'Étoile, das durch seine Anregung wiederaufgebaut wurde, geehrt.

** Hôtel de Ville · Stadhuis (Rathaus)

Führungen
April – Sept.
Di., So., Fei. 10.00;
Okt. – März
Di. 10.00

Eintrittsgebühr

Das Brüsseler Rathaus ist einer der prächtigsten gotischen Profanbauten in Belgien, doch ist es nicht mehr im originalen Zustand. Auf dem Höhepunkt seiner wirtschaftlichen und politischen Macht angelangt, beschloß Brüssel den Bau eines Rathauses, das an Pracht und Herrlichkeit dasjenige übertreffen sollte, welches Brügge im Jahre 1370 zu bauen begonnen hatte. Ursprünglich war nur der in den Jahren 1402 – 1410 erbaute jetzige linke Flügel vorgesehen, dessen Haupteingang die Löwentreppe bildete; rechts flankierte ein schon bestehender Belfried (Glockenturm) das Gebäude. Mitte des 15. Jh.s jedoch beschloß man die Fortsetzung des Baus um den rechten Flügel. Nach der Beschießung durch die Franzosen im Jahre 1695, nach der nur noch der Turm und das rohe Mauerwerk standen, wurde es neu aufgebaut. Das Rathaus erhielt sein heutiges Aussehen, außen wie innen, durch die 1841 begonnene und zu Beginn des 20. Jh.s fortgesetzte Renovierung.

Linker Flügel

Der Baumeister des linken Flügels war sehr wahrscheinlich Jacob van Thienen. Ungefähr in der Mitte befindet sich die Löwentreppe, deren zwei Löwenskulpturen allerdings erst 1770 aufgestellt wurden. Im Säulengang hatten an Markttagen einst die Händler ihre Stände aufgebaut, in den Räumen dahinter war die Stadtpolizei untergebracht. In die Decke des Gangs über der Treppe sind zwei große Reliefs in den Stein gehauen. Das eine stellt die Ermordung des Schöffen Everard 't Serclaes durch den Herrn von Gaasbeek im Jahr 1388 dar und wie der Mörder dafür vom Teufel geholt wird; das andere zeigt Herkenbald, den rechtschaffenen Richter, der seinen von ihm für schuldig befundenen Neffen selbst hinrichtet.
Der prächtige Skulpturenschmuck an der Außenfassade ist charakteristisch für die Bildhauerkunst im ersten Viertel des 15. Jh.s; allerdings handelt es sich um Reproduktionen. Der kleine Eckturm ganz außen hatte bereits im Jahre 1411 eine Uhr mit Zifferblatt. Vom Balkon der ersten Etage

Hôtel de Ville (Fortsetzung)

sahen der Magistrat oder die auf Besuch weilenden Herrscher den Festen zu, die auf dem Platz stattfanden, und von hier wurden den versammelten Bürgern Verordnungen bekanntgegeben. Die Herzöge von Brabant erschienen am Tage ihrer Inthronisation auf dem Balkon, um die Huldigung der Bevölkerung entgegenzunehmen.

Rechter Flügel

Mit dem Bau des rechten Flügels wurde im Jahre 1444 begonnen, doch ist der Name des Architekten bislang nicht bekannt. Die – ebenfalls nicht originalen – Skulpturen an der Außenfassade stellen Herzöge und Herzoginnen von Brabant dar. Die weitaus interessanteren Bildhauerarbeiten finden sich jedoch an den Kapitellen und Konsolen am Säulengang. Es sind zwar ebenfalls Nachbildungen der Originale aus der Zeit um 1450, doch sind diese erhalten und befinden sich heute im Stadtmuseum im Maison du Roi. Die sehr merkwürdigen Darstellungen konnten erst 1935 gedeutet werden: Es sind satirisch festgehaltene Erinnerungen an die Häuser, die an dieser Stelle gestanden hatten und der Erweiterung des Rathauses Platz machen mußten. So sieht man links am Kapitell Männer, die mit Schaufeln (ndl. scup) Stühle (ndl. stoel) aufeinandertürmen – hier stand also das Haus De Scupstoel (ndl. Sänfte). An einer Konsole sieht man zechende Mönche, von denen einer sogar in einen Bottich gefallen ist – es erinnert an das Haus Papenkelder (ndl. Mönchskeller). Schließlich hat der Bildhauer auf einem anderen Kapitell einen auf einem Sessel eingenickten türkischen Haremswächter, daneben ein Liebespaar dargestellt – es bezeichnet den Platz des Hauses De Moor (ndl. Mohr).
In den Räumen des Erdgeschosses ist die Brüsseler Touristeninformation untergebracht.

Turm

Der hochaufragende Turm, ein Meisterwerk an Eleganz und Kunstfertigkeit, ist zweifelsohne eines der schönsten Baudenkmäler der Welt. Man verdankt es dem Baumeister Jan van Ruysbroeck, der es in den Jahren 1449 bis 1454 erbaute. Der Turm gliedert sich in einen unteren viereckigen Teil mit vier Etagen, einem darüberliegenden achteckigen Teil mit drei Etagen und einer pyramidenförmigen, durchbrochenen Spitze. Der Übergang zwischen den verschiedenen Teilen wird durch die Seitentürmchen überspielt; die Skulpturen über dem Portal stellen Heilige dar. Die Spitze bekrönt in 91 m Höhe eine 5 m hohe Wetterfahne in Gestalt des Erzengels Michael aus vergoldetem Kupferblech, die 1455 von Kupferschmied Martin van Rode hergestellt wurde.
Man wird feststellen, daß das Portal nicht in der Achse des Turmes liegt. Die Legende will, das sich Jan van Ruysbroeck, als er diesen Irrtum feststellte, von der Höhe des Turmes gestürzt haben soll. Tatsächlich verhält es sich aber so, daß er bewußt das Fundament und das Portal des ehemaligen Belfried beibehielt und dessen rechte Mauer er verbreiterte. Auf diese Weise erhielt stand ihm nun ein genügendes Fundament für die Errichtung des neuen Turmes zur Verfügung.

Torhalle

Die Skulpturen in der Torhalle stammen aus dem 15. Jh. und werden Claus Sulter zugeschrieben. Man nimmt an, daß sie den Eingang des abgebrochenen Belfrieds zierten.

Hof und dahinterliegende Flügel

Die zwei Brunnen im Hof versinnbildlichen die Schelde (rechts), eine Arbeit Pierre-Denis Plumiers (1715), und die Maas, eine Arbeit von Jan de Kinder (1714) nach J.-A. Anneessens. Vorn erheben sich die Seitenflügel im Stil Ludwigs XIV. (Corneille van Nerven, 1708–1717). Im Mittelalter stand hier die Tuchhalle.

Innenräume

Die nur im Rahmen einer Führung (Beginn im rechten Seitenflügel nach Durchqueren des Haupttors) zugänglichen Innenräume bergen einige bemerkenswerte Kunstgegenstände, insbesondere Wandteppiche. Äußerst wertvolle Gemälde von Rogier van der Weyden, die schon Albrecht

◀ *Das Rathaus – Brüssels Stolz in einem Bauwerk ausgedrückt*

Hôtel de Ville
Stadhuis
Rathaus

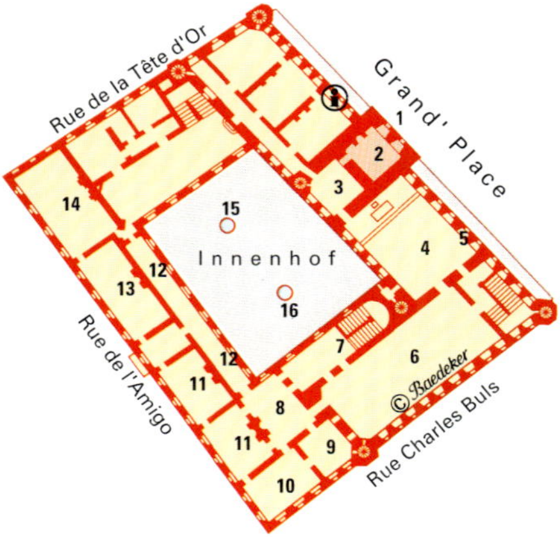

30 m

1 Portal (Eingang)
2 Turm (Belfried)
3 Vorraum
4 Trauungssaal
5 Löwentreppe
6 Gotischer Saal
7 Ehrentreppe
8 Vorzimmer des Bürgermeisters
9 Sekretärzimmer
10 Amtsraum des Bürgermeisters
11 Amtsräume der Schöffen
12 Porträtgalerie
13 Maximilianischer Saal
14 Gemeinderatssaal
15 "Schelde"-Brunnen
16 "Maas"-Brunnen

Hôtel de Ville (Fortsetzung)

Dürer bei seinem Besuch in Brüssel bewunderte (⟶ Brüssel in Zitaten, S. 45), gingen beim Beschuß von 1695 allerdings verloren. Im Flur des Erdgeschosses sieht man eine Zeichnung von Bernaert van Orley (1491 bis 1542) und einen danach gefertigten Wandteppich mit der "Enthauptung des hl. Paulus" (17. Jh.). Der Maximilianische Saal ist mit einigen Wandteppichen geschmückt, die das Leben Chlodwigs darstellen. Die Zeichnungen dafür werden Charles Lebrun (1619–1690). zugeschrieben. In der Galerie Grangé (1718) hängen Herrscherporträts von Louis Grangé (1686–1764); im Vorzimmer des Bürgermeisters Bilder des alten Brüssel von J.-B. van Moor (1819–1884). Die Ehrentreppe flankieren Büsten aller Bürgermeister seit 1830; hier auch ein Wandgemälde zur Stadtgeschichte von Jacques Lalaing (1893). Im Gotischen Saal wurden die Herrscher inthronisiert, letztmals Wilhelm I., König der Niederlande, am 21. September 1815. Hier hingen die Gemälden von Rogier van der Weyden. Der Saal wurde 1868 neugotisch renoviert und ist mit Mechelner Wandteppichen behängt, die die Brüsseler Zünfte darstellen. Die Bronzestatuen zeigen frühere Stadtherren. Im Trauungssaal schließlich sieht man allegorische Gemälde von Cardon (1881) und an der Decke die Wappen der Zünfte.

*Maison du Roi · Broodhuis (Stadtmuseum)

Von der Brothalle zum Gerichtshof

Das Haus des Königs, neben dem Rathaus das schönste Gebäude des Marktplatzes und diesem direkt gegenübergelegen, trägt seinen Namen nicht, weil dort ein König gewohnt hat, wie man annehmen könnte, sondern weil hier früher der Gerichtshof untergebracht war, wo im Namen des Königs von Spanien Recht gesprochen wurde. Heute beherbergt das Haus des Königs das Brüsseler Stadtmuseum.

Das Maison du Roi geht auf das zu Beginn des 13. Jh.s erbaute Broodhuis, das Zunfthaus der Bäcker, zurück. Im 15. Jh. beherbergte es dann schon nicht mehr die Brüsseler Bäcker, sondern nur noch die ortsfremden Bäkker benutzten es für den Vertrieb ihrer Ware. Später erhielt das Broodhuis den Namen 'Hertogenhuis' (Herzogshaus), weil hier bereits in früherer Zeit herzögliche Gerichtshöfe untergebracht waren. Dieser erste Bau wurde 1512/1513 eingerissen, aber bereits 1515 begann der Wiederaufbau, wegen des sumpfigen Geländes auf einer Pfahlkonstruktion. Mit Anton Keldermans, Ludwig van Bodeghem und Heinrich van Prede waren die bedeutendsten brabantischen Architekten jener Zeit daran beteiligt. Als Philipp II. von Spanien weitere Gerichtshöfe unterbrachte, wechselte zum

Einst Brothalle, dann Blutgericht: das Maison du Roi

Maison du Roi (Fortsetzung)

drittenmal der Name des Hauses und wurde nun in 'Pretorium Regium' geändert, woraus der Volksmund 'Haus des Königs' machte. Im 17. Jh. ließ die Infantin Isabella das Haus in Stein neu erbauen und weihte es der hl. Jungfrau, deren steinernes Standbild an der Fassade angebracht war. 1695 wurde das Gebäude von den Kugeln des Marschalls Villeroy fast völlig zerstört. Erst 1768 entschloß man sich, das Haus wieder aufzubauen. Dies geschah ohne Rücksicht auf die architektonische Tradition: Die Vortreppe verschwand das Dach verlor seine Giebel und seinen Schmuck. Nach mehrmaligem Besitzerwechsel entschloß man sich endlich, dieses Haus niederzureißen und es nach den ursprünglichen Plänen wieder auf-

Maison du Roi (Fortsetzung)

bauen zu lassen. Mit dieser schwierigen Aufgabe betraute man den Stadtarchitekten Victor Jamar, der ein wahres Meisterwerk architektonischer Fertigkeit und Geduld geschaffen hat. Der Wiederaufbau nahm mehr Zeit in Anspruch als der ursprüngliche Bau: 1873 begonnen, wurden die Arbeiten erst 22 Jahre später abgeschlossen. Jamar hatte die alten Stiche studiert und stellte so zusammen mit dem Beyaert das historische Aussehen wieder her.

Fassaden

Die Haupt- und Seitenfassade, die Galerien und Geländersimse aus Blaustein sind mit einem Netzwerk aus weißem Stein aus Gobertange verziert. Die Galerie des Erdgeschosses wird aus neun Bögen gebildet, die auf zwei freistehenden Säulen ruhen. Darüber stützen sich die Arkaden des oberen Stockwerkes auf kleine Säulenbündel.

Skulpturenschmuck

Die Skulpturen an der Mittelachse stellen dar: Maria von Burgund (sie überließ das Haus des Königs im Jahre 1477 der Stadt), Karl V. (er ordnete den Wiederaufbau an), Johann I. der Siegreiche und Heinrich I. (er gab Brüssel sein im Jahr 1229 niedergeschriebenes Stadtrecht). Die Statuetten, die die Fassade, die Dachluken und den Giebel verzieren, sowie die Wappenmotive sind aus vergoldetem Rotkupfer: zwei heraldische Löwen, die ein Wappen halten; vier Löwen, die ein Banner tragen (von A. Desenfans); ein Armbrust- und ein Bogenschütze, die Waffenherolde von Dillens; ein Bratkoch, der auf den Spitznamen Kiekenfretters (Hühnerfresser) anspielt – diesen Namen tragen die Brüsseler seit undenklichen Zeiten – sowie vier die militärischen Gilden Brüssels darstellende Personen.

Turm

Die Turmspitze ist aus Eichenholz mit Schieferbelag, ihre Luken sind mit schmiedeeisernen Ähren geschmückt. Die Krone und das Brot in der schmiedeeisernen Wetterfahne stehen als Sinnbilder für die Namen Broodhuis und Haus des Königs. Im Juni 1895 erhielt der Turm von dem Glockenspielbauer Jef Denijn ein Spiel aus 16 Glocken, von denen die schwerste 600 kg wog; eine zweite Gruppe von vierundzwanzig Glocken hing im zweiten Stock. Dieses Glockenspiel wurde später abgeschafft, weil es angeblich die Einwohner im Schlaf störte.

Richtstätte

Vor dem Haus des Königs fand manche Hinrichtung statt, so z.B. die der Grafen Egmont und Hoorn, die von Richtern des Herzogs von Alba, dem 'Blutsrat', zum Tode verurteilt worden waren. Am 5. Juni 1568, dem Tag vor seiner Enthauptung, wurde Graf Egmont in das Haus des Königs verlegt, wo er die Nacht in einem Raum des zweiten Stocks verbrachte. Zum Andenken an die schmachvolle Hinrichtung wurde lange Zeit später vor der Freitreppe des Hauses des Königs ein Denkmal an der Stelle eingeweiht , an der sie hingerichtet worden waren. Dieses von Fraikin stammende und einen Brunnen krönende Denkmal steht nun auf dem Platz ⟶ Petit Sablon. Ein weiteres prominentes Hinrichtungsopfer war der von den Österreichern verurteilte Brüsseler Zunftälteste Frans Anneessens.

Museum der Stadt Brüssel

April – Sept.: Mo. – Fr. 10.00 – 12.30 u. 13.30 – 17.00, Sa., So. 10.00 – 13.00; Okt. – März: Mo. – Fr. nur bis 16.00

Eintrittsgebühr

Das Maison du Roi beherbergt heute das Museum der Stadt Brüssel (Musée Communal de Bruxelles) mit seinen reichhaltigen Sammlungen zur Stadtgeschichte.

Im Erdgeschoß findet man links vom Eingang zunächst kunstvolle Skulpturen aus dem 14. und 15. Jahrhundert. Im Raum dahinter sind Bildhauerarbeiten des 16. – 18. Jh.s ausgestellt, zu deren besten diejenigen von Jérôme Duquesnoy d.Ä. gehören. Im ehem. Gildensaal kann man Fayencen und Zinn des 17. – 19. Jh.s betrachten. Rechts vom Eingang gelangt man in einen Raum mit Bildwerken der Brüsseler Malerschule des 15. und 16. Jh.s; hervorzuheben sind die unvergleichlich schönen Altarbilder, die während der Blütezeit des Brüsseler Kunstschaffens entstanden. Im Saal dahinter Tapisserien aus dem 16. – 18. Jh.; allerdings kann diese Ausstellung nur einen kleinen Einblick in die überaus reiche Produktion jener Zeit vermitteln. Im ehemaligen Karyatidensaal werden einzigartiges Porzellan und hervorragende Silberarbeiten aus dem 18. und 19. Jh. präsentiert.

Maison du Roi Broodhuis

Musée Communal Stadtmuseum

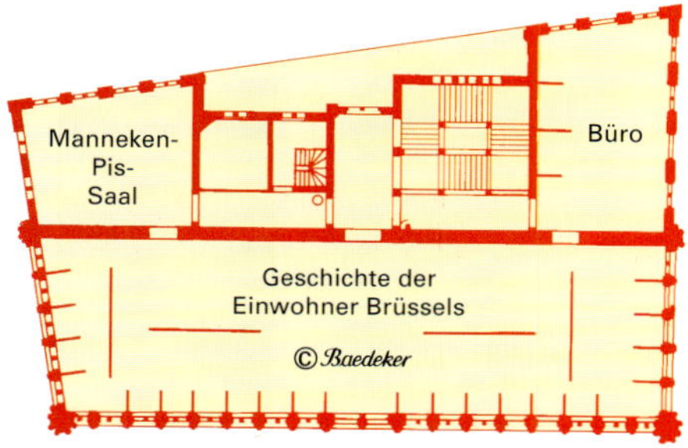

DEUXIEME ETAGE
TWEEDE VERDIEP
ZWEITER STOCK

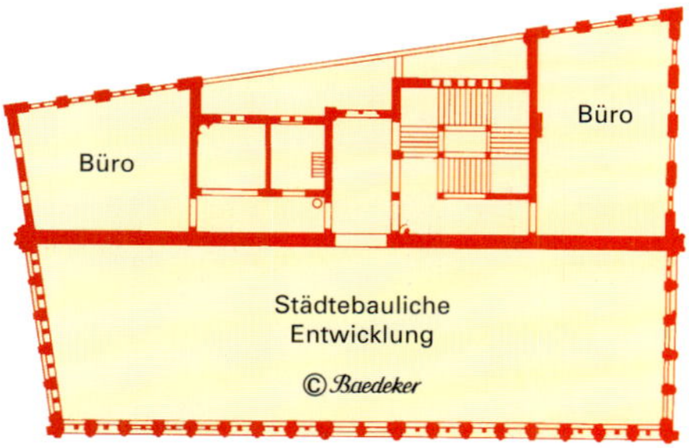

PREMIER ETAGE
EERSTE VERDIEP
ERSTER STOCK

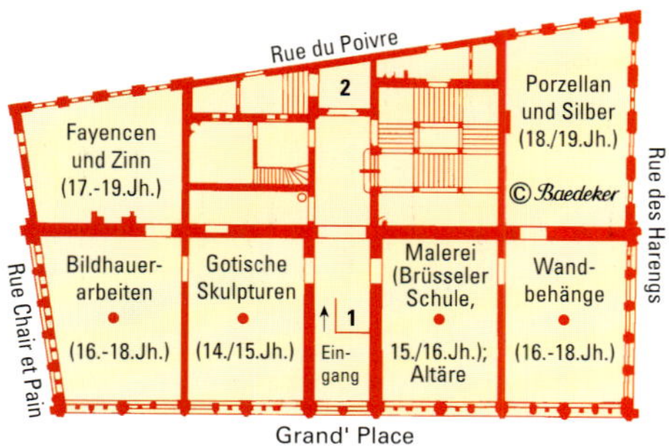

REZ-DE-CHAUSSEE
GELIJKVLOERS
ERDGESCHOSS

1 Empfang/Kasse
2 Wappenrelief der Familie Van der Noort-Taye (18.Jh.)

N

10 m

Museum der Stadt Brüssel (Fortsetzung)

Der städtebaulichen Entwicklung Brüssels widmet sich die Ausstellung im ersten Stock: Stadtentwicklung, Siedlungswachstum, Verkehrsmittel und -wege, Grünflächen, repräsentative Bauten und Wohnstätten. Herausragend sind die großen Stadtmodelle.

Im zweiten Stock werden einige Aspekte der Stadtgeschichte näher beleuchtet: politische Institutionen, Wirtschaft, Soziales, Religion, Kultur, Volkskunst sowie die Rolle Brüssels als Hauptstadt.

*Salle du Manneken Pis

Hauptattraktion des Museums ist jedoch die die Kleider- und Kostümkammer des → Manneken Pis hier im zweiten Stock. Ihm wurden im Lauf seines über 300jährigen Daseins von prominenten und weniger prominenten Zeitgenossen Kostüme geschenkt und geschneidert, in die es ab und zu auch gekleidet wird. Neben historischen Kostümen wie dem von Ludwig XV. verliehenen Anzug sieht man auch seinen Europa-Anzug, eine Pilotenkombination, einen Karate-Anzug und diverse Uniformen.

** Zunfthäuser an der Grand' Place

Aus den Trümmern erstanden in kürzester Zeit

Rathaus und Maison du Roi allein machen die Grand' Place nicht aus – ohne die herrlichen barocken Zunfthäuser wäre die Schönheit und Geschlossenheit des Platzes unvollkommen. Die ersten Häuser an der Grand' Place waren aus Holz, doch wurden sie alle am 13. und 14. August 1695 durch die französische Kanonade zusammen mit weiteren 4000 Häusern der Stadt vernichtet. Die heutigen Steinhäuser hat man zwischen 1696 und 1700 kurz nach der Trümmerbeseitigung errichtet. Bauherren waren meist reiche und mächtige Zünfte, so daß heute noch jedes Haus einen Namen trägt, der an seine ursprüngliche Bestimmung erinnert. Die meisten der Häuser zeigen italienischen Barockstil mit einigen Anpassungen durch die flämischen Architekten.

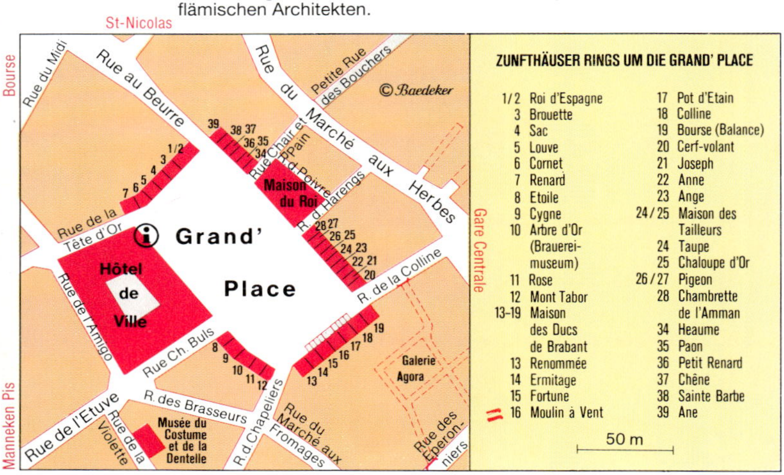

Nordwestseite

Le Roi d'Espagne (Nr. 1–2)

Das erste Haus an der Nordwestseite ist – rechts außen begonnen – das Haus der Bäcker, auch 'Le Roi d'Espagne' ('Der König von Spanien') genannt. Nach einem Vergleich mit dem → Maison de la Bellone wird vermutet, daß der Baumeister dieses Hauses, der Bildhauer Jean Gosyn, auch das Haus der Bäcker gebaut hat. Es zeigt die klassische dreifache Säulenordnung: dorisch im Erdgeschoß, ionisch im ersten Stock und korinthisch im zweiten Stock. Über der gewölbten Tür befindet sich eine Büste des Bischofs Aubert, des Schutzpatrons der Bäcker. Die Inschrift lautet: "Dieser Heilige hat sich während seines Lebens durch seine bewundernswerte Barmherzigkeit für die Armen ausgezeichnet." Im ersten Stock ist die Mauer mit Medaillons der römischen Kaiser Marcus Aurelius, Nerva, Decius und Trojanus verziert. In der Höhe des zweiten Stockes sieht man eine Büste von Karl II., umgeben von Trophäen und zwei Gefangenen. Am Sockel der Büste liest man die Aufschrift "König von Spanien". Das Geländer oberhalb der zweiten Etage trägt sechs allegorische Statuen: Kraft, Korn, Wind, Feuer, Wasser und Voraussicht. Das Haus ist von einer achteckigen Kuppel gekrönt, deren Spitze eine goldene Statue einnimmt.

La Brouette (Nr. 3)

Nachbarhaus Nr. 3 ist das Innungshaus der Fettmacher, auch 'La Brouette' ('Der Schubkarren') genannt. Es ist im italienisch-flämischen Stil erbaut und besitzt wie das Haus der Bäcker die dreifache Säulenordnung. Der Architekt ist unbekannt; doch aus alten Dokumenten weiß man, daß der

Zunfthäuser, La Brouette (Fortsetzung)

Bildhauer Jean Cosyn bei der Erbauung mitgewirkt hat. Zwischen Erdgeschoß und erstem Stock ist die Fassade mit Tafeln verziert, die die Aufschrift "Das Haus der Fettmacher" und "Der Schubkarren" tragen. Auf den Tafeln zwischen dem ersten und dem zweiten Stock steht das Baujahr des Hauses. Im dritten Stock werden die korinthischen Säulen von einem Giebel überdacht. In der Nische sieht man die Statue des heiligen Ägidius, des Schutzpatrons der Fettmacher.

Le Sac (Nr. 4)

'Der Sack' heißt Haus Nr. 4, das Haus der Schreiner und Faßbinder. Der Architekt ist unbekannt, doch man weiß, daß das Gebäude von dem Schreiner Pastorana wiederaufgebaut worden ist. Das Gebäude gliedert sich in zwei Teile: Der untere Teil, 1644 im klassischen Stil errichtet, entging der Kanonade von 1695 und wurde von Pastorana restauriert; im oberen Teil des Hauses hat Pastorana seine Schreinerkunst angewandt. Über der Eingangstür befindet sich die Statue eines Mannes mit einem Sack, in den ein anderer seine Hände steckt.

La Louve (Nr. 5)

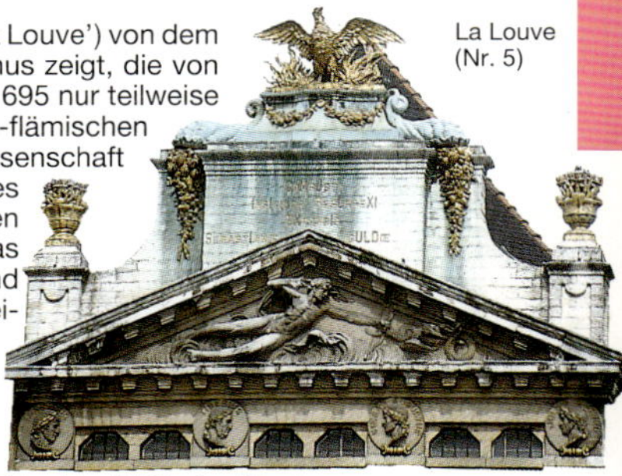

Haus Nr. 5 erhielt seinen Namen 'Die Wölfin' ('La Louve') von dem Flachrelief über der Tür, das Romulus und Remus zeigt, die von der Wölfin gestillt werden. Dieses Haus wurde 1695 nur teilweise zerstört und nach dem Originalplan im italienisch-flämischen Stil wieder aufgebaut und von der Eidgenossenschaft der Bogenschützen erworben. In der Höhe des ersten Stocks, zwischen den Triglyphen und den Gesimsen, erinnern verschiedene Objekte an das Bogenschießen. Der Balkon ist mit einer Leier und einem Köcher verziert. In der Höhe des zweiten Stocks steht vor jeder korinthischen Säule eine Statue, von links nach rechts mit den Unterschriften: "Hier die Wahrheit", "Da die Falschheit", "Gebe es Frieden", "Sei die Uneinigkeit entfernt". Die Wahrheit hält in der Hand ein offenes Buch, neben ihr kauert ein Adler. Die Falschheit hält eine Maske und wird von einem Fuchs begleitet. Der Frieden trägt ein Bündel und ist von Tauben umgeben. Die Uneinigkeit schwingt eine Fackel, zu ihren Füßen stehen die Wölfe. Die Aufschriften lauten: über der Wahrheit "Die Stütze des Reiches"; über der Falschheit "Die Fallen des Staates"; über dem Frieden "Die Rettung des Menschen"; über der Uneinigkeit "Der Ruin der Republik". In der Höhe des dritten Stocks sind die Säulen mit Medaillons von Trajan, Tiberius, Augustus und Caesar verziert. Zwischen der Wahrheit und dem Trajan-Medaillon beleuchtet eine Sonne die Welt. Auf dem angrenzenden Mauerpfeiler stellen ein Vogelkäfig und ein Netz die List dar. Zwischen dem Augustus-Medaillon und dem Frieden befindet sich ein Globus, auf dem der Kaiser den universalen Frieden erscheinen läßt. Auf dem letzten Mauerpfeiler stellen ein blutendes Herz und zwei gekreuzte Fackeln den Bürgerkrieg dar. In dem dreieckigen Giebel befindet sich das Flachrelief "Apollo, die Pythonschlange verfolgend". Über dem Giebel ein Phoenix mit der Aufschrift "Verbrannt, bin ich dank der Sorge der Innung von Sebastian stolzer auferstanden".

Le Cornet (Nr. 6)

Haus Nr. 6 hieß zunächst 'Der Berg', wurde jedoch 1434 von der Innung der Flußschiffer umgetauft und bekam den Namen 'Le Cornet' ('Das Füllhorn'). Dieses Gebäude wurde 1695 zerstört und 1697 durch das jetzige, vom Schreiner Pastorana im italienisch-flämischen Stil errichtete Haus ersetzt. Da es das Haus der Flußschiffer war, hat der Architekt den Giebel wie das Heck eines Schiffes gestaltet. Im Zwischenstock ist auf einem Flachrelief ein Füllhorn dargestellt. In der Höhe des ersten Stocks ist jede Säule von einer goldenen Vase mit Blumen gekrönt, im zweiten Stock wird

Zunfthäuser, Le Cornet (Fortsetzung)

jedes Fenster von einer ovalen Arkade überragt. An die Stelle von Säulen treten hier Formelemente der Schifffahrt. Über der zweiten Etage fängt ein von zwei Seepferden umgebener Wassermolch einen Fisch. Auf dem Heck sieht man ein Medaillon mit dem Bildnis Karls II. von Spanien.

Le Renard (Nr. 7)

Neben 'Le Cornet' steht 'Le Renard', 'Der Fuchs'. Es gehört der Innung der Kurzwarenhändler. Der Baustil vermischt dreifache Säulenordnung und barocke Phantasie mit Elementen des Louis-XIV.-Stils. Im Zwischenstock vier Flachreliefs: Kinder, die Felle behandeln, ein Stoffladen, ein Färberladen und ein Steinguthändlerladen. In der Höhe des ersten Stocks verzieren fünf Statuen die Fassade. Die mittlere stellt Justitia dar; ihre Augen sind verbunden, und sie trägt in einer Hand ein Schwert, in der anderen eine Waage. Die vier anderen Statuen symbolisieren Europa, Asien, Afrika und Amerika. In der Höhe des zweiten Stocks stehen vier Karyatiden: Die erste trägt das Goldene Vlies, die zweite hält Ähren, die dritte Trauben und die vierte Blumen. Ganz oben steht die Statue von Sankt Nikolaus, dem Schutzpatron der Kurzwarenhändler.

Südwestseite

L'Etoile (Nr. 8)

Das erste Haus an der Südwestseite des Platzes, links vom Rathaus, heißt 'L'Étoile' ('Der Stern'). Es ist das kleinste und eines der ältesten Häuser am Marktplatz und diente bereits im 13. Jh. dem Stadtamtmann als Amtslokal. Es wurde 1695 zerstört und danach wiederaufgebaut, 1852 anläßlich der Straßenverbreiterung erneut zerstört und 1897 schließlich auf einem Säulengang wiederaufgebaut. Auf diesem Haus pflanzte im Jahre 1356 der Graf von Flandern, Louis de Maele, seine Banner auf, nachdem er das Großherzogtum Brabant erobert hatte. Einige Monate später gelang es dem Volkshelden Brüssels, Everard 't Serclaes, dieses Banner abzureißen, nachdem er mit einigen Getreuen die Stadt befreit hatte. Kurze Zeit später kehrten die Herzöge von Brabant nach Brüssel zurück; zur selben Zeit wurde 't Serclaes von dem Herren von Gaasbeek gefangengenommen und gefoltert. Sterbend fand ihn ein Pfarrer, der ihn in den 'Stern' brachte – damals das Haus der Gerichtsherrn des Herzogs. Daraufhin zerstörten die aufgebrachten Brüsseler das Schloß von Gaasbeek. An der Mauer des 'Stern', an der Ecke der Rue du Charles Buls, ist unter dem Säulengang eine Tafel mit Relief angebracht, das den sterbenden 't Serclaes zeigt. Es ist eine Gewohnheit der Brüsseler, die Figur zu berühren, weil das Glück bringen soll – entsprechend blankpoliert ist diese inzwischen schon.

Es bringt Glück, wenn man die Figur von Everaerd t'Serclaes berührt

Le Cygne (Nr. 9)

(→ Abb. S. 202)

'Le Cygne' ('Der Schwan'), gleich neben dem 'Stern' gelegen, wurde nach der Zerstörung von 1695 im Jahre 1698 von einem Privatmann wiederaufgebaut und war ab 1720 das Innungshaus der Fleischer. Der Baustil hält sich nicht mehr an den flämischen Barock; es ist schon der Stil des 18. Jh.s, beeinflußt vom Louis-XIV.-Stil. Über der Tür steht ein Schwan mit ausgebreiteten Flügeln. Der Balkon in Höhe des ersten Stocks war zur damaligen Zeit eine Neuheit. Die drei Statuen (1904) über der zweiten

Zunfthäuser, Le Cygne (Fortsetzung)

Etage stellen die Fülle, die Landwirtschaft und die Fleischerei dar. Einer der prominentesten Bewohner von 'Le Cygne' war während seiner Brüsseler Exiljahre Karl Marx, der hier die Versammlungen seines 'Deutschen Arbeiter-Bildungs-Vereins' abhielt. Heute beherbergt das Haus eines der besten Brüsseler Restaurants.

L'Arbre d'Or (Nr. 10) mit Brauereimuseum

Nr. 10, 'L'Arbre d'Or' ('Der goldene Baum'), wurde 1695 zerstört und von den Brauern, die es von den Teppichwebern gekauft hatten, wiederaufgebaut. Architekt war Guillaume de Bruyn, der beim Bau dieses Hauses als erster eine einzeln stehende Säule in Brüssel eingeführt zu haben scheint. Erdgeschoß und Obergeschosse erinnern an den italienischen Klassizismus; der halbrunde Giebel ist im flämischen Barockstil gehalten. Dessen Aufbau schmückte zunächst eine Statue des Kurfürsten Max Emmanuel von Bayern, Generalgouverneur der Niederlande, die 1752 durch das imponierende Reiterstandbild Karls von Lothringen ersetzt wurde. Zwischen den Geschossen stellen drei Flachreliefs die Weinlese, den Transport des Bieres und die Hopfenernte dar. Im Haus 'L'Arbre d'Or' ist das Brauereimuseum des Belgischen Brauerverbands CBB untergebracht. Zu sehen sind eine im Stil des 17. Jh.s eingerichtete Brauerei im vorderen Bereich sowie im hinteren Bereich eine sehr moderne Ausstellung zur heutigen Brautechnik. Im Eintrittspreis inbegriffen ist ein Glas des hier gebrauten Biers, das man in der kleinen Schankstube kosten kann (Öffnungszeiten: tgl. 10.00 – 17.00 Uhr).

La Rose (Nr. 11)

Das benachbarte Bürgerhaus 'La Rose' ('Die Rose') ist 1702 fertiggestellt worden. Der Name des Gebäudes erinnert an die alteingesessene Familie van der Rosen.

Le Mont Thabor (Nr. 12)

'Le Mont Thabor' ist wie die benachbarte 'Rose' ein eher einfach gestaltetes Bürgerhaus. Es ist heute auch unter der Bezeichnung 'Aux Trois Couleurs' ('Zu den drei Farben') bekannt.

Le Roi de Bavière (Nr. 13)

'Le Roi de Bavière' ('König von Bayern'), auch als 'La Renommée' ('Die Berühmtheit') bekannt, ist ebenfalls Ende des 17. Jh.s errichtet worden. Auf dem Hauptgesims ist Gambrinus mit Gerste in der Linken und Hopfen in der Rechten zu sehen.

Südostseite

Maison des Ducs de Brabant (Nr. 14 – 19)

Die gesamte Südostseite des Platzes nimmt das mächtige 'Maison des Ducs de Brabant' ('Haus der Herzöge von Brabant') ein. Es besteht eigentlich aus einer Gruppe von sechs Bauten mit einer einzigen Stirnseite. Die einzelnen Häuser heißen 'L'Ermitage' (Nr. 14), 'Le Moulin à Vent' ('Die Windmühle', Nr. 16; einst Zunfthaus der Müller), 'Le Pot d'Etain' ('Der Zinntopf', Nr. 17; ehemaliges Zunfthaus der Tischler), 'La Colline' ('Der Hügel', Nr. 18; ehemaliges Zunfthaus der Steinhauer, Steinschneider, Schieferbrecher und Maurer) und 'La Bourse' ('Die Börse', Nr. 19). Diese Häuser wurden nach ihrer Zerstörung im Jahre 1695 unter der Leitung von Guillaume de Bruyn wiederaufgebaut.

Ungefähr in Gebäudemitte zieht sich auf den Kapitellen der Halbsäulen eine Reihe von 19 Büsten brabantischer Herzöge entlang. In Höhe des zweiten Stockwerks erinnern die Pfeilerverzierungen in Gestalt von Werkzeugen an die verschiedenen Zünfte, die hier ihre Häuser hatten; auf gleicher Höhe am Gebäude 'La Colline' stellen zwei Flachreliefs den kaiserlich-österreichischen Adler dar. Das Flachrelief im Tympanon ist eine Allegorie auf den Wohlstand.

La Balance

Das Gebäude 'La Balance' ('Die Waage'; 1704; Ecke Rue de la Colline) hat eine schöne, in flämischem Barock gestaltete Fassade. Zwei Mohrenfiguren tragen den Balkon.

Nordostseite

Le Cerf Volant (Nr. 20)

Das erste Haus an der Nordostseite der Grand' Place, 'Cerf Volant' ('Fliegender Hirsch') genannt, ist ebenfalls ein gutes Beispiel flämischer Architektur des 17. Jahrhunderts.

Joseph et Anne (Nr. 21 u. 22)

Die beiden nächsten Häuser, 'Joseph et Anne' haben eine gemeinsame Fassade und sind eher schlichte Bürgerhäuser (Ende 17. Jh.).

Sechs Häuser hinter einer Fassade: das Maison des Ducs de Brabant

Zunfthäuser an der Grand' Place (Fortsetzung), L'Ange (Nr. 23)

'L'Ange' ('Der Engel'; 1696) ist ebenfalls im flämischen Barockstil errichtet, unten mit ionischen, oben mit korintihischen Säulen. Ein Vorgängerbau aus dem 16. Jh. gehörte einstmals der Abtei von Forest.

La Chaloupe d'Or · La Taupe (Nr. 24 u. 25)

Die beiden 'Chaloupe d'Or' ('Goldschaluppe') bzw. 'La Taupe' ('Maulwurf') genannten Bauten gehörten einstmals der Schneiderinnung. Sie wurden nach 1695 mit einer Fassade im flämischen Barockstil nach Vorlagen von Guillaume de Bruyn errichtet und ähneln dem 'L'Arbre d'Or'. Über der Tür eine Büste des Schutzpatrons der Schneider und im Giebel eine Darstellung des hl. Bonifaz.

Le Pigeon (Nr. 26 u. 27)

Im Haus 'Le Pigeon' ('Die Taube'; 1697) hatte sich früher die Malerinnung eingerichtet. Hier wohnte 1852 vorübergehend Victor Hugo.

La Chambrette de l'Amman

Das Haus 'La Chambrette de l'Amman' ('Amtmannskammer') wurde im klassischen Stil der dreifachen dorischen Säulenordnung erbaut. Das Gebäude heißt heute auch 'Aux Armes du Brabant' nach dem an der Fassade angebrachten brabantischen Wappen.

Le Heaume (Nr. 34)

Dieses Gebäude links vom Maison du Roi hat seinen Namen 'Le Heaume' ('Der Helm') schon seit dem 15. Jahrhundert.

Häuser Nr. 35 – 39

Die benachbarten Häuser sind ebenfalls gute Beispiele des flämischen Barock. Sie heißen 'Le Paon' ('Der Pfau'; Nr. 35), 'Le Petit Renard' ('Der kleine Fuchs'; Nr. 36), 'Le Chêne' ('Die Eiche'; Nr. 37), 'St-Barbe' (Nr. 38) und 'L'Ane' ('Der Esel'; Nr. 39).

*Grand Sablon · Grote Zavel — K 8

Lage
Zwischen Blvd. de l'Empereur und Rue de la Régence

Einer der schönsten Plätze Brüssels ist der wenig unterhalb der Kirche → Notre-Dame du Sablon zur Unterstadt hin abfallende Grand Sablon: nobles Wohnviertel, gute und nicht billige Einkaufsgegend und Treffpunkt an warmen Sommerabenden.

Auf dem Antiquitätenmarkt am Grand Sablon hat man die Qual der Wahl.

Tram
92, 93, 94

Der 'Zavelpoel' oder 'Marais de Sablon' war bis ins Mittelalter hinein eine schütter bewachsene, sandige Ödfläche, auf der noch im 13. Jh. Verstorbene aus dem Sint-Jans-Spital beerdigt wurden. Mit dem Bau der ersten Kapelle für die Armbrustschützen am Ort der heutigen Kirche wurde auch diese Gegend belebt, und vom 16. Jh. an ließen sich einige Adlige 'auf dem Sand' nieder, darunter die Egmont, die Culembourg, die Bréderode und die Thurn und Taxis, die allesamt herrschaftliche Stadtpalais bezogen. So ist fast der ganze Platz noch heute von repräsentativen Häusern aus dem 17. und 18. Jh. umstanden, in die vielfach Antiquitäten- oder Modegeschäfte, Cafés und Restaurants eingezogen sind. An der Place du Grand Sablon beginnt und endet auch der Ommegang (→ Praktische Informationen, Veranstaltungen). Am → Petit Sablon ist von der historischen Bebauung nur das → Palais d'Egmont geblieben.

Fontaine de la Minerve

Inmitten des Platzes erhebt sich die Fontaine de la Minerve. Diesen Brunnen stiftete Thomas Bruce, Duke of Aylesbury und Pair von England, der im 18. Jh. nach Brüssel ins Exil gegangen war, aus Dankbarkeit für seine freundliche Aufnahme. Der von Jacques Bergé entworfene, aber erst nach dessen Tod im Jahr 1751 aufgestellte Brunnen zeigt Minerva, ein Medaillon mit den Bildnissen Franz' I. und Maria Theresias von Österreich haltend.

Antiquitäten- und Buchmarkt

Über die Grenzen Brüssels hinaus ist die Place du Grand Sablon aber für den an jedem Wochenende abgehaltenen Antiquitäten- und Buchmarkt bekannt, der viele schöne Sachen für den gehobenen Geschmack und Geldbeutel anbietet (Sa. 10.00 – 18.00, So. 10.00 – 14.00 Uhr).

Musée de la Poste

Im Haus Grote Zavel 40 zeigt das Post- und Fernmeldemuseum seine vollständige Sammlung belgischer Briefmarken sowie eine Ausstellung zur Geschichte des Post- und Fernmeldewesens (Öffnungszeiten: Di. – Sa. 10.00 – 16.00, So. und Fei. bis 12.30 Uhr).

Hôtel Ravenstein L 9

Lage
Rue Ravenstein

Métro-Station
Gare Centrale
(1 A, 1 B)

Am oberen Ende der zum Koudenberg ansteigenden Rue Ravenstein, oberhalb des → Mont des Arts, steht das Hôtel Ravenstein. Es ist das letzte noch existierende Baudenkmal aus burgundischer Zeit in Brüssel und stellt nur einen kleineren Teil des im 15. Jh. an dieser Stelle erbauten Adelswohnsitzes derer von Kleve dar. Überaus malerisch ist sein Innenhof mit der aus dem 16. Jh. stammenden Arkadenreihe. Im Hôtel Ravenstein sind heute mehrere wissenschaftliche Einrichtungen untergebracht. Das Palais ist im ehemaligen Judenviertel erbaut worden. Die Brüsseler Juden hatten sich im 12. Jh. hier am Koudenberg im Schutz des herzoglichen Schlosses niedergelassen. Auf diese Zeit deutet noch die Escalier des Juifs hin, die sog. 'Judentreppe', letzte von ursprünglich vier zur Überwindung des Hangs angelegte Treppen.

Ilôt Sacré · Vrije Gemeente K 9/10

Lage
Stadtmitte

Métro-/Pré-métro-Stationen
de Brouckère
(1 A, 1 B bzw. 23, 52, 55, 56, 81),
Bourse (23, 52, 55, 56, 81)

Das Stadtviertel Ilôt Sacré hat seinen Namen von der Senne-Insel, auf der der Herzog von Niederlothringen in der zweiten Hälfte des 10. Jh.s eine einfache Burg und ein kleines, dem hl. Géry geweihtes Gotteshaus errichten ließ. Streng genommen umfaßt das Viertel die Straßenzüge zwischen Rue du Lombard im Süden, Rue du Midi, Rue Tabora und Rue des Fripiers im Westen, Rue de L'Écuyer und Rue d'Arenberg im Norden und Boulevard de l'Impératrice im Osten, mithin also das historische Zentrum Brüssels unter Einschluß der → Grand' Place. Heutzutage allerdings versteht man darunter eher das enge Gassengewirr mit der Rue du Marché-aux-Herbes als Hauptachse und den Fußgängerbereichen Rue des Bouchers, Petite Rue des Bouchers und Rue des Dominicains, einst das Viertel der Metzger und Geflügelhändler, das 1960 durch den privaten Interessenverein Ilôt Sacré vor dem Abriß gerettet werden konnte. Hier herrscht Tag und Nacht ein reges Treiben, findet man doch eine endlos anmutende Reihe von Restaurants und Kneipen für jeden Geschmack. Allerdings ist nicht alles, was laut, bunt und auf überladenen Tischen und Vitrinen vor den Restaurants angeboten wird, auch tatsächlich sein Geld wert; man sollte sich also nicht vom erstbesten Kellner, der einem eine Platte Muscheln unter die Nase hält, gleich in sein Etablissement hineinziehen lassen. Gute und alteingesessene Adressen sind in der Rue des Bouchers das Chez Léon, Spezialist für 'Moules et Frites' (Miesmuscheln und Pommes Frites), das 1994 sein hundertjähriges Bestehen feiern konnte; nicht weniger traditionsbeladen ist schräg gegenüber das Aux Armes de Bruxelles, und auch mit einer Einkehr bei Chez Vincent in der Rue des Dominicains macht man keinen Fehler. Durch die Gassen der Ilôt Sacré sollte man sich einfach treiben lassen. Hin und wieder wird man sehr schmale Gänge entdecken, die sich als winzige, kaum mehr als 1,5 m breite Sackgäßchen, die sog. 'Impasses', entpuppen. Am Ende der Impasse de Schuddeveld findet man das Marionettentheater Toone, seit Jahrzehnten eine Brüsseler Institution (→ *Baedeker Special,* S. 94/95). Das weibliche Pendant zum → Manneken Pis heißt Janneke Pis und macht sein Geschäftchen in der Impasse de la Fidelité. Es wurde 1985 von Denis Adrien Debouvrie geschaffen und 1987 enthüllt. Die Brunnenspenden kommen der Krebs- und AIDS-Forschung zugute.

Mannekens Schwesterchen Janneke Pis

Brüssels Schlemmergasse: Rue des Bouchers in der Ilôt Sacré ▶

aux Armes de Bruxelles
LA TERRASSE
LEON
CHEZ LEON
CHEZ LEON

Baedeker Special

Die kleine Welt von Toone

Kaum hundert Schritte von der Grand' Place entfernt wehen aus der engen Rue des Bouchers, wo fast jedes Haus ein Restaurant, Café oder Kabarett beherbergt, Düfte von Bier, Pommes frites und Miesmuscheln, Brathähnchen, Spaghetti und Hammelspießen. Biegt man in die Nebenstraße Petite Rue des Bouchers ein, steht man bald vor einer kleinen Sackgasse. Früher hieß dieser Platz 's' cudde velt', das bedeutet: die Wiese, auf der das Vieh grast. Hier stand einer der ersten Schlachthöfe der Hauptstadt, nach und nach aber entstanden Wohnhäuser, die sich eng um einen schmalen Gang drängten, der später im Gedenken an die Vergangenheit 'Impasse Schuddeveld' genannt wurde.
Am Ende dieser hell erleuchteten, kaum anderthalb Meter breiten Sackgasse stößt man auf eine Pforte, in deren weißen Bogen ein einziges Wort eingehauen ist: ***Toone***. Wie ein schalkhaftes Augenzwinkern lädt es ein, die Schwelle zu dem schiefen Haus zu überschreiten, das 1696 nach der Beschießung Brüssels durch die Franzosen erbaut wurde. Beinahe drei Jahrhunderte später richtete dort José Géal, der siebte der Toone-Dynastie, im Jahre 1966 sein Theater ein.

Das soll ein Theater sein? Tritt man ein, muß man zunächst aufpassen, daß man sich nicht an dem alten Pianola stößt. Es spielt immer noch, wenn es mit einem 5-Franc-Stück gefüttert wird. Schon quillt bläulicher Tabakrauch aus der Kneipe dahinter: eine Holzdecke mit Balken, an denen noch die Rinde haftet, ein echter gotischer Kamin, kleine Eichentische, Bänke und Stühle, eine Bar. An den Wänden hängen Plakate, Fotografien und Zeichnungen, einige Marionetten. Eine knarrende Treppe führt in das obere Stockwerk, und dort erblickt man durch eine offene Tür ein Stück des Zuschauerraums: hintereinanderstehende, zur Bühne ausgerichtete Bänke mit kleinen blauen, roten, grünen oder gelben Kissen. Die Platznummern sind mit Kreide auf den Boden gemalt, der sich leicht zur Bühne hin senkt. Eine echte Theaterbühne im verkleinerten Maßstab, der Größe der Puppen, die sie beleben, angepaßt. In die Wand rechts von der Bühne ist eine ovale Öffnung eingeschnitten. Wozu? Abwarten!
Es läutet, drei dumpfe Schläge: Im Oval erscheint der Kopf José Géals, Toone VII., bedeckt mit einer Mütze, keck nach Woltje-Art – jedenfalls wenn man das Glück hat, eine der Vorstellungen zu erwischen, in der der Prinzipal höchstselbst spricht, denn ansonsten kommen Stimmen und Geräusche vom Band. Allemal aber beginnt ein Festival des Lachens, das unweigerlich die Abenteuer der Marionetten begleitet, die mal als Bonvivants aus dem Anfang des Jahrhunderts, mal als Musketiere, als Ritter und Edelmänner oder als belgische Revolutionäre auftreten. Auf ihren unbeweglichen Gesichtern ist der Ausdruck jedes Charakters eingegraben, den sie darstellen. Ihre Stimme ist diejenige Toones, die Stimme von José Géal, Komödiant, Tragöde, Sänger, Dichter, Arrangeur, Chronist und Regisseur.

Das Repertoire dieser Künstler aus Holz ist schier unerschöpflich. Gibt es heute "Die Posse vom Tod, der fast gestorben wäre" von Michel de Ghelderode, ist es morgen Goethes "Faust" und übermorgen "Thyl Ulenspiegel". Zunächst aber spielte man früher die Passion, wie sie vor sehr langer Zeit in den Kellern der Marollen aufgeführt wurde. Eine verblüffende Passion, in der Judas Ischariot den Narren gibt. Dann vergrößerte sich das Repertoire und vervielfachte sich bis heute, von Geschichten um die Tempelritter bis zu den Helden von Alexandre Dumas, Victor Hugo, Michel Zevaco, William Shakespeare, Paul Féval, Henri Conscience und vor allem Michel de Ghelderode, der sich sehr für das Marionettentheater engagierte. Häufig sind es auch Improvisationen, die durch historische und politische Vorgänge aus der Sicht der Marolliens inspiriert sind und damit nicht immer zur Freude der Obrigkeit ausfallen.
Denn in den Marollen nahm die Geschichte der Toone-Dynastie 1830 ihren Anfang in Person von Antoine Genty, genannt Toone der Ältere, und seiner kleinen Welt aus beweglichen Puppen. Dieser erste Toone hatte sicherlich Vorläufer, aber keiner erreichte seine Berühmtheit. Er führte auf seiner Bühne einen merkwürdigen Conférencier und Rezitator ein: Woltje, was soviel bedeutet wie 'kleiner Wallone', der sich in allen Toone-Dynastien wiederfindet: Mit einer karierten Jacke bekleidet, auf dem Kopf eine schmutzige, schief aufgesetzte Mütze, die er zur Begrüßung abnimmt, personifiziert er das 'Ketje van Brussel', den Brüsseler Gassenjungen. Da Woltje aber Marollisch sprach, mußten auch alle anderen Marionetten dieses Gemisch aus Französisch und Flämisch mit einigen spanischen Brocken sprechen. Toone I. 'regierte' von 1835 – 1880 in den Theaterkellern der Marollen und ernannte rechtzeitig, nachdem er ihn lange in die Geheimnisse des Puppenspiels eingeweiht hatte, seinen Nachfolger Toone II., bürgerlich Franz Taelemans, den man auch den 'Ahnen' hieß. Nach dessen Tod im Jahre 1890 begann Toone III., der aus Deutschland kam, erstmals Ritterstücke zu spielen. 1911 erhängte er sich aber unter seinen Marionetten. Ein Mündel Toones I. trat als Toone IV. an seine Stelle. Dieser spielte 15 Jahre lang und dankte dann zugunsten seines Mitarbeiters Daniel de Ladewyck ab, der als Toone V. bis 1935 'regierte'. Danach schlummerte Toones Theater zwei Jahre lang, bis es durch Pierre Welleman 1937 wiederbelebt wurde. Er wurde Toone VI., hatte aber häufig mit den Gelüsten der Stadtplaner zu kämpfen, bis er ihnen schließlich unterlag und sein Theater in den Marollen der Spitzhacke zum Opfer fiel. Als er im Jahre 1963, kurz vor Ostern, in einem Café am Kapellemarkt, in dem er eine endgültige Heimstätte gefunden zu haben glaubte, neu eröffnete und seine erste Vorstellung geben wollte, wurde er wiederum von der Stadtplanung verfolgt: Die erste Vorstellung Toones VI. an diesem Ort war zugleich auch die letzte. Toones Theater schien zum Tode verurteilt – aber es heißt, daß Toone unsterblich sei.

Diese letzte Vorstellung hatte schon nicht mehr Toone VI., sondern einer seiner Hauptmitarbeiter aufgeführt. Dieser, ein Marionettenschnitzer namens José Géal, war seit 1954 auch Direktor des Kindertheaters und seit 1962 Mitglied des Präsidiums der internationalen Marionettenunion, einer durch die UNESCO anerkannten Institution. Daneben war er der Schöpfer einer berühmten Fernsehsendung für Kinder: "Bonhommet et Tilapin". José Géal ist Ende 1963 im Alter von 32 Jahren als Toone VII. inthronisiert worden. 1966 kaufte er das alte Haus in der Schuddeveld-Gasse. Unter seiner Ägide ist das Brüsseler Marionettentheater wieder aufgelebt. Zwar hat er die Marollen, die angestammte Heimat des Theaters, verlassen, doch dort sah er kaum noch eine Zukunft. Er setzt auf die Touristen, denen er auch Aufführungen auf Französisch, Flämisch, Deutsch und Englisch bietet, und hat damit sein Publikum wiedergefunden: die Erwachsenen mit kindlichem Herzen.

Über dem Theater ist ein kleines Museum eingerichtet, mit vielen alten Marionetten, diversen Gemälden von Jef Bourgeois und anderen Dokumenten.

Ixelles · Elsene K–O 4–8

Lage
Im Südosten von Brüssel

Tram
93, 94

Bus 71

Südlich des Äußeren Ringes (Boulevards Exterieurs) erstreckt sich die Vorstadt Ixelles. Hauptachse ist die Geschäftsstraße Chaussée d'Ixelles, die zur Place Fernand Coq führt, dem Zentrum der Vorstadt mit dem Rathaus. Ixelles ist die Wiege des Brüsseler Jugendstils, und so verwundert es nicht, daß man hier einige der schönsten Jugendstilbauten der Stadt findet (→ Jugendstil in Brüssel). Darüber hinaus bietet der vornehm wirkende Stadtteil aber auch noch einige andere Attraktionen.

Musée Communal des Beaux-Arts

In der Rue Jean van Volsem 71 befindet sich das Musée Communal des Beaux Arts-d'Ixelles mit sehenswerten Proben neuerer, meist belgischer Kunst, besonders des belgischen Impressionismus, des Fauvismus und belgischer Nachkriegskunst (Öffnungszeiten: Di.–Fr. 13.00–19.00, So. und Fei. 10.00–17.00 Uhr).

Etangs d'Ixelles

Die Chaussée d'Ixelles senkt sich jenseits des Rathauses nach Bas-Ixelles, wo die hübsche Teichlandschaft der Etangs d'Ixelles liegt, überragt von den Bauten des belgischen Rundfunks und Fernsehens, dessen bemerkenswertestes das Art-Déco-Gebäude Place Eugène Flagey Nr. 18 von Joseph Diongre ist. Westlich davon beginnt ein Jugendstilviertel.

Musée Constantin Meunier

Der große belgische Bildhauer Constatin Meunier (1831–1905) wohnte südwestlich der Teiche in der Rue de l'Abbaye Nr. 59. In seinem als Museum zugänglichen Haus wird man nicht nur ca. 170 seiner Skulpturen sehen, sondern auch ca. 120 Zeichnungen und Gemälde (Öffnungszeiten: Di.–So. 10.00–12.00 und 13.00–17.00 Uhr).

Friedhof

Auf dem beschaulichen Friedhof von Ixelles (südöstlich der Teiche an Av. de la Couronne und Ch. de Boondael sitätsbereichen; auf der Av. de l'Université zu erreichen) sind u.a. der Dichters Charles de Coster (1827 bis 1879), dessen Hauptwerk die "Legende von Thyl Ulenspiegel und Lamme Goedzak" ist, Victor Horta, der Industrielle Ernest Solvay und Antoine Wiertz begraben.

Abbaye de la Cambre · Abdij ter Kameren M/N 4/5

Lage
Av. Emile Duray
Eingang: Square de la Croix-Rouge

Tram
23, 90, 93, 94

Bus
71

Die romantisch in einem Tal südlich der Teiche zwischen diesen und dem → Bois de la Cambre gelegene ehemalige Zisterzienserabtei wurde 1201 gegründet und 1796 aufgehoben. Kirche und Abteigebäude bilden mit den ansteigenden französischen Gärten und der grünen Umgebung ein äußerst malerisches Ensemble, das besonders bei abendlicher Beleuchtung zur Geltung kommt. Das Kloster ist eine Oase der Stille im hektischen Großstadtverkehr Brüssels.
Durch ein monumentales Portal gelangt man in den symmetrisch angelegten Ehrenhof, um den sich Kirche und Abteigebäude gruppieren. Die ehemals gotische Abtei, Ende des 16. Jh.s während der Religionskriege zerstört, wurde im 17./18. Jh. in barockem Stil wieder aufgebaut und nach der Säkularisierung als Militärschule, Baumwollspinnerei und Armenhaus genutzt. Seit Mitte der zwanziger Jahre unseres Jahrhunderts beherbergt es das Nationale Geographische Institut (Institut Géographique National) sowie die Staatliche Hochschule für Architektur und Dekorative Kunst (École Nationale Supérieure d'Architecture et des Arts Visuels).

Abteikirche

Die ehemalige Abteikirche Notre-Dame de la Cambre (14. Jh.) ist ein eleganter gotischer Bau mit hohem, schmalem Längsschiff (54 × 11 m) und barockem Gewölbe. Sie wurde in den dreißiger Jahren renoviert und mit einem Kreuzweg ausgestattet. Der ursprünglich gotische Kreuzgang wurde 1599 wieder aufgebaut. Die Fenster mit den Wappen von über 40 Äbtissinnen und adligen Klosterfrauen kamen erst 1934 hinzu.

Ixelles: *Institut Royal des Sciences Naturelles · Koninklijk Instituut der Natuurwetenschappen N 7/8

Das Königliche Naturwissenschaftliche Institut liegt im Norden von Ixelles am Südrand des Parc Léopold. Es beherbergt eine hochinteressante naturhistorische Schausammlung, die sich mit Themen der Mineralogie, Geologie, Paläontologie, Paläogeographie, Paläobotanik, Zoologie und Anthropologie befaßt. Im Vordergrund steht die Naturgeschichte Belgiens. Besonders eindrucksvoll sind die dreißig bis zu 8 m langen und 4½ m hohen Iguanodon-Skelette, die 1878 im Steinkohlebergbau von Bernissart gefunden wurden. Ferner kann man Reste des Ichthyosaurus, Walskelette sowie zehn Dioramen zum Leben in der Arktis und Antarktis in Augenschein nehmen. In einem Tiefseetauchboot 'taucht' man auf 100 m Tiefe hinab und 'erlebt' einen Kampf zwischen einem Pottwal und einer Riesenkrake. Die ständige Ausstellung wird ergänzt durch Wechselausstellungen zu verschiedenen Themen.

Lage
Rue Vautier 29

Bus
20, 34, 38, 60, 80, 95, 96

Öffnungszeiten
Di.–Sa. 9.30–16.45, So. 9.30–18.00

Eintrittsgebühr

Musée Wiertz

In unmittelbarer Nachbarschaft sollten Kunstfreunde das Musée Antoine Wiertz aufsuchen. Hier in der Rue Vautier 62 lebte der Maler Antoine Wiertz (1806–1865), der u.a. auch durch seine überdimensionierten Gemälde bekannt geworden ist. Einige davon lassen sich in seinem 16 m hohen Atelier studieren (Öffnungszeiten: Di.–So. 10.00–12.00 und 13.00–17.00, Nov.–März nur bis 16.00 Uhr).

**Jugendstil in Brüssel

Übersichtsplan s. S. 98/99

Als eines der Zentren der Jugendstilbewegung in Europa kommt Brüssel in der Geschichte dieses im französischsprachigen Raum als 'Art Nouveau' bezeichneten Kunststils eine besondere Bedeutung zu. Obgleich vor allem noch in der Nachkriegszeit so manches Meisterwerk abgerissen wurde – so z.B. Hortas Maison du Peuple –, stehen in Brüssel heute noch rund 150000 Jugendstilgebäude: ein paar wenige öffentliche Bauten wie die von Henri Jacobs entworfene Schule in der Rue Josaphat (Av. Louis Bertrand), zum größten Teil aber Wohn- und Geschäftshäuser des damaligen Großbürgertums. Bis auf wenige Ausnahmen, allen voran das zum Museum umfunktionierte ehemalige Wohnhaus von Victor Horta im Stadtteil Saint Gilles, sind die meisten nur von außen zu besichtigen.

Avenue Louis Bertrand

Tram
92, 93

Die sozialreformerischen Ansätze der ersten Künstlergeneration des Art Nouveau und ihre Ablehnung des bürgerlichen Gründerzeitmiefs rückte sie weltanschaulich in die Nähe der ebenfalls noch jungen sozialistischen Partei. Ein eifriger Förderer der Jugendstilarchitekten war Louis Bertrand, Bürgermeister von Schaerbeek und Mitglied der Sozialistischen Partei. In der nach ihm benannten Avenue und in den Straßen der Umgebung entstanden auf seine Initiative hin einige Wohn- und Geschäftshäuser nach Plänen des Horta-Schülers Gustav Strauven und des weniger bekannten Architekten Francois Hemelsoet, eine Grundschule von Henri Jacobs und das Maison Autrique von Victor Horta.

Square Ambiorix/Square Marie Louise

Métro-Station
Maelbeek (1 A, 1 B)

Ein Panoptikum der Jugendstilarchitektur entfaltet sich in diesem gediegenen Viertel zwischen dem Square Marie Louise und dem weitläufigen Square Ambiorix, das in der zweiten Hälfte des 19. Jh.s als Wohngegend des Großbürgertums erschlossen wurde.

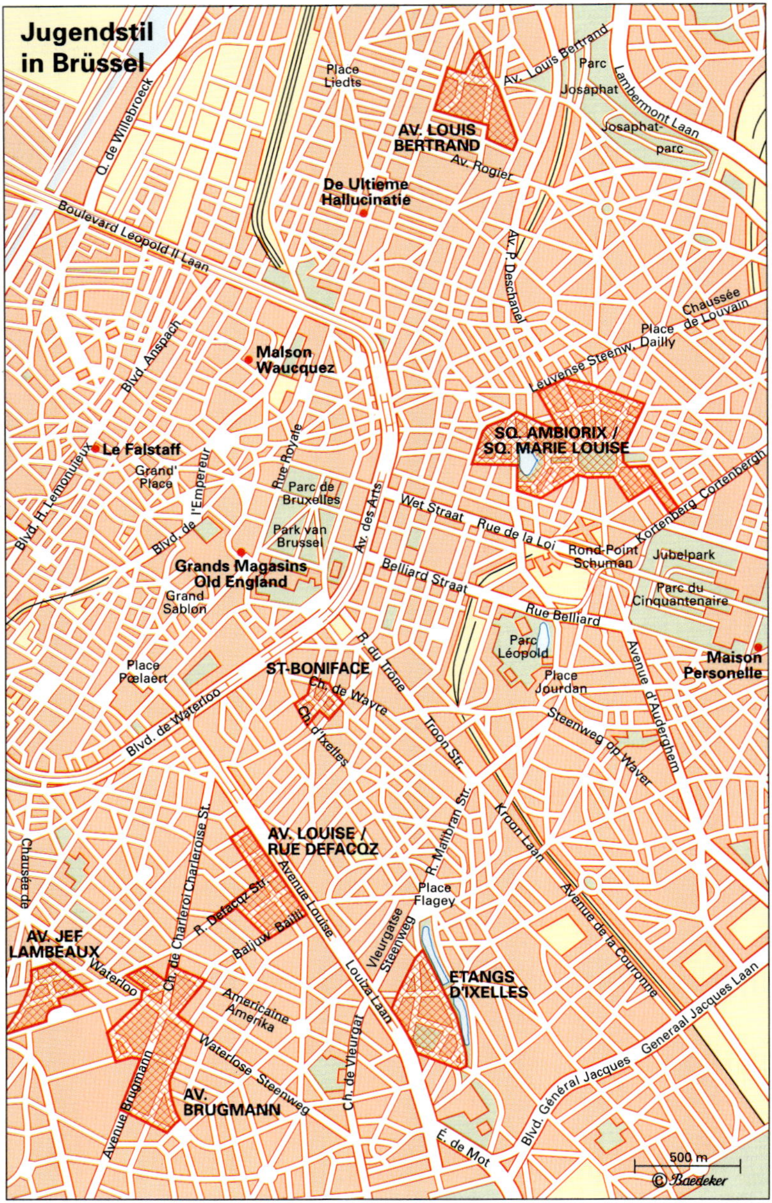
Jugendstil in Brüssel
AV. LOUIS BERTRAND
De Ultieme Hallucinatie
Maison Waucquez
Le Falstaff
Grand' Place
Grands Magasins Old England
Grand Sablon
SQ. AMBIORIX / SQ. MARIE LOUISE
Maison Personelle
Palais Stoclet
ST-BONIFACE
AV. LOUISE / RUE DEFACQZ
AV. JEF LAMBEAUX
AV. BRUGMANN
ETANGS D'IXELLES
Place Liedts
Parc Josaphat
Josaphat-parc
Lambermont Laan
Av. Louis Bertrand
Av. Rogier
Av. P. Deschanel
Chaussée de Louvain
Leuvense Steenw.
Place Dailly
Boulevard Leopold II Laan
O. de Willebroeck
Blvd. Anspach
Blvd. H. Lemonnier
Blvd. de l'Empereur
Rue Royale
Parc de Bruxelles
Park van Brussel
Av. des Arts
Wet Straat
Rue de la Loi
Rond-Point Schuman
Kortenberg
Cortenbergh
Jubelpark
Parc du Cinquantenaire
Belliard Straat
Rue Belliard
Parc Léopold
Place Jourdan
Avenue d'Auderghem
Steenweg op Waver
Place Pœlaert
Blvd. de Waterloo
Ch. de Wayre
Ch. d'Ixelles
R. du Trône
Troon Str.
R. Malibran Str.
Kroon Laan
Avenue de la Couronne
Place Flagey
Vleurgatse Steenweg
Chaussée de Waterloo
Ch. de Charleroi
Charleroise St.
R. Defacqz Str.
Avenue Louise
Bailli
Baljuw
Louiza Laan
Americaine Amerika
Waterlose Steenweg
Ch. de Vleurgat
Avenue Brugmann
E. de Mot
Blvd. Général Jacques
Generaal Jacques Laan
500 m
© Baedeker

AVENUE LOUIS BERTRAND

Av. Louis Bertrand
Nr. 38: Privathaus (François Hemelsoet)
Nr. 55–65: Wohn- und Geschäftshäuser (1906; Gustave Strauven)

Chaussée de Haecht
Nr. 266: Hôtel Autrique (1893; Victor Horta)

Rue Henri Bergé
Nr. 81 u. 83: Wohn- und Geschäftshäuser (François Hemelsoet)

Rue Josaphat
Nr. 229 u. 281: Schule (1907; Henri Jacobs)

Rue Kessels
Nr. 86 u. 88: Privathäuser (François Hemelsoet)

SQUARE AMBIORIX / SQUARE MARIE LOUISE

Rue Philippe le Bon
Nr. 55: Privathaus (1902; Armand Van Waesberghe)
Nr. 70: Privathaus (1899; Victor Taelemans)

Square Gutenberg
Nr. 5, 8, 19: Privathäuser (1898/1896; Armand Van Waesberghe)

Rue du Cardinal
Nr. 46: Privathaus (De Lestre/Van Kriekingen)
Nr. 55: Privathaus (1900; Jules Brunfaut)

Avenue Palmerston
Nr. 2, 4, 6: Hôtel Van Eetvelde und Mietshaus (1895/1898; Victor Horta)
Nr. 3: Hôtel Deprez-Van de Velde (1896; Victor Horta)
Nr. 14, 18: Hôtel Defize und Privathaus (1898/1901; Léon Govaerts)

Rue du Taciturne
Nr. 34: Privathaus (1900; Paul Santenoy)

Rue St-Quentin
Nr. 30, 32: Privathäuser (1899; Gustave Strauven)

Boulevard Clovis
Nr. 15: Privathaus (1902; Jules Piermont)
Nr. 85–87: Privathaus (1901; Gustave Strauven)

Rue de Pavie
Nr. 32: Privathaus (1905; Victor Taelemans)

Square Ambiorix
Nr. 11: Maison de St-Cyr (1903; Gustave Strauven)

Av. de la Brabançonne
Nr. 50: Privathaus (1899; Armand Van Waesberghe)

Rue Charles Quint
Nr. 103: Atelier Potvin (1898; Paul Hamesse)

Rue Van Campenhout
Nr. 51: Privathaus (1901; Gustave Strauven)

Rue Le Corrège
Nr. 35: Privathaus (1899; Ramaekers)

Av. Michel-Ange
Nr. 80: Privathaus (1899; Victor Taelemans)

SAINT-BONIFACE

Rue St-Boniface
Nr. 18, 19, 20, 27: Privathäuser (1900/1901; Ernest Blérot)

Rue Ernest Solvay
Nr. 12, 14, 15, 17, 19: Privathäuser (1900/1901; Ernest Blérot)
Nr. 32: Privathaus (1907; Victor Taelemans)

ETANGS D'IXELLES

Rue du Lac
Nr. 2: Privathaus (1904; Léon Delune)
Nr. 6: Wohnhaus v. Ernest Delune (1900)

Rue de la Vallée
Nr. 2–10, 18–22, 26, 28, 32: Privathäuser (1903–1905; Ernest Delune)
Nr. 31: Wohnhaus (1901; Ernest Delune)
Nr. 40: Privathaus (1903; Ernest Delune)

Rue Vilain XIV
Nr. 7: Wohnhaus v. Franz Tilley (1902)
Nr. 9, 11, 22: Privathäuser (1901/1902; Ernest Blérot)

Avenue Général de Gaulle
Nr. 27, 27a–c: Privathäuser (Ernest Delune)
Nr. 39: Doppelhaus (1902; Ernest Blérot)

Avenue Louise
Nr. 364: Hôtel Max Hallet (1903; Victor Horta)

Rue du Monastère
Nr. 30: Privathaus (1897; Ernest Blérot)

Rue de Belle Vue
Nr. 30, 32: Privathäuser (1898; Ernest Blérot)

AVENUE LOUISE / RUE DEFACQZ

Rue Defacqz
Nr. 48: Maison Ciamberlani (1897; Paul Hankar)
Nr. 50: Maison René Janssens (1897; Paul Hankar)
Nr. 71: Wohnhaus v. Paul Hankar (1893)

Rue de Livourne
Nr. 48: Hôtel Otlet (1894; Octave Van Rysselberghe)
Nr. 83: Wohnhaus v. Octave Van Rysselberghe (1912)

Rue Paul Émile Janson
Nr. 6: Hôtel Tassel (1893; Victor Horta)
Nr. 23–25: Privathaus (1900; Paul Hankar)

Rue Faider
Nr. 83: Privathaus (1900; Albert Rosenbloom)
Nr. 85: Privathaus (1900; Armand Van Waesberghe)

Avenue Louise
Nr. 224: Hôtel Solvay (1894; Victor Horta)

AVENUE BRUGMANN

Av. Brugmann
Nr. 55: Maison Les Hiboux (1899; Édouard Pelseneer)
Nr. 80: Maison Dubois (1901; Victor Horta)
Nr. 176: Hôtel Vandenbroeck (1908; Paul Vizzanova)

Rue Américaine
Nr. 25: Musée Horta (1898)

Rue Africaine
Nr. 92: Privathaus (1905; De Lestre de Fabribeckers)

Rue Félix Delhasse
Nr. 11, 13: Privathäuser (1907; Paul Hamesse)
Nr. 24: Privathaus (1905; Lambot)

Rue de la Jonction
Nr. 1: Hôtel Hannon (1903; Jules Brunfaut)

Rue Henri Wafelaerts
Nr. 53: Orthopädische Klinik (1910; Antoine Pompe)

Rue Franz Merjay
Nr. 93: Privathaus (1907; Paul Vizzanova)

Rue Émile Bouillot
Nr. 14: Privathaus (1906; Alphonse Boelens)

AVENUE JEF LAMBEAUX

Rue de Savoie
Nr. 52: Privathaus (1908; Paul Vizzanova)

Av. Jef Lambeaux
Nr. 8, 12: Privathäuser (1898; Georges Peerboom)
Nr. 11: Privathaus (1900; Alphonse u. Victor Boelens)
Nr. 25: Privathaus (1906; Paul Hamesse)

Rue Antoine Bréart
Nr. 7: Privathaus (1898; Paul Hankar)
Nr. 101: Privathaus (1906; Paul Vizzanova)

Place Antoine Delporte
Nr. 17: Privathaus (1907; Paul Hamesse)

Square Ambiorix/ Square Marie Louise (Forts.)
*Hôtel van Eetvelde

Victor Horta baute in der breit angelegten Avenue Palmerston neben einigen anderen Gebäuden im Jahr 1895 für Baron van Eetvelde, einem der ersten Männer im Umkreis von König Léopold II., in nobler Lage an der Einmündung der Avenue in den Square Marie Louise ein Wohnhaus, das durch eine zurückhaltende Eleganz und fein ausgearbeitete Details wie die Fenstergitter besticht.

**Maison de St-Cyr

Ganz anders dagegen das extravagante Wohnhaus des Malers St-Cyr am Square Ambiorix, das wie der Sieg des Dekors über die Gesetze von Statik und Schwerkraft anmutet. Das nicht einmal vier Meter breite, aber vier Stockwerke hohe Gebäude zwängte der Architekt Gustav Strauven, ein Schüler von Victor Horta, wie ein schmales Tortenstück zwischen die Nachbarhäuser. Die moderne Konstruktion erlaubte dem Architekten die völlige Auflösung der Wand zugunsten großer Fensterflächen. Das Ergebnis ist jedoch weit davon entfernt, konstruktivistisch auszusehen, ganz im Gegenteil: Alles an dieser Fassade verströmt spielerische Leichtigkeit, Transparenz und Bewegung – von den filigranen schmiedeeisernen Balkongittern bis zu den vegetabil geschwungenen, mit einer feinen Binnengliederung versehenen Fensterrahmungen.

Maison de St-Cyr – Haus oder Jugendstilskulptur?

Saint-Boniface

Métro
Porte de Namur (2)

Spaziert man durch die Rue Ernest Solvay oder die Rue St-Boniface in der kleinen, 1845 gegründeten Gemeinde im Stadtteil Ixelles, dann stößt man vor allem auf Jugendstilwohnhäuser, die der vielbeschäftigte Architekt Ernest Blérot entworfen hat. Sie stammen fast alle aus dem ersten Jahrzehnt des 20. Jh.s, einer Zeit also, als der Jugendstil in Brüssel seinen Höhepunkt erreicht hatte und bereits neue Architekturströmungen auf den Plan traten.

Étangs d'Ixelles

Bus
71

Zwischen den Teichen von Ixelles und der breiten Avenue Louise, die das Stadtzentrum mit dem → Bois de la Cambre verbindet, schossen um die Jahrhundertwende zahlreiche Wohnhäuser aus dem Boden, dem der Zeitgeschmack entstprechend selbstverständlich im Jugendstil gebaut. Besonders stark konzentriert es sich in der Rue de la Vallée und in der Avenue Général de Gaulle. Vor allem die beiden weniger bekannten Architekten Ernest Blérot und Ernest Delune waren hier mit Aufträgen für Wohnhäuser beschäftigt. An der Avenue Louise entstand 1903 nach Plänen von Horta das Hotel Max Hallet.

Avenue Louise/Rue Defacqz

Tram
93, 94

Auf die Anfänge des Brüsseler Jugendstils stößt man in den Straßenzügen auf der Grenze zwischen den beiden Stadtteilen St-Gilles und Ixelles. Dem heutigen Besucher mögen die einfachen, noch recht strengen Wohnhäuser von Paul Hankar und Octave Rysselberghe vielleicht nicht besonders jugendstil-typisch und unspektakulär erscheinen, doch für ihre Zeitgenossen waren sie bereits eine klare Absage an die überladenen Häuserfassaden des späten Historismus. Als frühestes Beispiel des Art Nouveau in Brüssel gilt das 1893 entstandene Wohnhaus Paul Hankars. Der französische Architekt Hector Guimard unternahm eigens eine Reise nach Brüssel, um das richtungsweisende Frühwerk in Zeichnungen festzuhalten.
Auch Victor Horta hat hier mit zwei Stadthäusern, dem Hotel Tassel und dem Hotel Solvay aus den Jahren 1893/1894, Architekturgeschichte geschrieben. Wintergärten und Ausstellungshallen, die ersten repräsentativen Bauaufgaben, bei denen die Eisenkonstruktion nicht mehr versteckt werden mußten, mögen ihn dazu inspiriert haben, das Tageslicht in seine Häuser zu holen und die Räume nach außen und nach innen zu öffnen.

Avenue Brugmann

Tram
91, 92

Wie die Gegend um die Avenue Louise/Rue Defacqz weist auch dieses Viertel einige sehr frühe Jugenstilbauten auf. Neben dem alles in den Schatten stellenden Wohnhaus von Victor Horta (Musée Horta) sollte man sich aber auch die Privatklinik Van Neck anschauen, mit der Antoine Pompe nach Meinung der Architekturkenner das 'Testament des Art Nouveau' geschaffen hat.

Musée Horta

Di.–So.
14.00–17.30

Als Brüssels berühmtester Art-Nouveau-Architekt Victor Horta (⟶ Berühmte Persönlichkeiten) 1898 sein eigenes Wohn- und Atelierhaus im Stadtteil St-Gilles vollendete, stand er, wie er später in seinen Memoiren schrieb, auf dem Gipfel seines Glücks – und auf dem Zenit seiner Karriere. Seine eigene Einschätzung traf die Situation ziemlich genau, denn nach 1900 war die Zeit der floralen Muster und geschwungenen Linien vorbei, und der strengere Wiener Jugendstil verdrängte die von Horta geprägte Richtung. Mit seinem Wohnhaus, das er bis ins kleinste Detail selbst entworfen hatte, hinterließ Horta ein höchst eindrucksvolles Zeugnis seiner Arbeit als Architekt, Designer und Künstler. 1961 kaufte die Gemeinde St-Gilles das vom Abriß bedrohte Gebäude auf und machte es 1969 der Öffentlichkeit zugänglich. Seit 1973 bildet es mit dem direkt anschließenden, ehemaligen Atelierhaus wieder eine Einheit. Das Mobiliar stammt zum überwiegenden Teil aus anderen Horta-Häusern in Brüssel, nur einige Stücke gehören zur Original-Ausstattung.

Äußeres

Wie die meisten Baugrundstücke in Brüssel besitzt das Horta-Haus einen länglichen Grundriß mit einer schmalen Straßenfront. Beim dreigeschossigen Bürogebäude (rechts) fällt vor allem die durchgängige Fensterfront in der dritten Etage auf, hinter der sich die Ateliers der Zeichner befanden. Das Wohnhaus besitzt eine symmetrisch angelegte Fassade, deren großzügige Fensteröffnungen durch die (hinter Stein gelegte) Eisenkonstruktion möglich wurden. Über dem Eingang sitzt ein zierlicher Balkon, der an einem gußeisernen Träger aufgehängt und durch filigrane Eisenstützen mit dem darüberliegenden Erker verankert ist. Über dem Eingang ist sein Glasboden zu einer Art Vordach erweitert.

Inneres

Dreh- und Angelpunkt des Wohnhauses ist das Treppenhaus, das dank verschiedener Kunstgriffe wie zierliche Treppengeländer, geschickt plazierte Spiegel und ein Glasfenster anstelle des Daches größer erscheint als es tatsächlich ist. Die Kühle der Marmortreppe wird durch den warmen Ton der Holztüren und das bernsteinfarbene Licht im Treppenhaus aufgefangen. Man beachte im Erdgeschoß neben der Treppe den senkrecht stehenden Heizkörper, der gleichzeitig auch als Stütze fungiert. Wie seinerzeit üblich, liegen die Dienstbotenräume um ein separates, hinteres Treppen-

Im Haus von Victor Horta

Musée Horta
(Fortsetzung)

haus. Steigt man die Treppe hinauf, dann steht man im offenen Wohn- und Musikzimmer des Hauses. Gartenseitig liegen das mit weißem Ziegelmauerwerk verkleidete Speisezimmer sowie ein später angebauter Salon mit Wintergarten, auf der Straßenseite schließt sich an das Musikzimmer der Bürotrakt mit einem Salon und Hortas Arbeitszimmer an. Besonders orginell ist das Parkett des Speisezimmers, das in der Art eines Teppichs in den Mosaikboden eingelegt wurde. Das zweite Obergeschoß war der Privatsphäre des Hausherrn und seiner Frau vorbehalten. Dort gibt es zwei Salons, ein Schlaf- und ein Ankleidezimmer. Das winzige Bad versteckte Horta raffiniert hinter den Spiegeln des Ankleidezimmers. In der darüberliegenden Etage befindet sich u. a. das Schlafzimmer von Hortas Tochter Simone, ein Salon sowie eine Terrasse, von der man in den romantischen Garten blickt.

Avenue Jef Lambeaux

Prémétro-Station
Horta (23, 55, 90)

Zwischen der Place Maurice van Meenen und dem neugotischen Gefängnsikomplex südlich der Place Delaporte erstreckt sich ein gediegenes Wohnviertel um die Avenue Jef Lambeaux. Bis auf ein frühes Wohnhaus von Paul Hankar entstanden die meisten Jugendstilhäuser hier kurz nach der Jahrhundertwende. Als Architekten traten vor allem Paul Hamasse und der Horta-Schüler Paul Vizzanova auf, der zum Konkurrenten seines Lehrmeisters aufstieg.

Weitere einzelne Jugendstilgebäude

*Palais Stoclet

Etwas entfernt von den anderen Jugendstilarealen liegt an der prächtigen Ausfallstraße Avenue de Tervuren das ehemalige Wohnhaus des Brüsseler Ingenieurs Stoclet, das dieser sich von dem Wiener Architekten Josef

Das Palais Stoclet, Zeugnis der Wiener Secession in Brüssel

Palais Stoclet (Fortsetzung)

Hoffmann entwerfen ließ – ein imposantes Gastspiel der Wiener Secession in der Jugendstilmetropole Brüssel. Mit seinen – insbesondere im Vergleich zu den sonstigen Brüsseler Grundstücksgrößen – geradezu gigantischen Ausmaßen wirkt das Gebäude wie ein modernes Stadtschloß. Stilistisch zeichnet sich an dem strengen, klar gegliederten Bau das Ende des Jugendstils und der Beginn der modernen Architektur ab. Im nicht zugänglichen Inneren hinterließ der Wiener Maler Gustav Klimt ein Wandegmälde aus Mosaiken.

Haus Bloemenwert

Im Stadtteil Uccle, Avenue Vanderaey 102, steht ein weiterer Gründungsbau des belgischen Jugendstils, das Wohnhaus des Architekten Henry van de Velde, das dieser 1895 für sich und seine Familie entworfen hatte. Die Laufbahn van de Veldes ist charakteristisch für die Jugendstilbewegung: Von Haus aus Maler, wandte er sich zu Beginn der 1890er Jahre unter dem Einfluß der englischen Jugendstilpropheten William Morris und John Ruskin der Buchgestaltung und der Dekorationskunst zu. Später wirkte er als Leiter der Kunstgewerbeschule in Weimar. Nicht nur die Architektur, auch die Einrichtung und Ausstattung seines Wohnhauses entstand ganz nach seinen Vorstellungen – gemäß der Idee des Jugendstils, daß das ganze Leben ein einziges Kunstwerk sein solle.

Grand Magasin Old England (Villa Hermosa)

Paul Santenoy entwarf dieses 1898 am Coudenberg erbaute Warenhaus, das nach seiner Renovierung in Zukunft das Musikinstrumentenmuseum aufnehmen soll.

Maison Waucquez

⟶ Centre Belge de la Bande Dessinée

Le Falstaff

⟶ Bourse

De Ultième Hallucinatie

⟶ Praktische Informationen,
Cafés, Bistros und Bars

Maison de la Bellone · Bellonehuis J 10/11

Lage
Rue de Flandre 46

Métro-Station
Ste-Catherine
(1 A, 1 B)

Öffnungszeiten
Mo. – Fr.
9.00 – 18.00;
Ausstellungen
13.00 – 18.00

Das Maison de la Bellone ist eines der schönsten Bauwerke des späten 17. Jh.s in Brüssel. Das wahrscheinlich von Jean Cosyn entworfene,reichgeschmückte Patrizierhaus – einstmals 'Haus des Ommegang' – ist nach der die römische Kriegsgöttin Bellona darstellenden Büste über dem Portal benannt. Diese Büste ist umgeben von Fahnen und Trophäen, die den Sieg der Österreicher unter Prinz Eugen von Savoyen über die Türken in der Schlacht von Zenta 1697 versinnbildlichen. Die Medaillons zwischen erstem und zweitem Stock zeigen römische Kaiser.
Das Gebäude fungiert heute als 'Haus der Schauspieler', in dem Ausstellungen, Theatervorführungen und Konzerte abgehalten werden. Auch hört man hier gelegentlich interessante Vorträge. In der ersten Etage ist eine reichhaltige Theaterbibliothek untergebracht.

* Maison d'Erasme · Erasmushuis außerhalb

Lage
Anderlecht, Rue du Chapitre 31

Métro-Station
St-Guidon (1 B)

Tram
56

Öffnungszeiten
Mo., Mi., Do., Sa., So. 10.00 – 12.00 u. 14.00 – 17.00

Das im Südwesten Brüssels, in der Vorortgemeinde Anderlecht nahe der Stiftskirche ⟶ Sts-Pierre et Guidon gelegene heutige Maison d'Erasme (Erasmus-Haus) wurde 1515 für den Kanonikus des Anderlechter Augustinerklosters, Pieter Wichmans, erbaut. Zwischen 1517 und 1521 war der der bedeutende Humanist Erasmus von Rotterdam (1466/1469? – 1536) hier mehrmals zu Gast, 1521 wohnte er mehrere Monate in diesem Haus, das heute als Museum dient. Neben schönen Renaissancemöbeln, Wandbehängen und spanischen Ledertapeten enthält es vor allem eine Sammlung von Schriftstücken, die dem Besucher das Leben des Verfassers der "Laus stultitiae" ("Lob der Torheit") näherbringen sollen. Gezeigt werden u. a. Briefe des Denkers, Erstausgaben seiner Werke, Briefe Karls V., Gemälde und Skizzen (u. a. von Holbein und Dürer), archäologische Funde aus Anderlecht sowie diverse historische Gegenstände.

** Manneken Pis K 9

Lage
Rue de l'Étuve, Ecke Rue du Chêne

Prémétro-Station
Bourse
(23, 52, 55, 56, 81)

Nur einige hundert Meter von der Grand' Place entfernt besucht man Ecke Rue de l'Étuve/Rue du Chêne das wohl in der Welt berühmteste Wahrzeichen Brüssels, zugleich auch 'ältester Bürger der Stadt': das Manneken Pis, jene Bronzestatue eines kleinen Jungen, der ungeniert in das alte Brunnenbecken pinkelt. Die ständig von Touristenscharen umlagerte, nur 60 cm hohe Brunnenfigur hat eine bewegte Geschichte hinter sich: 1619 erhielt Jérôme Duquesnoy der Ältere vom Rat der Stadt den Auftrag, einen Ersatz zu schaffen für eine ähnliche, bereits in Urkunden aus dem Jahr 1388 genannte ältere Figur für den an dieser Ecke plätschernden Juliaenskenborre genannten Brunnen. Die neue Steinfigur des pinkelnden Knaben wurde im Laufe der Jahre mehrfach geraubt, so 1745 von englischen Soldaten. 1747 versuchten es die Franzosen, doch stießen sie auf den heftigen Widerstand der Brüsseler. 1817 stahl der entlassene Sträfling Antoine Licas den kleinen Mann, den man nach langer Suche nur zerbrochen wiederfand (⟶ Abb. S. 42). Der Dieb wurde zur Zwangsarbeit verurteilt und auf der Grand' Place öffentlich gebrandmarkt; Manneken aber erstand in Bronze gegossen neu. Das ebenfalls 1619 entstandene Podest und zwei kleine Becken, Arbeiten des Steinmetzen Daniel Raessens, wurden 1770 durch eine Nische aus Blaustein ersetzt.

Entstehungslegenden

Zahlreiche Entstehungslegenden ranken sich um die Geburt des Manneken Pis. Die beliebteste besagt, ein kleiner Junge habe, als Brüssel im 13. Jh. belagert wurde, die brennende Lunte an den von den Feinden

Manneken in nur zwei ...

... von über 500 Kostümen

Entstehungslegenden (Fortsetzung)

gelegten Pulverfässern auf diese unorthodoxe Weise gelöscht. Eine andere berichtet, der einige Monate alte Herzog Gottfried III., von seinem Vater Gottfried II. zur Anspornung der Soldaten in die Schlacht bei Reinsbeke mitgenommen, habe sich im entscheidenden Augenblick des Kampfes in seiner Wiege erhoben und sein Geschäft verrichtet. Dieser Vorgang sei im Brunnen verewigt worden. Einer dritten Legende zufolge stellt die Figur den jüngsten Sohn eines zur Zeit des ersten Kreuzzuges in Brüssel lebenden Grafen d'Hove dar, wie er im Alter von fünf Jahren anläßlich einer Prozession zu Ehren des hl. Sakraments nicht mehr an sich halten konnte. Aus der Vielzahl der kuriosen Geschichten abschließend die folgende: Eine Hexe soll einen Jungen ertappt haben, als er ihre Haustreppe 'besprengte'. Zur Strafe habe sie ihn auf ewig zu dieser Beschäftigung verdammt, indem sie ihn in ein Bildnis aus Stein verwandelte.

Kostüme

Das Manneken Pis trägt an besonderen Tagen Kleidung; seine Garderobe umfaßt inzwischen über 500 Kostüme, Geschenke berühmter Persönlichkeiten und Organisationen aus der ganzen Welt. 1698 soll das Männchen als erstes Gewand eine bayerisch-blaue Tracht vom bayerischen Kurfürsten und damaligen Generalstatthalter der Niederlande, Max Emmanuel, erhalten haben. 1747 schenkte ihm König Ludwig XV. von Frankreich sein zweites Kostüm, einen Anzug aus golddurchwirktem Brokat, und machte es zum Ritter des Ordens des hl. Ludwig als Wiedergutmachung für den oben erwähnten Diebstahlsversuch. Anläßlich der Befreiung Brüssels von deutscher Besatzung am 3. September 1944 erhielt es eine Uniform des britischen Welsh Guard Regiments, das als erster alliierter Verband in der Stadt einrückte. Die Kleidersammlung kann im Maison du Roi an der → Grand' Place besichtigt werden.

Janneke Pis

Seit 1985 hat Manneken Pis auch ein Schwesterchen namens Janneke Pis. Das kleine Mädchen erleichtert sich in der Impasse de la Fidelité in der → Ilôt Sacré.

Marché aux Poissons · Vismarkt K/J 10/11

Lage
Quai aux Briques/
Quai au Bois
à Brûler

Métro-Station
Ste-Catherine
(1 A, 1 B)

Der Name Marché aux Poissons – Fischmarkt – ist nicht ganz korrekt als Bezeichnung für den langgestreckten, von Bäumen umstandenen Platz und das anschließende Wasserbecken, die sich an die Nordwestseite der Kirche ⟶ Ste-Catherine anschließen, denn hier wurde mit wesentlich mehr gehandelt als nur mit Fisch. Hier lag der alte Innenstadthafen dessen letzte Becken 1910 überdeckt wurden. Er erstreckte sich über mehrere Becken vom Marché aux Porcs aus, wo der Kanal von Willebroek einmündete: nach Südosten bis zum Standort von Sainte-Catherine, die auf einem zugeschütteten Becken erbaut worden ist, weiter nach Norden und dann abknickend nach Osten bis zum jetzigen Théâtre Flamand. Die Straßenbzw. Platznamen zeigen heute noch an, was wo ausgeladen und gehandelt wurde: am Quai aux Briques Ziegelsteine, am Quai au Bois à Brûler Brennholz, am Quai au Foin Heu, am Quai au Pierres de Taille Quadersteine usw. Auch der Fischmarkt lag hier am einstigen Bassin des Marchands auf der Seite des Quai aux Briques; der Name ist geblieben, und die Vielzahl der Fischrestaurants – darunter einige der besten Brüssels wie das Rugbyman No. 2 und das Chez Jean – setzt in gewisser Weise die Tradition fort. Besonders an Sommerabenden, wenn man an den Terrassentischen Platz nehmen kann, lohnt sich ein Gang an diese doch noch stille Ecke Brüssels.

Ein beschauliches Plätzchen am Marché aux Poissons: das alte Hafenbecken mit dem Monument Jules Anspach

Quai aux Briques/
Quai au Bois
à Brûler

An diesen beiden Kais erhascht man noch am ehesten den Eindruck innerstädtischer Hafenatmosphäre, hat man doch Ende der achtziger Jahre wieder einen Teil der Becken freigelegt. Unter den Gebäuden ringsum ist eine erkleckliche Zahl von Häusern überwiegend aus dem 17. und 18. Jh. erhalten geblieben. Das repräsentativste ist das Cheval au Marin am Nordende des Quai aux Briques, ein schönes Beispiel flandrischer Baukunst, ursprünglich 1680 erbaut und 1897 wiedererrichtet. Direkt benachbart erhebt sich das Monument Anspach, das 1897 eingeweihte Brunnendenkmal für Bürgermeister Jules Anspach (1829 – 1879), das einst an der Place de Brouckère stand, dort aber dem Bau der Métro weichen mußte. An den alten Hafen erinnert ein großes Schleusenrad auf dem Platz.

Marche aux Poissons (Fortsetzung)

*Métro

Seit Beginn der Bauarbeiten für die Brüsseler Untergrundbahn im Jahre 1965 haben sich die mit dem Bau der U-Bahn-Stationen betrauten Architekten Gedanken darüber gemacht, wie sie diese Bahnhöfe originell aus-

Übersichtsplan s. S.108/109

Roger Somvilles "Notre Temps" in der Métro-Station Hankar

statten könnten. Man realisierte zunächst Ideen, die eine gefällige Wanddekoration vorsahen. Dann bemühte man sich erfolgreich, Künstler für die Ausgestaltung zu gewinnen. So entstanden in nunmehr fast allen Haltestellen z. T. sehr bemerkenswerte Kunstwerke, z. B. emaillierte Wandkeramiken, Acrylfarbkompositionen auf Beton, Serigraphien auf Glas, Reliefs aus verschiedenen Materialien, Marmorarbeiten, Mosaiken sowie eine Reihe von Skulpturen aus Bronze, Stahl und Holz. Wer also ein Kaleidoskop zeitgenössischer belgischer Kunst erleben will, der setze sich einfach in die Métro und fahre die Stationen ab.

*Mont des Arts · Kunstberg

K/L 8/9

Der Mont des Arts stellt die Verbindung zwischen Brüssels Unterstadt von der Place de l'Albertine bis hinauf zur Place Royale in der 'königlichen' Oberstadt her. Seinen Namen verdankt er einem angeblichen Ausspruch

Lage
Südöstlich oberhalb des Stadtzentrums

Kunst in der Métro von Brüssel

ZIFFER im Plan	STATION: Name französisch/niederländisch	KUNSTWERK: *Name* (Art)	KÜNSTLER: Name
● 1	Houba-Brugmann	*Transcendance Platform* (Acryl auf Beton)	Pierre Vlerick/ Raoul Servais
● 2	Stuyvenbergh	*Stuyvenbergh* (emaillierte Keramik)	Yves Bosquet
● 3	Belgica	*Belgica* (Stahlskulpturen)	Camiel Van Breedam
● 4	Simonis	*Archétypes* (Holz-/ Stahlrelief)	Walter Leblanc
● 5	Osseghem/Ossegem	*Stop the run!* (Kupferrelief)	Reinhoud (D'Haese)
		Driehoek in beweging (Marmorplastik)	Hilde Van Sumere
● 6	Gare de l'Ouest/ Weststation	*Compositie* (Glasmalerei)	Guy Vandenbranden
● 7	Jacques Brel	*Coming up for air* (Acrylbild)	Maurice Wyckaert
● 8	Aumale	*Metrorama 78* (Wandfotos)	Jean-Paul Laenen
● 9	St-Guidon/St.-Guido	*Wij leven* (Wandrelief aus Metall)	Frans Minnaert
● 10	Veeweide/Veeweyde	*Voûtes flexibles* (Metallstrukturen)	Wierusz-Kowalski Tapta
● 11	Bizet	*La Carracola* (Theaterkulisse)	Tone Brulin

Métro-Station
Gare Centrale
(1 A, 1 B)

Tram
92, 93, 94

König Léopolds II., der während der Bauarbeiten zu den Königlichen Kunstmuseen diesen Hang als 'Berg der Künste' bezeichnet haben soll. In seiner heutigen Gestalt ist der Mont des Arts Ergebnis der schon vor dem Krieg geplanten, jedoch erst von 1954 an betriebenen und 1969 vollendeten Umgestaltung nach Vorstellungen der Architekten Ghobert, van Steenberghen und Houvoux. Die gesamte Anlage mit ihren Freitreppen, Terrassen und Gärten macht jedoch eher den Eindruck einer wenig harmonisch in die Stadtlandschaft geschlagenen Schneise, was besonders auf die monumentalen, die Umgebung eher einschüchternden Quader der Bibliothèque Albert I und des Palais de la Dynastie und den breiten Boulevard zurückzuführen ist.

Überblick

Von oberhalb der Gartenterrasse überblickt man die gesamte Anlage vor dem Panorama der Brüsseler Unterstadt: links die Bibliothèque Albert I, rechts das Palais de la Dynastie, dazwischen erstreckt sich die Terrasse mit dem Reiterstandbild von König Albert I. und der nahebei unterhalb auf dem Boulevard stehenden Statue der musikbegeisterten Königin Elisabeth. Rechts vom eigenen Standort erhebt sich das Palais des Congrès; im weiteren Sinne können auch der oberhalb von hier liegende → Palais des Beaux-Arts und der große Komplex der weltberühmten → Musées Royaux des Beaux-Arts mit dem Palais de Charles de Lorraine zum Mont des Arts gerechnet werden.

12	Etangs Noirs/Zwarte Vijvers	*De Zwarte Vijvers* (Wandbild in Ölfarbe)	Jan Burssens
13	Comte de Flandre/ Graaf van Vlaanderen	*16 x Icarus* (schwebende Bronzefiguren und Deckenrelief aus Gips)	Paul Van Hoeydonck
14	Ribaucourt	*Le Feu de Néron* (Leinwand)	Fernand Flausch
15	Yser/IJzer	*La Piëta-Yser* (Stahlreliefs)	Antoine Mortier
16	Rogier	*The fall of Troy* (Wandbild in Öl)	Jan Cox
17	Botanique/Kruidtuin	*Les Voyageurs* (21 bunte Holzfiguren)	Pierre Caille
		The last migration (Kupferplastik)	Jean-Pierre Ghysels
		Tramification fluide – Tramification syncopée (bunte Stahlrohre)	Emile Souply
18	Parc/Park	*La ville* (Wandmosaik)	Roger Dudant
		Happy metro to you (bunte Holzfiguren)	Marc Mendelson
19	Arts-Loi/Kunst-Wet	*Isjtar* (lackierte Holzreliefs)	Gilbert Decock
		Ortem (farbige Keramikfliesen)	Jean Rets
20	Bourse/Beurs	*Moving ceiling* (Stahlzylinder)	Pol Bury
		Nos vieux trams bruxellois (Ölbild)	Paul Delvaux
21	Anneessens	*Sept écritures* (Wortmalerei)	Pierre Aléchinsky und Christian Dotremont
22	Gare du Midi/ Zuidstation	*Structures rythmées* (Decken- und Wandgemälde)	Jacques Moeschal
23	Clemenceau	*Promenade* (Öl auf Leinwand)	Joseph Willaert
24	Horta	*Maison du Peuple/ Hôtel Aubecq*	Victor Horta
25	Parvis de St-Gilles/ St.-Gillis Voorplein	*Dyade* (Keramik)	Françoise Schein
26	Porte de Hal/ Hallepoort	*Le passage inconnu* (Wandinstallationen)	François Schuiten
		Hallepoort (Öl auf Leinwand)	Raoul de Keyser
27	Louise/Louiza	*La Terre en fleur* (Wandteppich, Keramik)	Edmond Durunfaut
28	Porte de Namur/ Naamse Poort	*Het uiteindelijk verkeer* (vier runde, emaillierte Keramikreliefs)	Octave Landuyt
29	Mérode	*Carrelage cinq* (farbige Keramikfliesen)	Jean Glibert
		Ensor:"Vive la Sociale (?)" (Ölbild)	Roger Raveel
30	Thieffry	*Aequus Nox* (getöntes Spiegelglas)	Vic Gentils
		Sculptures (Bronze und Stahl)	Félix Roulin
31	Pétillon	*Que la mer épargne* (Aluchromrelief)	Lismonde
32	Hankar	*Notre temps* (Acrylfarbe auf Beton)	Roger Somville
33	Delta	*Delta Mouvement* (Wandinstallation)	Jan Van den Abeel
34	Herrmann-Debroux	*L'aviateur* (Bronzeskulptur)	Roel D'Haese
		Ode aan een bergrivier (Bronze)	Rik Poot
35	Georges-Henri	*t' Is de Wind* (Porzellan)	Piet Stockmans
36	Diamant	*Diamant* (Wandspiegel)	Michel Martens
37	Montgomery	*Rythme bruxellois* (farbige Keramikfliesen)	Jo Delahaut
		Magic city (Wandbild in Ölfarbe)	Jean-Michel Folon
		Thema's (sechs Ölbilder)	Pol Mara
38	Joséphine-Charlotte	*La fleur unique ou les oiseaux émerveillés* (farbige Holzreliefs)	Serge Vandercam
39	Gribaumont	*Le Tropolitain* (Wandbild in Ölfarbe)	Frans Nellens
40	Roodebeek	*Intégration Roodebeek* (Stahl und Glas)	Luc Peire
41	Vandervelde	*La grande taupe et le petit peintre* (Riesenwandbild in Acrylfarbe)	Paul De Gobert
42	Stockel/Stokkel	Comicbilder aus Tintin	Atelier Hergé

Bibliothèque Royale Albert I · Koninklijk Bibliotheek Albert I

Die reichste Bibliothek des Landes

Die zu Ehren von König Albert I. eingerichtete Bibliothek im schlicht Albertinum genannten Bibliotheksgebäude besitzt weit über 1 Mio. Druckwerke und rund 30 000 Manuskripte. Die modern ausgestattete Bildungseinrichtung verfügt über Ausstellungs- und Lesesäle sowie über Schutzräume, in denen seltene Bücher und wertvolle Gemälde untergebracht werden können. Verschiedene museale Einrichtungen, die sich im weitesten Sinne mit Buch und Buchdruck befassen, mit sind der Bibliothek angeschlossen.

Musée du Livre et des Donations

Besichtigung nach Voranmeldung Tel. 5195357

In diesem Teil des Albertinums (Buchmuseum und Schenkungskabinett) bekommt man einen guten Einblick in die Geschichte der schriftlichen Überlieferung von der Antike bis heute. Ferner können die hier aufgebauten Arbeitszimmer der belgischen Schriftsteller Emil Verhaeren und Michel de Ghelderode besichtigt werden. Viele Besucher interessieren sich auch für die aus den Sammlungen der Herzöge von Burgund hervorgegangene Bibliothèque de Bourgogne mit ihrem Schatz seltener Bücher, Pläne und Karten, für die Voltaire-Sammlung des Grafen De Launoit, die Buchkollektion der Madame Louis Solvay sowie für die Sammlung der Nachkommen von Henry van de Velde, die u. a. Art-Nouveau-Möbel und Grafiken umfaßt.

Blick vom Fuß des Kunstbergs: Statue Alberts I., Bibliothèque Albert I und im Hintergrund St-Jacques-sur-Coudenberg

Musée de l'Imprimerie

Im Druckereimuseum können technische Einrichtungen der Lithographie, der Typographie, der Buchbinderei und des Maschinensatzes aus dem 19. und 20. Jh. besichtigt werden (Öffnungszeiten: tgl. 9.00 – 17.00 Uhr).

Musée de la Littérature

Im Literaturmuseum sind vorwiegend französischsprachige Manuskripte und Druckwerke einzusehen. Angeschlossen ist eine Abteilung für Audiovisuelle Pädagogik (Öffnungszeiten: Mo. – Fr. 9.00 – 12.00 und 14.00 bis 17.00 Uhr).

Section muséologique et historique

In der musealen und historischen Abteilung der Bibliothek werden Manuskripte, Landkarten und Pläne, Musikalien sowie diverse Grafiken und Medaillen aufbewahrt (Öffnungszeiten: Mo. – Fr. 9.00 – 13.00 und 14.00 – 17.00 Uhr; Lesekarte erforderlich; Eintrittsgebühr)

Chapelle de Nassau

In den Rahmen des Bibliotheksgebäudes ist die Fassade der 1346 gegründeten, 1590 auf Geheiß von Engelbert II. von Nassau im Stil der Brabanter Gotik neu errichteten Chapelle de Nassau eingearbeitet. Die dem heiligen Georg geweihte Kapelle ist der letzte Rest des Palais de Nassau, das dem Palais de Charles de Lorraine weichen mußte. In ihrer wechselhaften Geschichte war die Kapelle auch Hopfenlager für einen Bierbrauer und Museumsdepot, in dem u. a. die 1877 gefundenen Iguanodonten untergestellt waren, die heute im Institut Royale des Sciences Naturelles in ⟶ Ixelles zu sehen sind. Heute dient es zu Wechselausstellungen.

*Palais de Charles de Lorraine

Höfische Residenz

Oberhalb der Bibliothek betritt man den Hof des Palais de Charles de Lorraine, ein sehr schönes Beispiel der Louis-XVI-Architektur in Brüssel. Es nimmt den Platz des aus dem 15. Jh. stammenden Palais de Nassau ein,

Die Place de la Musée mit dem Palais de Charles de Lorraine

Palais de Charles de Lorraine (Fortsetzung)

in dem so illustre Persönlichkeiten wie der Herzog von Marlborough und Prinz Eugen abgestiegen waren. 1756 erwarb Karl von Lothringen, Gouverneur der Österreichischen Niederlande, diesen Palast und ließ ihn bis auf die Kapelle und den Innenhof völlig umgestalten. Letzterer verschwand später beim Bau der neuen Bibliothek. Ein guter Teil des Skulpturenschmucks stammt vom Hofbildhauer Laurent Delvaux (1695–1778). Während seiner Inspektionsreise durch die Österreichischen Niederlande im Jahr 1781 nahm Kaiser Joseph II. im neugestalteten Palast Quartier.
Die Anlage besteht heute aus drei Flügeln, doch ist nur der rechte mit dem halbkreisförmigen, zurückgesetzten Eingangsbereich der eigentliche Palast. Der wie der Hauptflügel wirkende Mittelteil kam erst 1825 hinzu, der linke Flügel im letzten Viertel des 19. Jahrhunderts. Die Innenräume können nur auf Anfrage besichtigt werden (Tel. 5195371).

Place de la Musée

Der von diesen Flügeln umschlossene Hof wird heute als Place de la Musée bezeichnet. In seiner Mitte öffnet sich der tiefe Lichthof des Erweiterungsbaus der Musées Royaux des Beaux-Arts, der 1984 zur Aufnahme der Sammlung moderner Kunst in den Hang hineingebaut wurde.

Cabinet des Estamps

Im Palais war lange Zeit die Königliche Bibliothek untergebracht; heute sind linker und Mittelflügel vom Kunstmuseum belegt, während im ursprünglichen Palais das Cabinet des Estamps (Stichekabinett) untergebracht ist, in dem auch Kopien aus der reichen Graphiksammlung der Bibliothek erworben werden können (Öffnungszeiten: Mo.–Fr. 9.00 bis 12.45 und 14.00–16.45 Uhr).

Palais des Congrès

Das monumental wirkende Palais des Congrès ist anläßlich der Weltausstellung von 1958 fertiggestellt worden, sein architektonisches Konzept ist aber Vorstellungen der vierziger Jahre verpflichtet.

Mont des Arts (Fortsetzung)

Palais de la Dynastie am Mont des Arts

Ebenfalls in den fünfziger Jahren ist das Palais de la Dynastie entstanden. Recht imposant wirkt der die Straße überspannende Bogen mit seiner großen Uhr und dem Glockenspiel. Die Figuren rund um die Ziffern stellen berühmte Belgier dar. Die große, 1,8 t schwere Glocke auf dem Dach schlägt ein 'Bürger von Brüssel' an.

*Musée Bruxellois de la Gueuze · Brasserie Cantillon H 8

Lage
Anderlecht, Rue Gheude 56

Métro-/ Prémétro-Station
Midi (2 bzw. 23, 52, 55, 56, 81)

Tram
23, 58, 90

Eintrittsgebühr

Öffnungszeiten

Im Stadtteil Anderlecht, nördlich der Gare du Midi, liegt eines der originellsten Museen Brüssels, das kein passionierter Biertrinker auslassen sollte. Das Musée Bruxellois de la Gueuze ist ein lebendiges Museum, denn es ist nichts anderes als die einzige Brüsseler Brauerei, die Lambic und Gueuze, die Bierspezialitäten Brüssels und des Payottenlands, noch nach überlieferten handwerklichen Verfahren braut. Braumeister Pierre van Roy, ein ehemaliger Chemie- und Geographieprofessor, hat sich der Wahrung der alten Brautradition verschrieben und deshalb in der über hundert Jahre alten Brasserie Cantillon auch nicht viel verändert – gerade das aber schafft die unverwechselbare Atmosphäre des Hauses, durch das der Meister oder einer der Gesellen führt und die Entstehung von Lambic, Gueuze, Faro und Kriek erklärt (⟶ *Baedeker Special* S. 177).

Mo.–Fr. 8.30–16.30; Sa. 10.00–18.00 (Jan.–Mai. und Mitte Okt.–Dez.) bzw. 9.30–13.00 Uhr (Juni–Mitte Okt.)

*Musée du Costume et de la Dentelle · Museum voor de Klederdracht en de Kant K 9

Lage
Rue de la Violette 6

Métro-Station
Gare Centrale (1 A, 1 B)

Öffnungszeiten
April–Sept.: Di., Do., Fr. 10.00–12.30 u. 13.30–17.00, Sa., So., Fei. 14.00–16.30; Okt.–März: bis 16.00

Eintrittsgebühr

Das Kostüm- und Spitzenmuseum ist ein Zweig des im Maison du Roi untergebrachten Stadtmuseums und hat sein Domizil in zwei Häusern aus dem 18. Jh. unweit der ⟶ Grand' Place. Es zeigt in sehr anschaulicher Weise die Entwicklung der Textilindustrie und der Mode in der alten westeuropäischen Metropole. Die Sammlung wird laufend ergänzt, und auch das Ausstellungsprogramm wechselt in mehr oder weniger großen Zeitabständen. Schwerpunkt ist die Mode des 17., 18. und 19. Jh.s, aber auch neuere Erscheinungen sind berücksichtigt.

Herausragend aber sind die wundervollen Spitzen, die von Brüsseler Klöpplerinnen angefertigt worden sind. Die sog. 'Dentelles de Bruxelles' (Brüsseler Spitzen) gelten als künstlerisch sehr wertvoll und zeichnen sich durch raffinierte Stiche aus, so z. B. den Herzoginnenstich (Duchesse) und den Rosenstich. Deckchen, Kragen, Tischtücher und diverse Wäschestücke werden bis heute mit schönen Spitzen versehen; im Museum kann man außerordentlich schöne und sehr alte Stücke – nicht nur aus Brüssel, sondern auch aus Mechelen, Lille oder Valenciennes – bewundern.

Musée / Museum David et Alice van Buuren außerhalb

Lage
Uccle, 41, Avenue Léo Errera

Tram
23, 90

In Brüssels südlichem Stadtteil Uccle findet man eines der feinsten Museen der Stadt: die Privatsammlung des kunstsinnigen Ehepaars David und Alice van Buuren. Umgeben von erlesenen Möbeln, Teppichen und Porzellanen sind hier Werke hauptsächlich belgischer Maler vereint, insbesondere von Gustave van de Woestijne (1881–1947), mit dem die van Buurens eng befreundet waren. Wertvollster Schatz der Sammlung aber ist eine zweite Version von Bruegels "Sturz des Ikarus", dessen Erstausführung in den ⟶ Musées Royaux des Beaux-Arts zu sehen ist.

Baedeker Special

Brüsseler Spitzen

Zum Inbegriff feinster Erzeugnisse der Spitzenklöppelei ist die Brüsseler Spitze geworden. Die brabantische Hauptstadt war bereits in der zweiten Hälfte des 16. Jh.s ein äußerst reges Zentrum der Spitzenherstellung. Die Nachfrage nach den auch Brabanter Spitzen genannten Produkten war im Ausland sehr groß, besonders in Paris bei den Lieferanten des französischen Hofes.

Aus dem Jahr 1745 weiß ein Chronist zu berichten: “Die Brüsseler Spitzen sind schön und allgemein beliebt. Sie beschäftigen das schöne Geschlecht. Ein Teil arbeitet daran aus Zeitvertreib, ein anderer aus Notwendigkeit, und es gibt sozusagen ebenso viele Manufakturen dieser zarten Ware wie Privathäuser.” Das 18. Jh. war das goldene Zeitalter der Spitzenherstellung in Brüssel: Zahlreiche Fabrikanten beschäftigten zu dieser Zeit ca. 10 000 Arbeiterinnen, um die hereinströmenden Bestellungen der herrschenden Häuser befriedigen zu können. Man fertigte Hauben, Mieder, Krausen, Busenschleifen, Manschetten, ja sogar ganze Toiletten an. Die Brüsseler Spitze war die begehrteste dank der Feinheit ihres Garns und der Schönheit der Motive, die sich an französisch-höfischen Vorbildern orientierten. Um 1750 waren es die phantasievollen Rokokomotive und orientalische Einflüsse, die von den Herstellern eine unglaubliche Virtuosität verlangten. Flora und Fauna regten ihren Erfindungsgeist an: Rosen, Nelken, Pfingstrosen, Narzissen, Hirsche und Eichhörnchen, wasserspeiende Delphine, Springbrunnen und Muscheln wurden feinsinnig zu Dekors verarbeitet, wie man sie später nicht mehr antreffen wird. Selbst die religiösen Szenen auf Einsegnungsschleiern und Überwürfen der Heiligenstatuen fielen in dieser mondänen Zeit kaum schlichter aus.

Die Nachbarstadt Mechelen teilte sich mit Brüssel den Ruf als Metropole der Spitzenklöppelei. Die größte Konkurrenz aber saß in England, und Streitigkeiten blieben nicht aus. Schon vom 17. Jh. an wurden strenge Vorkehrungen gegen die Auswanderung der Arbeiterinnen sowie gegen diejenigen, die ihnen dazu verhalfen, getroffen, und gegen alle Versuche, die Brüsseler Spitze ins Ausland auszuführen. England, das einen erstaunlich großen Bedarf an Spitzen hatte, gab den Überläuferinnen Unterkunft, ohne jedoch jemals mit den Brüsseler Erzeugnissen konkurrieren zu können. Hierzu hätte es fachkundiger Betriebsleiter bedurft, doch dazu hat sich niemals ein Brüsseler Fabrikant, trotz verlockender Angebote der rivalisierenden Nationen, verleiten lassen. Immerhin aber wird darüber gestritten, woher der sehr gefragte und folglich teure englische Spitzenstich ‘Point d’Angleterre’ tatsächlich stammt. Während die einen behaupten, er wäre in Brüssel entwickelt worden, sind die anderen überzeugt davon, daß es sich um eingeschmuggelte Ware handelte, nach der sich die Brüsseler Spitze ‘englische Spitze’ nannte, die zwar niemanden irreführte, aber schließlich in Frankreich und sogar in Brüssel selbst Geltung erlangte.
Um 1770 verlor jedoch die Spitze allmählich ihre Beliebtheit. Im ganzen letzten Viertel des 18. Jh.s wanderten die Spitzenklöpplerinnen aufs Land aus. Die Kunst der Spitzenherstellung ging zurück und verlor schließlich ihre größten Liebhaber.

Die Französische Revolution markierte das vorläufige Ende der Spitzenindustrie. Vor allem die männliche Kundschaft ging endgültig verloren. Ironischerweise widmete erst ein Kind dieser

Schleier aus der Kathedrale St-Michel (1735)

Revolution, Napoléon I., der Brüsseler Spitze wieder ganz besondere Aufmerksamkeit, indem er für sich und seinen Hof große Bestellungen tätigte.

Dennoch hörte im 19. Jh. die Weiterentwicklung der Spitzenherstellung auf. Die Hersteller gaben sich mit der Nachahmung des früher Geleisteten zufrieden, ohne sich weiter um die Schulen zu kümmern, die unaufhörlich nach neuen Mustern suchten. Die Mode änderte sich von Jahr zu Jahr, und das Gefallen an der traditionellen Spitze schwand. Beschleunigt wurde dieser Abstieg zudem durch die Erfindung des mechanisch hergestellten Tülls, dessen Entstehungspreis weit unter dem der Handarbeit lag. Die neue Technik bevorzugte das Aufnähen getrennt hergestellter Blumen und Motive; bald nahmen die im Stil Davids inspirierten Spitzengemälde, die Apollo und Daphne, Mars und Venus darstellten, desgleichen der im Kostüm- und Spitzenmuseum aufbewahrte große Bettüberzug mit dem Wappen des russischen Kaiserhauses diese Technik auf.
Im 19. Jh. kam auch die benähte Brüsseler Spitze auf, wegen ihrer Feinheit auch 'Point de Gaze' (Gaze- Stich) genannt, sowie die 'Duchesse- Spitze', eine mit Medaillons vermischte Klöppelspitze, so genannt zu Ehren der Königin Marie-Henriette, als sie noch Herzogin von Brabant war. Neben diesen heute aufgegebenen Arten der Spitzenherstellung, erschien schließlich die 'Rosaline' die jetzt noch bei den Händlern erhältlich ist und bisweilen an die Zierformen vom Anfang des 18. Jahrhunderts erinnert.

Echte Spitze, deren Preis heute als unerschwinglich bezeichnet wird, ist stets ein äußerst kostspieliges Werkstück gewesen, dessen Wert, im Vergleich zu anderen Artikeln des täglichen Bedarfs, stabil geblieben ist. Die Ursache für den Niedergang der Spitzenkunst ist weniger in ihrem Preis zu suchen, als in der großen sozialen Veränderung, die die Zurschaustellung von Luxus und Reichtum gesellschaftlich ächtete und die Ansprüche an Kleidung verändert hat: Komfort, Praktikabilität und Hygiene stehen im Vordergrund. Trotzdem ist die belgische Spitze immer noch ein gefragter Artikel, und der Ruf der tüchtigen Spitzenklöpplerinnen lebt weiter. Nach wie vor lassen sich deshalb auch noch an Sommertagen vor einigen Geschäften mit Reiseandenken in Gent, Brüssel und Brügge eifrige Spitzenmacherinnen in vertrauter Aufmachung erblicken, deren behende Arbeit das Interesse des Touristen weckt. Trotz der starken Konkurrenz, die ihr von der Handarbeit des Fernen Ostens und von der mechanisierten Fabrikation droht, hält diese alte Luxusindustrie ihre Traditionen aufrecht. Sie lebt und gedeiht noch in Brügge, Turnhout und im ganzen nördlichen Teil des Landes, wo unter Anpassung der Zeichnungen an die heutigen Stile weiterhin die wertvollsten und schönsten Spitzenarbeiten ausgeführt werden. Auch der Export, der vorübergehend einen Rückschlag erlitten hatte, zeigt neuerdings steigende Tendenz. Gefragt sind beste Qualitäten. Zieht man jedoch in Erwägung, daß es kurz vor 1900, besonders in den flämischen Gegenden, nahezu 50 000 belgische Spitzenklöpplerinnen gab, so erscheint der jetzige Wiederaufstieg bescheiden. Er genügt aber, um weiterhin der Hoffnung Raum zu lassen, daß trotz Maschinenzeitalter und mangelndem Nachwuchs der Spitzenklöpplerinnenberuf nicht ganz aussterben wird.

Heute noch läßt sich im Brüsseler Mode- und Textilmuseum, im Königlichen Museum für Kunst und Geschichte und in einigen Kirchen die Entwicklung der Spitzenkunst verfolgen und die außergewöhnliche Fertigkeit ihrer Schöpfer bewundern.
So kann man z. B. die Kopfbedeckung Unserer lieben Frau von Loreto in der Église des Minimes oder die Spitzen Unserer lieben Frau in Notre-Dame de Laeken als schöne Beispiele religiöser Spitzenkunst bewundern, ebenso wie den Beginenschleier im Königlichen Museum für Kunst und Geschichte, auf dem eine im Park kniende Prinzessin dargestellt ist, was vermutlich eine Szene aus der Legende von der Gründung der Beginenkongregation durch die hl. Begga wiedergibt. In der Kirche Notre-Dame du Sablon trägt die Marienfigur eine wunderschöne Kopfbedeckung. Sie zeigt den Nachen, in dem nach der Legende Maria von Antwerpen nach Brüssel gefahren ist. Er ist inmitten verschlungenen Gezweigs zu sehen, in das außer dem Monogramm der Jungfrau Papageien eingestickt sind, die an eine andere Legende erinnern, und zwar an diejenige des Papageis, der, als er den ihm beigebrachten Namen Marias aussprach, aus den Krallen eines Falken gerettet wurde.
Bisweilen läßt sich an der Arbeit der noch erhaltenen Spitzen erkennen, für welches herrschaftliche Haus oder für welchen Monarchen sie bestimmt waren. So trägt außer den Insignien des Goldenen Vlieses und dem Bild des kaiserlichen Adlers ein sehr schöner, im Kostüm- und Spitzenmuseum aufbewahrter Überwurf das Monogramm von Kaiser Karl VI. Dieses Stück wurde sicherlich für einen prunkvollen Anlaß gefertigt.

Das bei weitem schönste und eines der ältesten Stücke aber ist im Königlichen Museum für Kunst und Geschichte zu sehen: das Deckbett für Albert I. und Isabella, ein 1599 gefertigtes Meisterwerk, das sich durch seine erstaunliche Schönheit auszeichnet, aufbewahrt als bildhaftes Zeugnis der Vergangenheit. Es wurde dem großherzoglichen Paar, Albert und Isabella, anläßlich der Vermählung und der Inthronisation als Herzöge von Brabant zum Geschenk gemacht.
Dieses unvergleichliche Stück gab Anlaß zu Nachforschungen, doch konnte die Ikonographie nie zufriedenstellend geklärt werden. Seine 120 Randbilder erzählen den Ablauf einer Prozession, ohne das man jedoch sagen könnte, ob es sich um die einer bestimmten Stadt oder um die eigens zur Feier des neuen Herrscherpaares veranstaltete handelt, auf die der Brüsseler Ommegang zurückgeht. Die verschiedenen Monogramme und Wappen zeugen von der Verwandtschaft des Paares mit den Erzherzögen, und die Figur der hl. Gudula sowie die Tatsache, daß die Decke in Brabant hergestellt wurde, lassen die Vermutung einer Verbindung mit Brüssel zu. Ganz aus Klöppelspitze hergestellt, weist das Stück so manche Besonderheit auf, die die Brüsseler Herstellungsweise kennzeichnen, besonders die Art, Reliefs zur Geltung zu bringen, und die geschickte Technik, Teile in den Tüll einzuarbeiten. Bei dieser Herstellungsart werden die getrennt gearbeiteten Motive durch handgearbeitete Litzen oder Maschen zusammengefügt. Dieses Verfahren setzt ausgezeichnete technische Kenntnisse der Arbeiterinnen voraus und seitens des Fabrikanten eine gut organisierte Arbeitseinteilung, da solcherart in kurzer Zeit große Arbeiten wie Kleider, Überwürfe, Bettbezüge etc. hergestellt werden können. Doch versinkt hier die Vielzahl der Einzelleistungen am Ende der Arbeitsvorgänge in der Anonymität des hervorragenden Gesamtwerkes, das eine vollkommene Einheit bildet. Kein besonderes Merkmal, keine Unterschrift, nichts, außer dem Werk selbst, verewigt den Entwerfer, den Fabrikanten, die Arbeiterinnen.

Musée van Buuren (Fortsetzung) Gärten

Die drei Gärten des Hauses stellen einen zusätzlichen Genuß dar, sind sie doch individuell gestaltet: der 'pittoreske Garten' des Gartenkünstlers Jules Buyssens, der 'Garten des Herzens', von der Hausherrin angelegt nach einem Gedicht von René Péchère, und ein Labyrinth mit sieben Skulpturen von André Willequet.

Öffnungszeiten

Mo. 14.00–16.00 Uhr und nach Voranmeldung Tel. 3434851; Garten tgl. außer Sa. 13.30–17.30 Uhr; Eintrittsgebühr

* Musée Instrumental · Instrumentenmuseum — L 8

Lage
Conservatoire Royale de Musique, Petit Sablon 17

Tram
92, 93, 94

Öffnungszeiten
Di.–Fr. 14.30–16.30

Das überaus sehenswerte Musikinstrumentenmuseum befindet sich im Gebäude des Königlichen Musikkonservatoriums (Conservatoire Royal de Musique), das 1876–1877 nach Plänen des Architekten J.-P. Cluysenaer an der Stelle des 1872 abgerissenen Hôtel Tour et Taxis, dem Brüsseler Stadtpalais der Adelsfamilie Thurn und Taxis, errichtet wurde.

Das Musikinstrumentenmuseum gründet sich auf die Sammlung des ersten Konservatoriumsdirektors Jean-François Fetis, die im Lauf der Jahre zur in der Welt bedeutendsten und reichhaltigsten Sammlung dieser Art herangewachsen ist. Sie umfaßt etwa 6000 Musikinstrumente aus fast allen Ländern und Epochen, von denen jedoch nur ca. 500 gezeigt werden können: von einfachen Indianerflöten über subtile Instrumente für Hausmusik bis zur ganzen Ausstattung für zünftige Blaskapellen; das älteste der Objekte stammt aus der Bronzezeit. Dem Museum angeschlossen ist eine umfangreiche musikwissenschaftliche Bibliothek und eine Fotosammlung. Auch Aufnahmen von alten Instrumenten kann man anhören.
In den nächsten Jahren ist der Umzug des Museums in das ehemalige Kaufhaus Old England unterhalb der Place Royale an der Rue de la Montagne de Cour geplant.

Einzigartige Instrumente

Besonders hervorzuheben sind eine Viola da gamba des berühmten Instrumentenbauers Gaspard L'Effoprugcar (16. Jh.), genannt "au plan de la ville de Paris"; ein Spinett des Antonius Patavinus (1550), reich verziert und mit dem Wappen der Venezianer Patrizierfamilie Bembo; ein Componium des Nikolaus Winkel (1821), das, wenn es einmal in Bewegung gesetzt ist, endlose Varianten über ein gegebenes Thema hervorbringt; Clavecins (Spinette) von Rückers und Söhnen (16./17. Jh.), der berühmten Antwerpener Klavierbauerfamilie; schließlich eine Sammlung indischer Instrumente. Dem Wirken des aus Dinant stammenden Saxophon-Erfinders Adolphe Saxe (1814–1894) ist ein großer Teil der Blasinstrumentenabteilung gewidmet.

Veranstaltungen

Im Nebengebäude finden an manchen Abenden musikalische Veranstaltungen unter Verwendung alter Instrumente statt.

Konzertsaal des Conservatoire

Im schönen Konzertsaal des Musikkonservatoriums (Eingang Rue Royale 30) werden u. a. die ersten Runden des weltbekannten und recht schweren 'Concours Musical Reine Elisabeth' ausgetragen. Die abschließende Runde findet im → Palais des Beaux-Arts statt.

* Musée Royal de l'Afrique Centrale · Koninklijk Museum voor Midden-Afrika — außerhalb

Lage
Tervuren, Leuvensesteenweg 15

Tram 44

Das Musée Royal de l'Afrique Centrale (Zentralafrika-Museum) liegt nur wenige Kilometer außerhalb Brüssels auf dem Gebiet der Gemeinde Tervuren, die man von der Stadt aus über die breite, östlich des → Palais du Cinquantenaire beginnende Avenue de Tervuren erreicht. Entspannender als die Fahrt mit dem Auto ist aber die Anreise mit der Tramlinie 44, die von

Gartenseite des Zentralafrika-Museums in Tervuren

der Métro-Station Montgomery durch den ⟶ Fôret de Soignes fährt, an Wochenenden von April bis Oktober sogar mit nostalgischen Wagen.
Das Museum belegt ein großzügig angelegtes schloßähnliches Gebäude des französischen Architekten Charles Girault. Es wurde auf Veranlassung von König Léopold II. von 1904 bis 1909 nach dem Vorbild des Petit Palais in Paris erbaut und im Jahre 1910 von König Albert I. eröffnet. Der eigentliche Anlaß für die Gründung des Museums war die Kongo-Abteilung der Internationalen Brüsseler Ausstellung von 1898 im Palais des Colonies von Tervuren. Heute sieht der Besucher hier eine umfangreiche ethnographische Ausstellung, darunter eine beeindruckende Sammlung von Masken und Skulpturen – vor allem zahlreiche Gegenstände aus der ehemals bel-

Öffnungszeiten
Mitte März – Mitte Okt.: Di. – Fr. 9.00 – 17.30; Mitte Okt. – Mitte März: Di. – Fr. 10.00 – 16.30

Eintrittsgebühr

Musée Royal de l'Afrique Centrale • Zentralafrika-Museum
(1898–1960 'Musée du Congo') **in Tervuren**

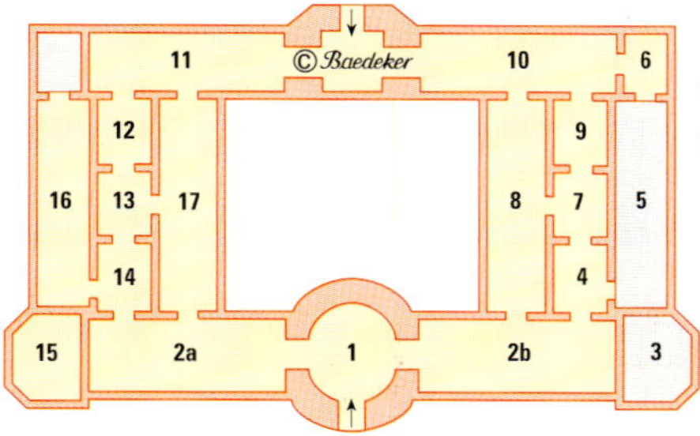

1 Rotunde (div. Statuen)
2a Vergleichende Ethnographie
2b Ethnographie Zentralafrikas
4 Skulpturen aus Zentralafrika
5 in Umgestaltung
6 Schmuck und Kunstgewerbe
7 Europa und Zentralafrika
8 Belgien und Zentralafrika
9 Topographie des zentralafrikanischen Berglands
10 Land- und Forstwirtschaft
11 Säugetiere
12 Vögel
13 Fische, Reptilien und Amphibien
14 Insekten und andere Wirbellose
15 Zoolog. Dioramen
16 Geologie u. Mineralogie
17 Vorgeschichte und Archäologie

Musée Royale de l'Afrique Centrale (Fortsetzung)

gischen Kolonie Kongo, dem heutigen Zaïre –, Waffen, Werkzeug, diverse Gegenstände aus Holz und Elfenbein, Erinnerungsstücke an Entdekkungsreisen sowie aus der Kolonialzeit, Gesteins- und Bodenproben, Modelle von Behausungen, Büsten, präparierte Tiere und Dioramen. Allerdings hat der Zahn der Zeit an manchem der Ausstellungsstücke genagt. Bei etwas kritischer Betrachtung wird man jedoch feststellen müssen, daß trotz all der beeindruckenden Ausstellungsstücke die Zeit der belgischen Herrschaft im Kongo recht unreflektiert dargestellt ist. Nahezu symbolisch stehen dafür die Skulpturengruppen in der Rotunde, die die 'Segnungen' der Kolonialzeit für den Kongo preisen. Tatsächlich aber ist der Kongo von König Léopold II. höchstpersönlich jahrzehntelang gnadenlos ausgebeutet und die Bevölkerung bis aufs Blut geschunden worden. Léopold II. beauftragte den britischen Forscher Henry Morton-Stanley mit der Erforschung des Kongo und ließ ihn in den achtziger Jahren des 19. Jh.s riesige Gebiete als königlichen Privatbesitz erwerben. Mit der Ausfuhr von Kautschuk, Palmöl, Baumwolle und Bodenschätzen, die die Menschen im Kongo in Sklavenarbeit heranschaffen mußten, machte der König ein Vermögen. Wer die Arbeit verweigerte, wurde von der Polizeitruppe 'Force Publique' verstümmelt oder ermordet, Hunderttausende sollen verhungert sein. Erst internationaler Druck zwang schließlich den König, sein Besitztum 1908 an den belgischen Staat zu verkaufen, der die Kolonie aber auch erst in den sechziger Jahren in die Unabhängigkeit entließ.

Park von Tervuren

Südlich des Museums erreicht man über eine hübsche Terrassenanlage im französischen Stil mit Teichen und Blumenbeeten den Park von Tervuren, der sich über 234 ha erstreckt und zu den beliebtesten Naherholungsgebieten der Brüsseler gehört. Der Park hat einen guten Bestand an alten Bäumen sowie schöne Rasenflächen und Teiche. Am Großen Teich steht die 1617 erbaute barocke Hubertuskapelle.

Arboretum

Südlich von Tervuren beginnt der → Fôret de Soignes mit dem Arboretum von Tervuren.

Musée Royal de l'Armée et d'Histoire Militaire

→ Parc du Cinquantenaire

Musées Royaux d'Art et d'Histoire

→ Parc du Cinquantenaire

**Musées Royaux des Beaux-Arts de Belgique · Koninklijke Musea voor Schone Kunsten van België L 8/9

Lage
Rue de la Régence 3 und Place Royale 1

Tram
92, 93, 94

Öffnungszeiten
Di. – So.
10.00 – 13.00 u.
14.00 – 17.00

Keimzelle der Königlichen Museen der Schönen Künste war eine Kunstsammlung, die 1797 im Palais de Charles de Lorraine eingerichtet wurde. Zur Zeit Napoléons erlebte Brüssel eine wahre Kunstbegeisterung, die zur Gründung eines städtischen Museums im Jahr 1801 führte und 1846 schließlich in die Schaffung des Königlichen Kunstmuseums münden sollte. Von 1874 bis 1876 erbaute man dann nach Plänen von Alphonse Balat (1818 – 1895) das Museumshauptgebäude an der Rue de la Régence, ein repräsentatives Bauwerk in klassizistischem Stil. Der ständig wachsende Bestand verlangte die räumliche Erweiterung des Museums, die durch die Renovierung der alten und Ausdehnung auf zuvor von der Bibliothèque Royal genutzte, 1974 neu eröffnete Räume erreicht wurde. Für die Sammlung Moderner Kunst ließ man sich eine sehr spektakuläre

Im Forum des Museums der Schönen Künste

Moderne Kunst im Untergrund

15. und 16. Jahrhundert (1. Stock)

10–17	Flämische Primitive
11	Van der Weyden
13	Bouts
14	Memling
17	Bosch
21–33	Flämische Schule des 16. Jh.s
22	Metsys
24	Mostaert
25	Gossart
26	Van Orley
31	Bruegel
32	Moro
34	Schenkung Heulen
17,24,25	Nordholländische Schule
18, 19	Deutsche Schule
11,12,15,16	Französische Schule
37–45	Legat Delporte

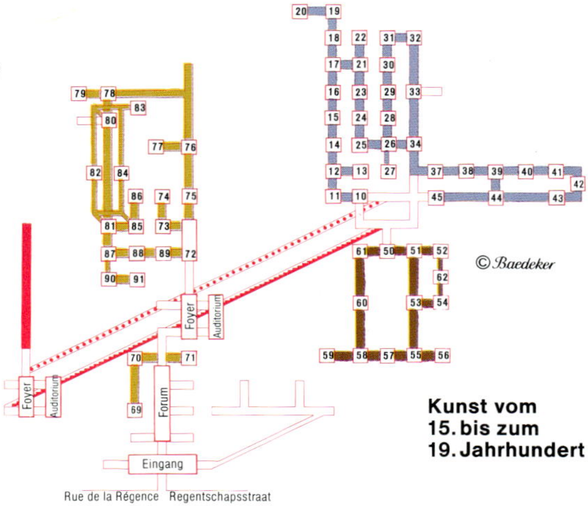

Kunst vom 15. bis zum 19. Jahrhundert

17. und 18. Jahrhundert (2. Stock)

52–54, 57,60,62	Flämische Schule
62	Rubens
50	Spanische Schule
61	Französische Schule
60	Holländische Schule
50–51	Italienische Schule (14.–18. Jh.)
55–56	Schenkung Faille

Musées Royaux des Beaux-Arts en Belgique

Koninklijke Musea voor Schoone Kunsten van België

19. Jahrhundert (Erdgeschoß)

68–70	Neoklassizismus, Romantismus
71	Wechselausstellungen
72, 75–78, 80	Realismus
79	Meunier
82–84	Aquarelle, Zeichnungen
85, 86	Symbolismus
87	Luminismus
88	Evenepoel
89	Ensor
90–91	Impressionismus
91	Legat Hess-Vandenbroeck

Kunst des 20. Jahrhunderts (Untergeschosse)

– 2	Neuerwerbungen
– 3	Neuerwerbungen, kleinformatige Graphik, Malerei und Skulptur
– 4	Fauvismus, Kubismus, Futurismuns, abstrakte Kunst, Expressionismus
– 5	Delvaux, Surrealismus
– 6	Magritte, Surrealismuns, Junge Belgische Malerei, Cobra, lyrische Abstraktion, Gruppe "Phases"
– 7	Gruppe "Zéro", geometrische Abstraktion
– 8	Zeitgenössische Strömungen

Kunst des 20. Jahrhunderts

Wechselnde Ausstellungen

Lösung einfallen: Architekt Roger Bastin versenkte diesen 1978 begonnenen und 1984 eröffneten Museumsteil acht Stockwerke tief in die Erde; ihr Licht erhalten die Ausstellungsräume durch einen ebenso hohen, kegelförmigen Lichtschacht, der auf die Place de la Musée mündet.

Geschichte (Fortsetzung)

Orientierung

Die Zweiteilung des Museums und die Abfolge der Räume können beim Besucher Verwirrung entstehen lassen. Im Museumshauptgebäude (Eingang Rue de la Régence) befinden sich die Serviceeinrichtungen, die Kunst des 19. Jh.s (Erdgeschoß), die Kunst des 17. und 18. Jh.s (erster Stock) und die Kunst des 15. und 16. Jh.s (Ebene erster Stock im Palais de Charles de Lorraine). Im Nebengebäude (Eingang Place Royale 1) werden Wechselausstellungen veranstaltet; von dort geht es hinab zum unterirdischen Neubau der Sammlung Moderner Kunst. Man gelangt auch über eine Rolltreppe vom Erdgeschoß des Hauptgebäudes in die Ebene -2 des Nebengebäudes, wo die Moderne Kunst beginnt.

Alte Kunst und Kunst des 19. Jahrhunderts

Erdgeschoß

Im Erdgeschoß betritt man zunächst das beeindruckend weite Forum, in dem nur einige wenige Gemälde und Skulpturen, darunter von Auguste Rodin und Jef Lambeaux, verteilt sind. Es ist umgeben von den Räumen mit Werken der Romantik und des Neoklassizismus, unter denen Louis Davids berühmtes Bild "Der Tod Marats" herausragt. Die anschließenden Räume dokumentieren die verschiedenen Richtungen des 19. Jh.s; der Schwerpunkt liegt bei belgischen Künstlern, allen voran James Ensor (Raum 89). Ausführlich dargestellt ist der Symbolismus, der in Belgien und speziell in Brüssel einen seiner Brennpunkte hatte und von dem hier mit Fernand Khnopffs "Die Kunst oder Die Zärtlichkeiten" eines seiner Schlüsselwerke präsentiert wird.

Symbolismus

Erster Stock

Rubens

Jordaens

Den größten Platz im ersten Stock nimmt die holländische Malerei des 17. und 18. Jh.s ein, eine der größten Sammlungen holländischer Meister außerhalb der Niederlande. An erster Stelle stehen Peter Paul Rubens (Säle 52, 62) – u.a. vertreten mit dem Portrait von Hélène Fourment, "Golgatha", "Martyrium des hl. Livinus", "Martyrium der hl. Ursula" und Skizzen nach Ovids Metamorphosen für die Torre de Parada in Madrid – und Jacob Jordaens (Saal 57) mit "Satyr und Bauer" sowie "Allegorie auf die Fruchtbarkeit", eines seiner Hauptwerke. Hinzu kommen weitere Künstler der holländischen und auch flämischen Malerei wie David Teniers ("Flämische Kirmes"), Frans Hals, Nicolaes Maes, Jan Steen und natürlich Rembrandt, von dem das Museum allerdings nur wenige und vor allem keine überragenden Werke besitzt.
Die übrigen Räume auf dieser Ebene sind mit Beispielen der französischen, spanischen und italienischen Malerei des 14.–18. Jh.s belegt, so von George de la Tour, Claude Lorrain, Francisco Ribera, Tintoretto und von Tiepolo.

Erster Stock, Anbau

Im zum Palais de Charles de Lorraine gehörenden Anbau auf Ebene des ersten Stocks sind die wertvollsten Schätze des Museums zu sehen: die hervorragende Sammlung altflämischer Meister. Hier führt der Gang vorbei am Meister von Flémalle ("Verkündigung"), Rogier van der Weyden ("Portrait Laurent Froimont", "Pietà"), Dirk Bouts mit einem seiner Hauptwerke ("Gerechtigkeit des Kaisers Otto"), Hans Memling ("Martyrium des hl. Sebastian"), Hieronymus Bosch ("Kalvarienberg") über Quentin Metsys, Gerard David und Bernaert van Orley schließlich zu Pieter Bruegel d.Ä. (Saal 31), dessen Gemälde der Stolz des Museums sind: "Der Sturz der Engel", "Volkszählung zu Bethlehem", "Anbetung der Könige", "Winterlandschaft", "Der Gähnende" und vor allem "Der Sturz des Ikarus" (→ Abb. S. 24).
Die frühe deutsche Malerei ist u.a. mit Lucas Cranachs "Portrait des Dr. Scheyring" und "Venus und Amor" vertreten.

Musées Royaux des Beaux-Arts (Fortsetzung)

Moderne Kunst

Der Gang durch die Sammlung moderner Kunst ist auch aus architektonischer Sicht ein Erlebnis. Bei den Neuerwerbungen beginnend, wandert man immer tiefer durch die um den Lichtschacht gruppierten Ausstellungsräume hinab und begegnet zunächst den Fauvisten Rik Wouters ("Flötenspieler"), Auguste Oleffe und Jean Brusselmans; auf Kubismus, Futurismus und Expressionismus folgt dann der Surrealismus, bestens vertreten mit den geheimnisvollen Bildern von Paul Delvaux und einer großen Anzahl von Werken von René Magritte, bis schließlich mit der untersten Ebene die Ausstellungen mit den jüngsten Strömungen in der Kunst erreicht sind.

Paul Delvaux
René Magritte

Skulpturen und Zeichnungen

Die reiche Skulpturensammlung des Museums vermittelt einen Einblick in das bildhauerische Schaffen des 17.–20. Jahrhunderts. Besonders gut ausgestellt ist das 19. Jh. mit Arbeiten von Godecharle, Geefs, Meunier, Rodin, De Vigne, Minne u.a. Wichtige Arbeiten des 20. Jh.s stammen aus den Händen von Bourdelle, Maillol, Wouters, Arp, Marini, Jespers, Moore, Zadkine, Richier, Laurens und Schöffer. Im Herbst 1990 ist ein hübscher Skulpturengarten hinzugekommen, den man allerdings leicht übersehen kann. Sein Eingang befndet sich am Ende des Museumsbaus in der Rue de la Régence Richtung Justizpalast.
Die große Sammlung von Zeichnungen umfaßt Arbeiten, die von Bruegel d.Ä. über Rembrandt, Jordaens und van Gogh bis van Ostade, Spranger und Dotremont reichen.

NATO-Hauptquartier

außerhalb

Lage
Evere,
Av. Léopold III

Bus
65

Seit dem Austritt Frankreichs aus dem gemeinsamen militärischen Kommando im Jahr 1967 ist Brüssel Sitz der politischen Zentrale der NATO (North Atlantic Treaty Organization; franz. Organisation du Traité de l'Atlantique Nord = OTAN), des 1949 geschlossenen atlantischen Verteidigungsbündnisses, dem Belgien, Dänemark, die Bundesrepublik Deutschland, Frankreich, Island, Italien, Luxemburg, Kanada, die Niederlande, Portugal, Norwegen, Spanien, Griechenland, die Türkei, Großbritannien und die USA angehören. Die Mitgliedsländer sind in Brüssel durch die NATO-Botschafter vertreten. Höchstes politisches Gremium der Allianz ist der NATO-Rat, der mindestens einmal wöchentlich auf der Ebene der Botschafter zusammentritt und vom Generalsekretär, dem höchsten zivilen Beamten des Bündnisses, geleitet wird. Ihm steht ein internationaler Stab zur Seite, dem Sachverständige aus allen Mitgliedsstaaten zuarbeiten. Arbeitsvorbereitungen erfolgen in 15 zivilen Ausschüssen und einem mächtigen Militärausschuß mit seinen diversen Kommandobereichen. Im Militärausschuß treffen sich die Stabschefs der Mitgliedstaaten. Dieser Ausschuß, dem etwa 350 Offiziere und Beamte aus den Mitgliedstaaten zuarbeiten, gibt den obersten alliierten Befehlshabern Richtlinien und Weisungen. Das Hauptquartier des NATO-Oberbefehlshabers wurde 1967 ebenfalls von Paris verlegt und befindet sich seitdem in Casteau bei Mons in Südbelgien.
Insgesamt arbeiten rund 3000 Menschen in der NATO-Siedlung im Nordosten Brüssels. Für Touristen ist eine Fahrt hier heraus allerdings wenig ergiebig, es sei denn, man kommt im Rahmen einer offiziellen Besuchergruppe in den – allerdings wenig aufregenden – Genuß einer Besichtigung. Ansonsten bleiben die Tore der NATO für Normalbürger und Nichtmilitärs verschlossen.

Notre-Dame aux Riches Claires · Rijke Klarenkerk J 10

Die Kirche Notre-Dame aux Riches Claires unweit der Place St-Géry wurde nach Plänen des großen Bildhauers und Baumeisters Luc Fayd'Herbe (1617 – 1697) im italo-flämischen Stil des 17. Jh.s für den Orden der Urbanisten errichtet. Nach einem Brand in den achtziger Jahren wird sie derzeit restauriert; nach Abschluß der Arbeiten wird auch der prächtig mit Broderien und Brüsseler Spitzen ausgeschmückte Altar Notre-Dame des Sept Douleurs mit seiner Pietà aus dem 16. Jh. wieder zu sehen sein. Er gehörte ursprünglich der während der Französischen Revolution zerstörten Kirche St-Géry.

Lage
Rue des Riches Claires

Prémétro-Station
Bourse (23, 52, 55, 56, 81)

Place St-Géry

Von der Kirche kommt man nach wenigen Schritten zur nördlich gelegenen Place St-Géry, in deren Mitte die zu neuem Leben erweckte Markthalle von 1881 mit Cafés und Boutiquen aufwartet. Diese Art der Luxussanierung beginnt sich allerdings auch auf die Umgegend auszuwirken, mit den üblichen Folgen: Die 'kleinen Leute' ziehen aus, die Yuppies kommen nach.

* Notre-Dame de la Chapelle · Kapellekerk K 8

Die Kirche Notre-Dame de la Chapelle liegt am Beginn der Rue Haute, der Hauptstraße des unmittelbar benachbarten, volkstümlichsten Viertels von Brüssel, des ⟶ Quartier des Marolles. Schon zu ihrer Gründungszeit lebten hier viele geschäftige Händler und Handwerker, und so war sie durch die Jahrhunderte und ist sie noch heute eines der populärsten Gotteshäuser Brüssels. Die Kirche hat in ihrer Baugeschichte viel Gemeinsames mit der Kathedrale ⟶ St-Michel und zeigt auch dieselben Merkmale typisch Brabanter Gotik, sowohl in ihrer äußeren Erscheinung als auch in der Gestaltung des Innenraums. Der Bau wurde an der Stelle einer 1134 von Gottfried I., Herzog von Brabant, gegründeten romanischen Taufkapelle um 1190 begonnen. Chor und Querschiff sind noch im romanisch-gotischen Übergangsstil, das Langhaus wurde 1421 – 1483 in rein gotischen Formen ausgeführt; der von einer barocken Haube gekrönte Turm wurde erst 1699 beendet.

Lage
Place de la Chapelle

Tram
92, 93, 94

Öffnungszeiten
wegen Restaurierungsarbeiten z. Z. nur zu Messen zugänglich

Außenansicht

Beim Gang um die Kirche entdeckt man an der Südseite in dem zwischen Chor und Querschiff gelegenen Anbau der Chapelle St-Croix mit seinem romanischen Rundtürmchen den ältesten Teil der Kirche. Amüsant ist das Studium der grimassenschneidenden Köpfe am Fries des Südportals und über den Stützmauern des Chors sowie der Wasserspeier.

Innenraum

Im Innern der Kirche beeindruckt zunächst das 1434 geweihte Hauptschiff mit seinen kräftigen Säulen und dem zierlichen spätgotischen Triforium. Die Apostelfiguren (17. Jh.) auf den Säulen stammen wie in der Kathedrale St-Michel überwiegend von den Bildhauern Jérôme Duquesnoy und Luc Fayd'Herbe, die holzgeschnitzte Kanzel (Anfang 18. Jh.) von Pierre-Denis Plumier. Fenster und Wandmalereien im romanisch-gotischen Chor (12./13. Jh.) sind im 16. Jh. gefertigt worden. Links vom Chor ist Mitte des 17. Jh.s die Chapelle du St-Sacrement angebaut worden. Ihren Zugang teilt ein Pfeiler mit dem Grabdenkmal für den 1624 von seinem Pagen ermordeten Charles-Alexandre, Duc de Croy. An der Rückseite erinnert eine 1834 angebrachte Gedenktafel an Frans Anneessens, der in der Kirche bestattet ist, ohne daß seine genaue Grabstätte bekannt ist. Die Chapelle du St-Sacrement birgt u.a. das prächtige Marmorgrab der Familie Spinola (18. Jh.) von Pierre-Denis Plumier und Jean-André Anneessens.

Chapelle du St-Sacrement

In den Kapellen der spätgotischen Seitenschiffe finden sich zahlreiche Kunstwerke, darunter einige hervorragende religiöse Bilder (17. Jh.) sowie in der zweiten Kapelle rechts die schöne holzgeschnitzte Gruppe der hl.

Notre-Dame de la Chapelle (Fortsetzung)
*Grab von Pieter Bruegel d. Ä.

Anna mit Maria und dem Kind (1611). In der anschließenden Kapelle (Chapelle de la Notre-Dame du Rosaire) ist der große Maler Pieter Bruegel d. Ä. (⟶ Berühmte Persönlichkeiten) begraben, der im nahen Marollenviertel gelebt hat. Das Marmorepitaph wurde von seinem Sohn Jan, dem sogenannten 'Sammetbruegel' geschaffen; darüber die Kopie eines Gemäldes von Rubens ("Christus überreicht Petrus die Himmelsschlüssel"), dessen Original im Jahr 1765 in Amsterdam verkauft wurde. Rahmung sowie Inschrift des Bildes stammen von Bruegels Enkel David Teniers III. In der zweiten Kapelle des linken Seitenschiffs steht die vielverehrte, von der spanischen Infantin Isabella zu Beginn des 17. Jh.s nach Brüssel gebrachte Madonnenfigur 'Nuestra Señora de la Soledad', die 'Madonna der Einsamkeit'.

Notre-Dame de Laeken · Onze Lieve Vrouw te Laeken K 15

Lage
Parvis Notre-Dame am Ende der Av. de la Reine

Métro-Station
Bockstael (1 A)

Tram
81, 94

Der Bau der mächtigen neogotischen Kirche Notre-Dame de Laeken wurde 1851 von König Léopold I. anläßlich des Todes seiner Frau Louise-Marie von Orléans als Grabstätte für die belgische Königsfamilie zum Wettstreit ausgeschrieben, den der junge, später als Architekt des ⟶ Palais de Justice berühmt gewordene Joseph Poelaert gewann. Die Grundsteinlegung erfolgte 1854, die Weihe 1872. Fassade, Portale und Vollendung des Hauptturms sind ein Werk des Münchener Architekten von Schmidt. Die Innenausstattung ist weniger interessant, da meistens aus dem 19. Jh.; Ausnahme ist die als 'Notre-Dame de Laeken' bekannt gewordene und sehr verehrte Madonnenstatue auf dem Hochaltar, die wahrscheinlich im 13. Jh. geschaffen worden ist.

Krypta

Hinter dem Hauptaltar befindet sich die Krypta mit den königlichen Gräbern. Der Zugang ist nur von der Avenue du Parc Royal möglich; sie ist wie die Kirche nur an jedem ersten Sonntag von April bis Oktober, 15.00 – 17.00 Uhr und zudem an den Todestagen von König Albert I. (17. Februar.), König Léopold III. (25. September) und Königin Astrid (1. November) geöffnet.

Friedhof

Auf dem angrenzenden, Ende des 18. Jh.s angelegten Friedhof sind bedeutende belgische Persönlichkeiten begraben, darunter Brüsseler Bürgermeister, die Architekten Joseph Poelaert und Alphonse Balat, der Schriftsteller Michel de Ghelderode und die Sängerin Marie Felicité Garcia, genannt Malibran, für deren Grab der französische Dichter Lamartine die Verse geschrieben hat. Das Grab des Kunstkritikers Jef Dillens ist mit Rodins "Denker" geschmückt. Auf dem Friedhof steht noch der Chor der alten Kirche von Laeken aus dem 13. Jh., ein interessantes Beispiel reinen frühgotischen Stils.

Notre-Dame du Bon Secours · Onze Lieve Vrouw van Bijstand J 10

Lage
Rue du Marché au Charbon

Métro-Station
Ste-Catherine (1 A, 1 B)

Die Kirche Notre-Dame du Bon Secours an der Rue du Marché-au-Charbon (Kohlenmarkt) ist eines der schönsten Bauzeugnisse der flämischen Renaissance in Brüssel. Das Gotteshaus wurde zwischen 1664 und 1694 anstelle einer ehemaligen Spitalkirche errichtet. Ungewöhnlich ist der kuppelgekrönte Hauptturm auf sechseckigem Grundriß, an den sich drei Apsiden anschließen. Auf dem 1705 nach einer Vorlage von Jean-Pierre van Baurscheit geschaffenen Hochaltar steht eine viel verehrte Marienstatue aus dem 16. Jahrhundert.

Auf dem Friedhof von Notre-Dame de Laeken ist manche Berühmtheit begraben. ▶

LOUISA VAN LAETEN
1919 — 1979
ACHILLE
EPOUX

*Notre-Dame du Sablon · Onze Lieve Vrouw op de Zavel L 8

Lage
Rue de la Régence/ Place du Grand Sablon

Tram
92, 93, 94

Die Kirche Notre-Dame du Sablon (Unsere Liebe Frau vom Sand) ist einer der schönsten spätgotischen Sakralbauten Belgiens. Das eindrucksvolle Gotteshaus erhebt sich zwischen zwei von der Moderne noch wenig berührten Plätzen, dem ⟶ Grand Sablon und dem ⟶ Petit Sablon, und bildet mit seiner Umgebung eine einzigartige architektonische Einheit. Bereits 1304 errichtete die Gilde der Armbrustschützen an diesem Platz inmitten von Sand und Morast ein Bethaus. Im Pestjahr 1348 raubte die fromme Antwerpenerin Baert Soetens, nachdem ihr in einer Vision die Jungfrau Maria dies befohlen hatte, aus einer dortigen Kirche eine Marienstatue und transportierte sie in einer Barke über Schelde und Senne zur Kapelle der Armbrustschützen am Sablon. Bald wurden dieser Statue Wunderkräfte nachgesagt, und so entschloß sich die Armbrustschützengilde zu Beginn des 15. Jh.s, aus ihrer Kapelle ein repräsentatives Gotteshaus zu machen. Der Chor war ca. 1435, Haupt- und Seitenschiffe nach einigen Unterbrechungen im 16. Jh. vollendet.

Blick vom Petit Sablon hinüber zur Notre-Dame du Sablon

Auf die Marienverehrung geht Brüssels bedeutendstes Fest zurück: Es hatte sich der Brauch eingebürgert, daß der Herzog und sein ältester Sohn die Marienstatue in großer Prozession um die Kirche trugen. Daraus entwickelte sich die Tradition des heute noch alljährlich im Juli auf der ⟶ Grand' Place zelebrierten 'Ommegangs'.

Äußerer Skulpturenschmuck

Der gesamte Skulpturenschmuck an den Portalen (Auferstehung Christi und Christus als Weltenrichter) und in den Nischen (belgische Heilige) stammt aus dem 19. und 20. Jahrhundert.

Innenraum

Der eher düstere, fünfschiffige Innenraum ist reich an Kunstwerken, auch wenn die Bilderstürmer 1580 einige der schönsten zerstört haben, darun-

Notre-Dame du Sablon, Innenraum (Fortsetzung)

ter die berühmte Marienstatue. Die besonders bei nächtlicher Beleuchtung zur Geltung kommenden Glasfenster stammen ebenfalls aus dem 19. und 20. Jahrhundert.
Besondere Beachtung sollte dem Chor geschenkt werden, der den ältesten Teil der Kirche darstellt. Hier sieht man Reste von Wandmalereien aus dem Jahr 1435 mit verschiedenen Heiligendarstellungen; um dieselbe Zeit sind auch die schön skulptierten Ecksteine entstanden. Rechts vom Chor befindet sich die 1690 erbaute Chapelle du St-Maclou, links vom Chor die in Marmor gehaltene Grabkapelle der Familie Thurn und Taxis, 1651 von Luc Fayd'herbe begonnen. Hier ist Lamoral Franz von Thurn und Taxis in einem von van Beveren geschaffenen Grabmal (1678) begraben, gegenüber befindet scih das Grabmal seiner Frau. Im hinteren Teil der Kapelle erkennt man eine Statue der hl. Ursula, die Jérôme Duquesnoy d. J. gestaltet hat. Den Platz vor der Kapelle nimmt die im 17. Jh. als Ersatz für die 1580 zerstörte Skulptur gefertigte Marienfigur ein, reich gekleidet und in einer Barke stehend. Weiterhin bemerkenswert sind die Apostelfiguren (1641 – 1646) von De Lelis an den Säulen des Hauptschiffs und die holzgeschnitzte Kanzel von Maarten De Vos (1697); unter den Gemälden sei auf die "Auferstehung Christi" (1592) von Michel de Coxie links vom Eingang hingewiesen. In den Seitenkapellen findet man noch manch schönes Marmorgrabmal.

Palais d'Egmont · Egmontpaleis — L 8

Lage
Petit Sablon 8

Tram
92, 93, 94

Am oberen Ende der Parkanlage des → Petit-Sablon erhebt sich das Palais Arenberg oder Palais Egmont, das sich heute – nach erheblichen Umbauten, die es im Laufe seines Bestehens erlebte – als schönes Beispiel klassizistischer Architektur zeigt.
Die Prinzessin von Gavre, Witwe des Grafen Jean de Egmont, hatte hier im Jahre 1532 das erste Stück Land gekauft, um ein Stadtpalais zu errichten, das unter dem Namen 'Kleines Egmont-Palais' bekannt wurde. Durch ständigen Zukauf benachbarter Grundstücke erweiterte die Familie es allmählich zum 'Grand Hôtel d'Egmont'. Nach der Verurteilung und Enthauptung des Grafen Lamoraal Egmont im Jahr 1568 wurden die Gebäude durch den spanischen König beschlagnahmt, kehrten später aber in den Besitz der Familie zurück. Im Laufe der Jahrhunderte erfuhr das mehrfach von Bränden heimgesuchte Palais Wiederaufbauten und auch Veränderungen im Innern, am einschneidendsten waren die Umbauten im 18. und 19. Jahrhundert. Nachdem die Familie Arenberg-Egmont den Besitz aufgegeben hatte, erwarb die Stadt Brüssel im Jahre 1918 das Palais, das seit 1964 dem belgischen Staat gehört und nun vom Außenministerium für internationale Empfänge und Konferenzen genutzt wird.
Zu den illustren Gästen, die im Palais wohnten, zählten Königin Christine von Schweden, die hier nach ihrer Abdankung acht Monate des Jahres 1654 verlebte und in dieser Zeit zum Katholizismus übertrat, Ludwig XV. und der französische Philosoph Voltaire.
Eine Besichtigung des Palais ist für Normalbürger nur durch die Gitterstäbe des Portals an der Rue des Laines möglich, von wo man in den Empfangshof mit dem ältesten Gebäudeteil im Hintergrund (Ende 16. Jh.) blikken kann. Wer die Ehre hat, vom belgischen Außenminister eingeladen zu werden, lernt auch die prächtigen Innenräume kennen, vor allem die meisterhafte Marmortreppe des rechten Flügels, eine Nachbildung der Gesandtentreppe im Schloß von Versailles.

Garten

Hinter dem Gebäude erstreckt sich ein Garten, der heute teilweise für die Öffentlichkeit als Park freigegeben ist. Seine Eingänge befinden sich an Rue du Grand Cerf und am Boulevard de Waterloo.
Beachtenswert sind die aufgestellten Statuen und zwei Bronzen; eine davon ist eine Kopie der "Peter Pan"-Skulptur in den Kensington Gardens in London.

C.B.T.

*Palais de Justice · Justitiepaleis K 7/8

Lage
Place Poelaert

Métro-Station
Louise (2)

Tram
92, 93, 94

Öffnungszeiten
Mo. – Fr.
9.00 – 16.00

Nicht das Atomium, nicht die Kathedrale St-Michel und auch nicht das Rathaus ist das Brüssel beherrschende Gebäude – es ist der monströse Justizpalast, der, einer Stein gewordenen Drohung gleich, seinen Schatten über die darunter sich duckenden Häuser des ⟶ Quartier des Marolles wirft. Das war, will man dem Volksmund glauben, auch die Absicht von König Léopold II., als der Bau beschlossen wurde, wollte er doch gerade den renitenten und nicht gerade gesetzestreuen Marolliens tagtäglich vor Augen führen, wo sie enden würden, sollten sie sich nicht bessern. Auf jeden Fall steht der Palast auf dem mittelalterlichen Galgenberg, von wo sich Andreas Vesalius, der Begründer modernen Anatomie (⟶ Berühmte Persönlichkeiten, S. 37), nachts heimlich die Leichen der Gehenkten holte, um sie zu sezieren.
Der Justizpalast wurde in den Jahren 1866 bis 1883 nach Plänen des dafür heftig gescholtenen Joseph Poelaert (1817 – 1879) mit einem Kostenaufwand von über 50 Mio. bfrs errichtet. Es ist der größte Monumentalbau des 19. Jh.s, ein Stilkonglomerat mit einer Fläche von 26 000 m², noch gewaltiger als die Peterskirche in Rom mit 15 160 m². Tritt man durch das 10,5 m hohe Eingangstor, befindet man sich in der 42 m hohen 'Salle des Pas-Perdus', dem Saal der verlorenen Schritte, über dem die Kuppel bis auf 104 m Höhe ansteigt. Wer sich weiter in das Labyrinth der 27 Verhandlungssäle und 245 Räume wagt, wird verstehen, warum der amerikanische Regisseur Orson Welles hier Kafkas "Prozeß" verfilmen wollte.

Place
Poelaert

Vor dem Palast öffnet sich Brüssels größter Platz, die Place Poelaert, die allerdings meistens völlig zugeparkt ist. Von der Terrasse hinter dem Infanteriedenkmal von 1935 genießt man einen guten Überblick über Brüssel.

*Palais de la Nation · Paleis der Natie L/M 9/10

Lage
Rue de la Loi 16

Métro-Station
Parc (1 A, 1 B)

Tram
92, 93, 94

Direkt gegenüber vom Nordausgang des ⟶ Parc de Bruxelles nimmt das Palais de la Nation die gesamte Länge dieses Abschnitts der Rue de la Loi entlang des Parks ein. Das Palais entstand von 1779 bis 1783 nach Entwürfen des französischen Baumeisters Barnabé Guimard im Stil des Klassizismus und war als Sitz des Kanzlers von Brabant und des Generalrats der Brabantischen Stände vorgesehen. Bis 1789 hatte es diese Funktion auch inne, diente danach der Justiz und war unter holländischer Herrschaft Sitz der Generalstände der Niederlande. Seit der Gründung des Königreichs Belgien ist es Sitz der belgischen Abgeordnetenkammer und des Senats.
Die Schauseite des Palastes liegt in einer Achse mit derjenigen des ⟶ Palais Royal. Das von acht ionischen Säulen getragene Giebelfeld ziert ein Relief von Gilles-Lambert Godecharle: Die thronende Justitia, umgeben von der Beständigkeit und der Religion, belohnt die Tugenden, die die Weisheit zu ihr führt, während die Macht den Fanatismus verjagt.

Palais des Académies · Akademiënpaleis M 8/9

Lage
Place des Palais

Métro-Station
Trône (2)

Am Ostende der Place des Palais, dem großen Platz vor dem ⟶ Palais Royal, liegt das von einem prächtigen Garten umgebene Palais des Académies, Sitz der Académie Royale des Sciences, des Lettres et des Beaux-Arts (Akademie der Wissenschaften, Literatur und Schönen Künste) und der Académie de Médecine.

◀ *Am Ende der Rue de la Régence dräut Justitia in Gestalt des Palais de Justice.*

Palais des Académies (Fortsetzung)

Nachdem 1820 das Palais des Prinzen von Oranien, Teil des Komplexes des heutigen Palais de la Nation an der Rue de la Loi, vom Feuer zerstört worden war, beschloß man, dem jungen, sehr populären Prinzen eine prunkvolle Residenz anzutragen. Der Architekt Charles van der Straeten entwarf die entsprechenden Pläne, Tielman-François Suys verwirklichte sie, und der Prinz stattete die Räume luxuriös aus: mit Parkett aus exotischen Edelhölzern, mit kostbarem Marmor, mit Tischen aus Lapislazuli und mit feinsten Seidentapeten. Nach der Revolution von 1830 kehrte der Prinz nach Holland zurück, und seine gesamte zurückgebliebene Habe wurde bis 1842 unter Zwangsverwaltung gestellt. In diesem Jahr erhielt er seinen Besitz zurück, trat jedoch das Palais an den belgischen Staat ab. Im Jahre 1860 restaurierte man das Palais und richtete dort das inzwischen verlagerte Museum für Moderne Kunst ein. 1872 wurde es Sitz der von Kaiserin Maria Theresia gegründeten Akademie.

Palais des Beaux-Arts · Paleis voor Schone Kunsten — L 9

Lage
Rue Ravenstein

Métro-Stationen
Gare Centrale, Parc (1 A, 1 B)

Tram
92, 93, 94

Das Palais des Beaux Arts ist eines der großen kulturellen Zentren der belgischen Hauptstadt. Der umfangreiche Baukomplex wurde in den zwanziger Jahren unseres Jahrhunderts nach Plänen von Victor Horta, dem führenden Vertreter der belgischen Jugendstil-Architektur, errichtet. Er nutzte die von ihm nicht geliebte Hanglage durch die Gestaltung verschiedener Raumebenen sehr geschickt aus und schuf ein Raumangebot für verschiedenste Anlässe. Glanzvolle Konzerte können hier ebenso abgehalten werden wie Theaterabende, Konferenzen und Ausstellungen. Herzstück ist der für seine hervorragende Akustik bekannten Saal 'Henry Le Bœuf', der 2200 Besuchern Platz bietet. Das Palais beherbergt außerdem die Büros einiger wichtiger kultureller Institutionen (u. a. Concours Musical Reine Elisabeth, Société Philharmonique de Bruxelles, Europalia).

Musée du Cinéma

Auch das Musée du Cinéma (Kinomuseum; Eingang Rue du Baron Horta 9; Programmansage Tel. 5 07 83 70) ist im Palais des Beaux-Arts untergebracht. Ein besonderer Leckerbissen sind die allabendlich zweimal in der Stummfilmabteilung gegebenen Vorstellungen mit Pianobegleitung (Öffnungszeiten: tgl. 17.30 – 22.30 Uhr; Eintrittsgebühr).

Palais du Cinquantenaire

→ Parc du Cinquantenaire

*Palais Royal · Paleis van de Koning — L 8

Lage
Place des Palais

Métro-Stationen
Trône, Parc (1 A, 1 B)

Tram
92, 93, 94

Das bedeutendste Bauwerk im Quartier Royal ist das Palais Royal (auch Palais du Roi), in dem der belgische König zwar nicht residiert – dies tut er im → Château Royal de Laeken – jedoch Empfänge und Festlichkeiten abhält. Ist der König anwesend, weht die belgische Trikolore auf dem Palast. Dieser steht an der Stelle der 1731 abgebrannten alten Herzogsschlosses und entstand aus zwei einst durch eine Straße getrennten Stadtpalais des 18. Jh.s, die 1827 bis 1829 durch einen portikusartigen Mittelbau verbunden wurden, nachdem der holländische König Wilhelm I. Regent der Vereinten Niederlande geworden war und in Brüssel seinen Sitz genommen hatte. Die Pläne für diesem Umbau stammen von Charles van der Straeten, ausführender Architekt war Tielman-François Suys. Seine endgültige Gestalt erhielt der Palast durch König Léopold II., der ihn ab 1904 – mit dem Geld aus seiner Privatkolonie Kongo – vergrößern und von Henri Maquet mit einer Fassade im Louis-XVI-Stil versehen ließ. Er fügte

Geschichtea (Fortsetzung)

die Seitenpavillons, die Kuppel und das Giebelfeld über dem Portikus an, das eine von Thomas Vinçotte geschaffene Allegorie auf Belgien trägt.

Innenräume

Die Innenräume sind prächtig mit Möbeln, böhmischen Kristallüstern und wertvollen Gemälden im Stil des 19. Jh.s ausgestattet. Sie werden im Sommer für Besucher geöffnet (i.d.R. Ende Juli – Anfang/Mitte September, Di. – Fr. 9.30 – 15.30 Uhr).

Wachablösung

Täglich um 14.30 Uhr findet, begleitet von einem Trompeter, die Wachablösung statt.

Hôtel de Bellevue

Der Pavillon am Westende des Palais Royal wurde erst im Zuge der Umbaumaßnahmen unter Léopold II. in den Palast integriert. Er ist im 18. Jh. als Hôtel de Bellevue erbaut worden und beherbergte viele prominente Zeitgenossen: der Prinz von Condé, Jérôme Bonaparte, Honoré de Balzac, Fürst Metternich und Franz Liszt sind nur die schillerndsten unter ihnen. Auch der spätere König Léopold III. und seine Frau Astrid wohnten hier. Heute sind im Pavillon drei Museen untergebracht.

Musée de l'Hôtel de Bellevue

Das Musée de l'Hôtel de Bellevue ist eine Zweigstelle der Königlichen Museen für Kunst und Geschichte (→ Parc du Cinquantenaire). In verschiedenen Sälen zeigt es Aspekte adligen und großbürgerlichen Lebens aus dem 18. und 19. Jh. – u.a. Tischdekoration, Spiel und Jagd – bzw. bestimmter Epochen wie die Zeit Ludwigs XV. oder das napoleonische Kaiserreich und präsentiert dabei seinen reichen Schatz an Tafelsilber, Kristall und Möbeln (Öffnungszeiten: Mo. – Do., Sa., So. 10.00 – 16.45 Uhr).

Musée du Cœur-Boyadjian

Dieses Museum ist eine sehr außergewöhnliche Sammlung, zeigt es doch Darstellungen des menschlichen Herzens aller Art und aller Zeiten, die der Herzchirurg Boyadijan gesammelt hat (Öffnungszeiten s.o.).

Musée de la Dynastie

Das Musée de la Dynastie schließlich befaßt sich mit der Geschichte des belgischen Königshauses, wobei jedem Regenten ein eigener Saal gewidmet ist (Öffnungszeiten: Mo. – Do., Sa., So 10.00 – 16.00 Uhr).

Die Trikolore weht über dem Palais Royal: Der König ist anwesend.

*Parc de Bruxelles · Park van Brussel L /M 9

Lage
Zwischen Palais Royal und Palais de la Nation

Métro-Station
Parc (1 A, 1 B)

Tram
92, 93, 94

Gegenüber dem Königspalast erstreckt sich der Parc de Bruxelles, die gern aufgesuchte Oase der Ruhe im Zentrum Brüssels. Der Park wurde von 1776 an auf dem Gelände der brachliegenden Gärten des abgebrannten Herzogsschlosses nach Plänen von Barnabé Guimard angelegt. Auch Joachim Zinner, der Gartenbaumeister des Wiener Hofs, arbeitete an der Gestaltung mit. Sie schufen eine geometrische Gartenanlage, die von der vom Palais Royal im Süden zum Palais de la Nation im Norden laufenden Hauptachse und zwei diese im rechten Winkel kreuzenden Wege geteilt wird. Vor dem Nordausgang liegt das Große Bassin – ursprünglich Standort eines Obelisken zu Ehren der Kaiserin Maria Theresia – von der zwei große Diagonalwege in die Südost- bzw. Südwestecke abgehen.
Von den Skulpturen im Park seien nur die Darstellungen griechischer Götter und Sagengestalten aus dem 18. und 19. Jh. rund um das Große Bassin erwähnt sowie die Bronzebüste des Zaren Peter des Großen am ehemaligen Wasserbecken rechts vom Eingang gegenüber dem Palais du Roi. Sie wurde 1854 von Prinz Demidoff aus St. Petersburg hierhergebracht und an jenem Becken aufgestellt, in das hinein sich der Zar bei seinem Besuch im Jahr 1717 nach einem zu üppigen Mahl hatte übergeben müssen. Die Inschrift erinnert daran: "Peter Alexander Zar von Moskau und Großherzog, am Rande dieses Brunnens sitzend, hat dessen Wasser am 16. April 1717 um drei Uhr nachmittags durch den Wein geadelt, den er getrunken hat". Ein wesentlich bedeutenderes historisches Ereignis waren allerdings die Kämpfe, die sich die revoltierenden Belgier 1830 mit holländischen Soldaten im Park lieferten.

Théâtre Royal du Parc

In der Nordostecke des Parc de Bruxelles steht das Théâtre Royal du Parc aus dem Jahre 1782. Es bestand damals aus einem Theatersaal, einem Ballsaal und einem Café. Heute ist es eines der klassischen Schauspielhäuser der belgischen Hauptstadt (→ Abb. S. 213).

*Parc du Cinquantenaire · Jubelpark O/P 8/9

Lage
Etterbeek ($2^1/_2$ km östlich des Zentrums)

Métro-Stationen
Schuman, Merode (1 A, 1 B)

Der 38 ha große Parc du Cinquantenaire wurde 1875 anläßlich der bevorstehenden 50-Jahr-Feier des Belgischen Königreiches auf einem ehemaligen Exerzierplatz östlich oberhalb der Stadt geplant, um der zu diesem Anlaß vorgesehenen Nationalausstellung einen würdigen Rahmen zu geben. Die ersten Gebäude waren 1880 fertiggestellt. Der heute riesige Komplex der Ausstellungshallen ist eingebettet in eine nach französischen und englischen Vorbildern gestaltete Parklandschaft, in der einige Skulpturen und kleinere architektonische Elemente verteilt sind. So findet man im Südteil des Parks u. a. die Skulptur "Der Schnitter" von Constantin Meunier und einen von Henri Beyaert geschaffenen Turm, mit dem die Vielseitigkeit des Tournai-Steins als Baumaterial bewiesen werden sollte. Weitaus bedeutender allerdings ist der tempelartige Pavillon des Passions Humaines (1889) in der Nordostecke des Parks, eine der ersten Arbeiten von Victor Horta und noch an antik-klassischen Vorbildern orientiert. Er wurde eigens für die Aufnahme des Großreliefs "Passions Humaines" ("Menschliche Leidenschaften") von Jef Lambeaux errichtet, doch nur drei Tage nach dessen Einweihung am ersten Oktober 1897 schon wieder geschlossen: Die für die damaligen Verhältnisse allzu freizügige Darstellung von Nacktheit auf dem 12 m langen und 8 m hohen Relief hatte einen Sturm moralischer Entrüstung ausgelöst. Auch heute noch wird der Pavillon nur auf Anfrage in den Königlichen Museen für Kunst und Geschichte und auch nur bei begründetem Interesse geöffnet.

Pavillon des Passions Humaines

◀ *Hinter dem Großen Bassin des Parc de Bruxelles sieht man das Palais de la Nation.*

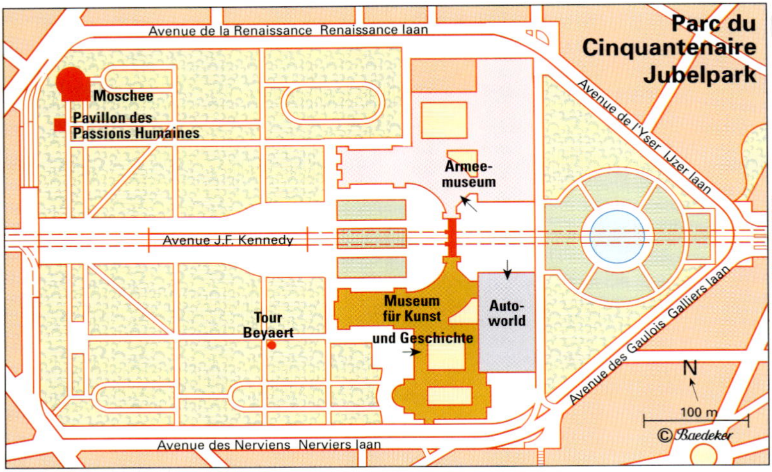

Grande Mosquée

Nahebei steht die Große Moschee von Brüssel, 1880 von Ernest van Humbeek erbaut. Sie barg eine der Attraktionen der Weltausstellung von 1897, eine 114 m lange und 14 m hohe Leinwand mit einem gemalten Panorama von Kairo. Seit 1978 dient das Gebäude als Moschee und Sitz des Islamischen Kulturzentrums. Das Panorama allerdings kann nicht besichtigt werden, denn es ist in ein Museumsdepot gewandert.

Das Palais du Cinquantenaire mit seinem Triumphbogen ...

Palais du Cinquantenaire

Ausstellungshallen

Herzstück des Parks ist der Palais du Cinquantenaire, ein Baukomplex von monumentaler Größe, der nach den Vorstellungen von Gédéon Bordiau als eine Aufeinanderfolge von Ausstellungshallen gedacht worden war. In seiner Ausdehnung allerdings ist der Komplex das Ergebnis jahrzehntelanger Bautätigkeit, die erst 1930 ihren endgültigen Abschluß gefunden hat. Ältester Teil ist heute die 1880 konstruierte Hall Bordiau, die mit ihrer großen Glaswand nördlich des Triumphbogens in den Park vorragt und nun einen Teil der Sammlungen des Königlich Belgischen Heeres- und Geschichtsmuseums beherbergt.
Die großen Ausstellungen fanden allerdings bereits Ende des 19. Jh.s statt: die Nationalausstellung von 1880, der große internationale Wettbewerb der Wissenschaft und Industrie 1888 und die Weltausstellung 1897. Ab Mitte der dreißiger Jahre wurden Messen und Ausstellungen auf dem neuen Messegelände von Heysel (⟶ Atomium) abgehalten; der Palais du Cinquantenaire wurde dadurch endgültig für die teilweise schon früher eingezogenen Museen frei.

Triumphbogen

Der die Gebäude verbindende dreifache Triumphbogen war von Beginn an geplant, wurde jedoch nach zahlreichen Schwierigkeiten und erst auf persönlichen Wunsch König Léopolds II. schließlich in den Jahren 1904 und 1905 erbaut. Er ist ein Werk des französischen Architekten Charles Girault und trägt eine attische Bronzequadriga von Thomas Vinçotte und Jules Lagae, die "Brabant, die Fahne Belgiens tragend" darstellt. Am Fuße der Rundbögen verkörpern Frauengestalten die einzelnen belgischen Provinzen (von links nach rechts): auf der Vorderseite Namur, Antwerpen, Lüttich und Luxembourg, auf der Rückseite Limburg, Ostflandern, Westflandern und Hennegau. Vom Triumphbogen schwingen Kolonnaden aus und schließen die Hallen an diesen an. In den Kolonnengängen glorifizieren 36 Mosaiken (um 1920) die Geschichte Belgiens.

... ist das Herzstück des Parks gleichen Namens.

**Musées Royaux d'Art et d'Histoire · Koninklijke Musea voor Kunst en Geschiedenis

Standort
Südflügel des Palais du Cinquantenaire

Öffnungszeiten
Di.–Fr. 9.30–17.00, Sa., So., Fei. 10.00–17.00

Behinderten-service
Rollstuhlverleih

Die Königlichen Museen für Kunst und Geschichte bergen eine Fülle von Kulturzeugnissen aus aller Welt und gehören zu den wichtigsten Museen dieser Art überhaupt. Sie wurden 1835 gegründet und in der → Porte de Hal untergebracht. Teile dieser Sammlungen kamen 1889 in den Nordflügel des Palais du Cinquantenaire, von wo die Antiken 1905 in den Südflügel und 1922 schließlich das gesamte Museum umgelagert wurde. Nach einem Brand im Jahr 1946 ist dieser Flügel neu aufgebaut worden; 1992 gestaltete man das Untergeschoß neu, und auch derzeit sind immer noch Umgruppierungen im Gange, so daß Einschränkungen möglich sind.
Links der Eingangsrotunde kann man im großen Museumsladen Bildbände, Reproduktionen von Kunstwerken des Museums und andere Souvenirs kaufen. Die Sammlungen sind in zwei große Bereiche unterteilt: Der Flügel links der Rotunde widmet sich der Antike, der byzantinischen und christlichen Kunst des Orients sowie außereuropäischen Kulturen; rechts der Rotunde findet man die Sammlungen zur Vor- und Frühgeschichte des belgischen Raums sowie Ausstellungen zum europäischen Kunsthandwerk verschiedener Epochen. Da die Verteilung und Abfolge der verschiedenen Themenbereiche dennoch einigermaßen kompliziert ist, empfiehlt die Museumsleitung mit farbigen Fähnchen ausgewiesene Rundgänge, die die wichtigsten Epochen und Schaustücke berühren.

Blauer Rundgang (Ebene 0)

Der blau ausgewiesene Rundgang im Untergeschoß führt durch die völlig neugestalteten Ausstellungen zur Prähistorie des belgischen Raums (Säle 1 und 2), über die gallo-römische (Säle 3–8) und die merowingische Epoche (Saal 9). Bemerkenswerte Objekte sind das Modell eines jungsteinzeitlichen Dorfes aus dem Hespengau, Goldschmuck aus dem Fürstengrab von Eigenbilzen (ca. 400 v. Chr.), sehr schönes römisches Glas, eine römischen Standartenspitze, merowingische Schmuckstücke und eine sehr eindrucksvolle in-situ-Rekonstruktion von acht bei Harmignies gefundenen merowingischen Gräbern.

Roter Rundgang (Ebene 1)

Der rot markierte Rundgang berührt romanische Kunst und Kunst des Maaslandes (Saal 52), europäisches Kunsthandwerk vom Mittelalter bis zum Barock (Säle 54–71) sowie die Sammlung der Film- und Fotoapparate (Säle 75–107). Die Sammlung romanischer und maasländischer Kunst enthält u. a. eine große Anzahl von Elfenbeinschnitzereien – darunter das sog. Diptychon von Genoels-Elderen sowie zwei Bibeleinbände mit Darstellungen aus dem Neuen Testament (8. Jh.) – weiterhin Metallarbeiten wie das Triptychon von Florennes, Emailarbeiten, darunter das kostbare Reliquienkästchen des Papstes Alexander und der tragbare Altar aus der ostbelgischen Abtei Stavelot (um 1150), schließlich Holzskulp-

◄ *Tragbarer Altar aus Stavelot*

turen, u. a. eine um 1070 entstandene, farbig bemalte Madonnenfigur mit Kind.
Aus der immensen Sammlung europäischen Kunsthandwerks seien nur einige herausragende Stücke erwähnt: das in Brüssel angefertigte Passionsretabel von Claudio Villa und Gentine Solaro (1470 – 1480), ein in Mechelen nach 1550 gearbeitetes Retabel mit der Darstellung Salomos, die Terrakottagruppe "Rast auf der Flucht nach Ägypten" von Fayd'herbe (um 1675), der sehr schöne Fayencefußboden aus der Abtei von Herkenrode und ein silberner Tafelaufsatz in Schiffsform des Augsburger Goldschmieds Matthäus Bair (um 1580). Vor allem aber beeindruckt die Sammlung von Wandteppichen, darunter "Christus im Tempel" (Paris 1370), "Die Schlacht von Roncevaux" (Tournai, 1450 – 1475), eine Serie Brüsseler Teppiche aus dem 16. Jh. ("Verklärung Christi", "Legende Unserer Lieben Frau vom Sablon"; eine Serie von sieben Teppichen mit Jagdmotiven nach Aquarellen von Rubens und Tempesta) und im Narthex "Triumph der Venus" nach Vorlagen eines Schülers von Bernaert van Orley. Kunsthandwerk späterer Zeiten, darunter sehr schöne Jugendstilstücke und eine Rekonstruktion des von Victor Horta entworfenen Brüsseler Kaufhauses Wolfers, findet man in den Sälen 45 – 50.

Elfenbein-Sphinx von Charles van der Stappen (1897)

Die Sammlung der über 300 Film- und Fotoapparate ist eher eine Angelegenheit für Spezialisten. Sie entdecken u. a. die kleinste 16-mm-Kamera der Welt (1928) und den kleinsten Film der Welt (4,75 mm) einschließlich des dazugehörigen Projektors.

Gelber Rundgang (Ebene 2)

Auf dem gelben Rundgang lernt man Glaskunst des 19. und 20. Jh.s, (Galerie auf Ebene 2), europäische Mode und Textilien (Säle 104 und 105), Delfter und andere Keramik (Säle 98 – 103), Spitzen (Saal 106) und Textilien aus dem Nahen Osten (Saal 97) kennen. Herausragende Stücke sind 101 Stücke des Glaskünstlers Maurice Marinot. Glas aus früheren Zeiten ab dem Mittelalter wird in den Räumen der Ebene 0 (um den sog. Klosterhof) ausgestellt. Die Kunst des Spitzenklöppelns wird mit sehr eindrucksvollen Stücken vorgeführt, darunter an erster Stelle die berühmte Bettdecke für die Erzherzöge Albert und Isabella, eine Brüsseler Arbeit von 1599. Eine Seltenheit sind die ägyptischen, koptischen und islamischen Webarbeiten.

Grüner Rundgang (Ebene 1)

Der grün ausgewiesene Rundgang führt in die ozeanische Inselwelt (Säle 37 – 41), zu den nord- und südamerikanischen Kulturen (Säle 27 – 36) und in die Silber- und Metallsammlung (Säle 42 – 44). In letzterer beeindrucken filigran gearbeitete Zunfthumpen aus dem 17. Jh. und Tafelbesteck des 18. Jahrhunderts. Die Amerika-Abteilung besitzt u. a. einen brasilianischen Federmantel aus dem 16. Jh. und schöne Keramikstücke aus präkolumbischer Zeit.

Orangefarbener Rundgang (Ebene 2)

Asiatische Kulturen sind das Thema des orangefarben markierten Rundgangs. Er berührt China und Korea (Säle 79 – 82) sowie Indien und Südostasien (Säle 77, 78 und 83 – 87) und führt u. a. zu einer bemerkenswerten Gruppe von Skulpturen der Khmer (10. – 12. Jh.), einer großen Bronzestatue des Gottes Shiva (12. Jh.), zur Sammlung Clément Huet mit Keramik und Bronzen aus Vietnam von 2500 v. Chr. bis zur Yuan-Periode, zu thailändischer Malerei und Skulpturen, zu Kunstwerken des Buddhismus und Lamaismus aus dem Himalaya und zur Kunst des alten China.

Musées Royaux (Fortsetzung)
Antike

Die Antike nimmt drei galerieartig angeordnete Stockwerke eines Seitenflügels ein, der vom Vestibül nach dem Museumsladen nach links abgeht. Die Säle 14–19 behandeln den Nahen Osten und Persien und zeigen Stücke aus Anatolien, Zypern, Palästina, Mesopotamien, von der arabischen Halbinsel, aus Syrien, Phönizien und Altpersien. Das alte Griechenland ist in den Sälen 108–116 (hauptsächlich Skulpturen und Keramiken), Rom in den Sälen 20, 22–25, 117–122 und 140 dargestellt. In dieser Abteilung bestechen ein großartiges, sehr anschauliches Modell des antiken Rom, auf das man von oben hinabschauen kann und vor allem ein großes Bodenmosaik aus Apamea mit Jagdszenen (5. Jh.). Ägypten wird in den Sälen 123–129 mit Papyri, Wandreliefs, Sarkophagen und Skulpturen vorgestellt.

Präzisionsinstrumente

Diese Sammlung in Saal 26 zeigt u.a. frühe Thermometer und Uhren, Globen und Sphären.

Fahrzeuge

Die Fahrzeugabteilung (Säle 10–13) besitzt u.a. barocke Schlitten, eine Draisine und vor allem eine der bedeutendsten Kutschensammlungen Europas, darunter die Hochzeitskutschen Léopolds I. und Napoléons III.

*Autoworld

Standort
Palais Mondial

Öffnungszeiten
April–Sept.:
tgl. 10.00–18.00;
Okt.–März:
bis 17.00

Eintrittsgebühr

Die 1986 ins Leben gerufene Sammlung 'Autoworld' ist im renovierten Palais Mondial untergebracht, einer imposanten Eisen-Glas-Konstruktion, in der zwischen 1880 und 1905 mehrere große nationale und internationale Ausstellungen stattgefunden haben. Hier wurden zwischen 1902 und 1934 auch die berühmten Brüsseler Auto- und Motorradsalons abgehalten.
Die meisten der im Palais Mondial ausgestellten Fahrzeuge stammen aus den Sammlungen Mahy und De Pauw. Einige Wagen haben Mitglieder des Historical Vehical Club of Belgium sowie des Royal Veteran Car Club of

Die Herzen der Automobilfans schlagen in Autoworld höher.

Autoworld (Fortsetzung)

Belgium bereitgestellt. Die Palette der Fahrzeuge reicht vom Benz-Motorwagen (Nachbau) des Jahres 1886, dem ersten in Belgien gebauten Auto (Vincke von 1895) oder einem Ford T bis zu Luxuskarossen der sechziger Jahre unseres Jahrhunderts. Alle großen Namen der Automobilgeschichte sind vertreten, wobei Automobile aus westeuropäischer und amerikanischer Produktion den größten Teil der Ausstellungsfläche einnehmen. Betagte Modelle von Citroën, Peugeot, Renault, Talbot, Aston-Martin und Alfa Romeo können ebenso bestaunt werden wie luxuriöse Autos von Mercedes-Benz, Daimler, Cadillac und Rolls Royce. Besondere Publikumsmagneten sind Staatskarossen, die von den US-amerikanischen Präsidenten Truman, Roosevelt, Eisenhower und Kennedy benutzt worden sind. Daß Belgien in der Vorkriegszeit eine bedeutende Automobilindustrie besaß, beweisen Wagen der Marken Minerva, Imperia, FN, Germain, Nagant und Vivinius.

Musée Royal de l'Armée et d'Histoire Militaire
Koninklijk Museum van het Leger
en van de Militaire Geschiedenis

1 Österreichische Niederlande
2 Französische Periode
3 Niederländische Periode und belgische Revolution
4 Historischer Saal (1881 – 1914)
5 Militärtechnik
6 Sammlung Titeca
7 Artillerie
8 Vorführsaal
9 Bibliothek

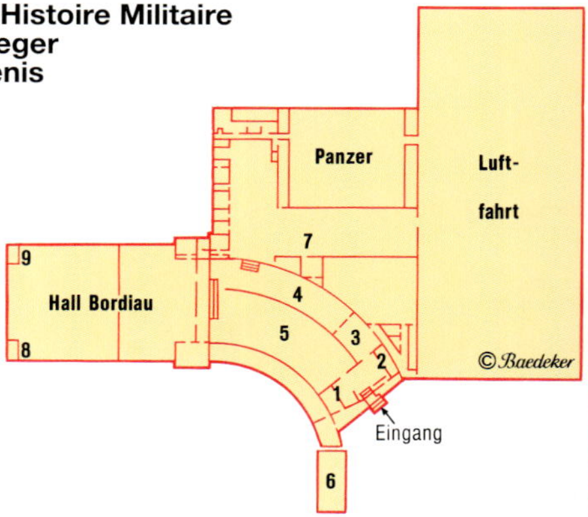

* Musée Royal de l'Armée et d'Histoire Militaire · Koninklijk Museum van het Leger en van de Militaire Geschiedenis

Standort
Nordflügel des Palais du Cinquantenaire

Öffnungszeiten
Di.-So.
9.00 – 12.00 u.
13.00 – 16.45

Eintrittsgebühr

Das 1911 gegründete und seit 1923 am heutigen Ort eingerichtete Königliche Armee- und Militärgeschichtsmuseum will einen Überblick über die wichtigsten militärischen und historischen Ereignisse, soweit sie sich auf dem Boden des heutigen belgischen Königreiches zugetragen haben, vermitteln. Allerdings hat man nach einem Besuch eher den Eindruck, in einer großen Waffensammlung gewesen zu sein, der es an didaktischer Aufbereitung noch fehlt. Das Museum wird derzeit renoviert, so daß neugestaltete, übersichtlich angeordnete Abteilungen neben etwas vernachlässigt wirkenden Sälen stehen. Dies trifft besonders für die riesige Flugzeughalle zu, doch gewinnt diese dadurch auch einen gewissen nostalgischen Reiz. Im wesentlichen sind die Waffen, Geräte und Uniformen unter zwei übergeordneten Gesichtspunkten angeordnet: einerseits nach historischen Abschnitten, andererseits nach Waffentechniken und -typen.
Ein militärgeschichtliches Archiv, eine große Bibliothek, eine Militärkartensammlung sowie eine besonders reichhaltige Photothek können von Interessierten nach Vereinbarung genutzt werden.

Historische Sammlungen

Die ersten Säle nach dem Eingang versammeln Uniformen, Feldzeichen und Kriegsgerät nach historischen Themen: Österreichische Niederlande, Brabantische Revolution, Französische Periode, Holländische Periode und Belgische Revolution sowie Belgien bis zum Ersten Weltkrieg. Die

Musée de l'Armée (Fortsetzung)

Abteilungen Erster und Zweiter Weltkrieg werden in der Hall Bordiau aufgebaut; sie sollen im Lauf des Jahres 1995 eröffnet werden.

Waffentechnische Sammlungen

Die Sammlung Titeca umfaßt militärische Kopfbedeckungen und Musikinstrumente des 19. Jahrhunderts. Die Panzerwagenabteilung (franz. blindés) des Museums gehört ohne Zweifel zu den interessantesten Sammlungen ihrer Art. Herausragende Ausstellungsstücke sind ein MK IV-Churchill-Panzer und ein T 34. Daneben sind noch zahlreiche andere Tanks und Geschütze zu sehen, die im Ersten und Zweiten Weltkrieg zum Einsatz gekommen sind.

Luftfahrtabteilung

Eine große Anzahl sowohl militärischer wie ziviler Originalflugzeuge wird in der großen Luftfahrthalle präsentiert. Die Palette reicht von Jagdflugzeugen des Ersten Weltkriegs wie einer französischen Caudron G III, einer belgischen Nieuport 17, einer englischen Sopwith Camel und einer deutschen Fokker Dr. I über legendäre Flugzeuge des Zweiten Weltkriegs wie einer englischen Hurricane und einer Spitfire bis hin zum Düsenzeitalter, wo man u. a. eine Lockheed F 104 G Starfighter der belgischen Luftwaffe, eine amerikanische Phantom und eine sowjetische MiG 23 aus der Nähe betrachten kann. Über allen schwebt eine Caravelle der staatlichen Luftfahrtgesellschaft SABENA.

*Petit Sablon · Kleine Zavel — L 8

Lage
Rue de la Régence

Tram
92, 93, 94

Ein Vergolder

Eine der schönsten Parkanlagen der Stadt ist der Petit Sablon gegenüber der Kirche → Notre-Dame du Sablon. Das Zusammenwirken von Blumenrabatten und Hecken, von schmiedeeiserner Umzäunung mit ihrem Figurenschmuck und der übrigen Denkmäler in unmittelbarer Nähe der schönsten spätgotischen Kirche Brüssels machen den besonderen Reiz des kleinen Parks aus. Er wurde von Henri Beyaert entworfen und 1890 der Öffentlichkeit übergeben. Auf den Säulen des Gitterzauns stellen 48 Bronzestatuetten die Brüsseler Zünfte dar. Sie wurden von verschiedenen Künstlern nach dem Vorbild des verlorengegangenen herzoglichen Palais am Coudenberg geschaffen. Die Figur am Eingang symbolisiert die Zunft der Maurer, Bildhauer, Steinschneider und Schieferbrecher, die sog. Corporation des Quatre Couronnés, doch mehr als das, sie trägt auch die Züge von Henri Beyaert. Umrundet man den Park, wird man auch die Schneider, Weinhändler, Arkebusiere, Holzschneider, Perückenmacher, Barbiere und viele andere mittelalterliche Berufe erkennen.

Denkmal für Egmont und Hoorn

Im hinteren Drittel des Parks erhebt sich auf einem kleinen Hügel das 1864 geschaffene Denkmal für die 1568 auf der Grand 'Place hingerichteten Grafen Egmont und Hoorn. Dort hatte es ursprünglich auch gestanden, bis es 1879 an seinen jetzigen Platz vor das → Palais d'Egmont gebracht wurde. Bildhauer Charles-Auguste Fraikin zeigt die beiden Vorkämpfer für die Unabhängigkeit der spanischen Niederlande, wie sie hocherhobenen Hauptes zum Schafott schreiten, Hoorn den Arm um Egmont legend.
In den Heckennischen sind bedeutenden Zeitgenossen der beiden Grafen Denkmäler gesetzt worden (von links nach rechts): Philippe de Marnix (1538–1598), Philosoph, Diplomat und Weggefährte von Wilhelm von Oranien, Abraham Ortelius (1527–1598), Geograph, Bernaert van Orley (1491–1542), Maler, Jean de Locqenghien (1518–1574), Bürgermeister von Brüssel, Gerhard Mercator (1512–1594), Geograph und Mathematiker, Rombaud Dodonæus (1518–1585), Botaniker, Cornelis de Vriendt (1518–1578), Bildhauer und Architekt, Henri de Brederode (1531–1568),

führend bei der Auflehnung gegen die Spanier (er schlug den Namen 'Geusen' vor), Louis van Bodeghem (1470–1540), Baumeister, schließlich Prinz Wilhelm von Oranien ('der Schweiger'), Haupt der Revolution gegen die Herrschaft Spaniens.

Petit Sablon (Fortsetzung)

Place des Martyrs · Martelaarsplein L 10

Kein Ruhmesblatt für die Stadt Brüssel ist der Zustand der Place des Martyrs, denn dieses Kleinod der Stadtbaukunst des 18. Jh.s und etwas versteckt liegende Oase der Ruhe dämmert – und bröckelt – seit Jahrzehnten vor sich hin. Seit dem 17. Jh. breiteten die Tuchmacher auf dem damaligen Wiesengelände ihre Tuche zum Trocknen und Bleichen aus, doch als Ende des 18. Jh.s die Geschäfte schlechter gingen, kaufte die Stadt das Areal und beauftragte 1772 den Architekten Claude Fisco mit der Bebauung der nunmehr Place St-Michel getauften Fläche. Er schuf ein Karree herrschaftlicher Häuser im Louis-XVI-Stil, wobei er besonders auf eine strenge Symmetrie achtete – dies ist auch der eigentliche architektonische Reiz des Platzes. Nachdem mehrere hundert in der Septemberrevolution von 1830 Gefallene auf dem Platz begraben wurden, beschloß man, ihn zu einer nationalen Gedenkstätte zu machen und fortan Place des Martyrs (Platz der Märtyrer) zu nennen.
Seit dem Jahr 1848 erhebt sich in seiner Mitte ein kryptaartiges Monument, von dem eine "Patria", den belgischen Löwen zu ihren Füßen, herabblickt. Auf dem Sockel werden die Ereignisse von 1830 glorifiziert, auf dem umlaufenden Geländer sind die Namen der Gefallenen notiert.

Lage
Östlich der Place de Brouckère

Métro-/ Prémétro-Station
de Brouckère (1 A, 1 B bzw. 23, 52, 55, 56, 81)

Place Rogier · Rogierplein L 11

Dort, wo sich einst die Porte de Cologne (Kölner Tor) der mittelalterlichen Stadtbefestigung befand, tost heute der Verkehr über einen der geschäftigsten Plätze Brüssels. Hier endet die → Rue Neuve. Die markantesten Bauwerke sind das Centre Rogier an der Nordseite und das Manhattan Center an der Westseite. Rundum haben sich Restaurants, Kinos, Geschäften und Hotels etabliert. Hinter der Place Rogier und um die Rue du Progrès sowie an der Rue d'Aerschoot jenseits des Nordbahnhofs findet, wer solcherart 'Vergnügen' sucht, das gar nicht so große Brüsseler Amüsierviertel, mit Bars, auch recht obskuren Kneipen und sonstigen Vergnügungsunternehmen, in denen nicht selten der Nepp zu Hause ist.

Lage
Nordrand des Stadtzentrums

Métro-/ Prémétro-Station
Rogier (2 bzw. 23, 52, 55, 56, 81, 90)

Die erste Eisenbahn auf dem europäischen Festland fuhr am 5. Mai 1835 von Mechelen nach Brüssel. Zwar kam die Lokomotive noch aus England, doch nur wenig später baute Monsieur Cockerill aus Lüttich die erste belgische Lok. Dies alles und noch viel mehr erfährt man im Museum der Belgischen Eisenbahn im Nordbahnhof (Eingang 76, Rue du Progrès).

Musée du Chemin de Fer Belge

Mo.–Fr. u. 1. Sa. im Monat 9.00–16.30

In einiger Entfernung sieht man nordwestlich die drei bislang fertiggestellten Türme des World Trade Center (W.T.C.). Mit dem Bau wurde bereits 1968 begonnen, wofür über 13 000 Menschen ihre Wohnungen räumen mußten. Geplant sind acht Hochhäuser mit jeweils über 30 Etagen.

World Trade Center (W.T.C.)

*Place Royale · Koningsplein L 8/9

Im Jahr 1769 beschlossen der österreichische Gouverneur und der Rat von Brüssel gemeinsam, die große, von einigen Gebäuden umstandene Fläche hinter dem abgebrannten alten Herzogsschloß zu einem Paradefeld umzugestalten. Bald wurde daraus jedoch das Projekt eines wahrhaft

Lage
Oberhalb des Mont des Arts

'königlichen' innerstädtischen Platzes – mit einem Denkmal für Charles de Lorraine in der Mitte – wie man ihn z. B. in Nancy in der Place Stanislas zum Vorbild hatte. Nachdem man zunächst ein Architektengremium beauftragt hatte, erhielten 1774 schließlich die Pläne von Barnabé Guimard den Zuschlag, der ein streng symmetrisches, repräsentatives Platzensemble im schönsten neoklassizistischen Stil schuf.
Auch wenn heute der Auto- und Straßenbahnverkehr von Rue Royale und Rue de la Régence über den Platz braust, hat er dennoch nur wenig von seiner großzügigen Atmosphäre verloren. Sieht man ab von den Gebäuden der am Rand liegenden ⟶ Musées Royaux des Beaux-Arts und den Stadtpalais, die an der Südostseite des Platzes durch schöne Torbögen über die Einmündungen hinweg miteinander verbunden sind, fallen zwei Bauwerke ins Auge:

Place Royale (Fortsetzung)

Métro
Gare Centrale (1 A, 1 B)

Tram
92, 93, 94

Denkmal für Gottfried von Bouillon

Die Mitte des Platzes nimmt das etwas groß und martialisch geratene Reiterbild von Gottfried von Bouillon, Herzog von Niederlothringen, ein. Ursprünglich stand an dieser Stelle ein in seinen Ausmaßen bescheideneres Denkmal für den österreichischen Gouverneur Charles de Lorraine (Karl von Lothringen), von Verschaffelt geformt, in Mannheim gegossen und auf dem Wasserweg nach Brüssel gebracht. Die auch in Brabant erfolgreichen französischen Revolutionäre aber stürzten es am 13. Juli 1794, schmolzen es ein und schlugen Münzen aus dem Metall. An seiner Stelle errichteten sie den Freiheitsbaum, doch auch er überlebte nur bis 1814, als er angezündet wurde. 1848 schließlich bezog das jetzige Denkmal von Eugène Simonis seinen Platz. Es zeigt Gottfried von Bouillon, 'Vogt und Beschützer des Heiligen Grabes', wie er im Jahr 1096 zum ersten, von ihm initiierten Kreuzzug aufbricht, in dessen Verlauf er 1099 Jerusalem eroberte.

St-Jacques-sur-Coudenberg

Der Platz wird dominiert von der in die Linie der umgebenden Palais einbezogenen königlichen Hofkirche St-Jacques-sur-Coudenberg. Sie ist die Nachfolgerin der herzoglichen Kapelle auf dem Coudenberg, wurde 1776 begonnen und schließlich 1787 geweiht. Die Grundpläne zeichnete Louis-Joseph Montoyer. Während der Französischen Revolution war sie für einige Jahre zum Tempel der Vernunft umfunktioniert worden.
Auch die Kirche präsentiert sich im streng klassizistischen Stil mit Portikus mit sechs korinthischen Säulen, Giebelfeld und kupfergedeckter Kuppel. Die von Olivier de Marseille geschaffenen Statuen von Moses und David flankieren den Eingang. Der Innenraum beeindruckt weniger durch seine Kunstwerke denn durch seine feierliche Größe. Hier wurden die beiden österreichischen Kaiser Joseph II. (1781) und Léopold II. (1791) gekrönt, desgleichen Wilhelm I. als König der Vereinigten Niederlande (1815) und Léopold I. als erster König der Belgier (1831).

* Porte de Hal · Hallepoort — J 7

Lage
Südspitze der Kernstadt

Métro-/ Prémétro-Station
Porte de Hal (2 bzw. 23, 55, 90)

Das Stadttor Porte de Hal ist das einzige Stadttor, das von der im 14. Jh. errichteten zweiten Brüsseler Stadtbefestigung übriggeblieben ist. Diese wurde von 1782 bis 1784 eingerissen, und das am Stadtausgang Richtung Halle gelegene Tor überstand nur, weil es als Gefängnis benötigt wurde; endgültig ist es 1832 vor der Spitzhacke gerettet worden. Seine heutige Gestalt allerdings ist nicht die im 14. Jh. als quaderartiger mächtiger Block mit Durchfahrtstor entstandene, denn es wurde 1868 – 1870 von Henri Beyaert restauriert und erheblich verändert, vor allem durch die turmartigen Aufbauten. Das Vorwerk des mächtigen, efeuumrankten Tores ist beim Abriß der Stadtbefestigung zur Anlage der großen Boulevards teilweise verschüttet worden.

◂ *Aufbruch zum Kreuzzug: Denkmal für Gottfried von Bouillon auf der Place Royale*

Die Porte de Hal, Brüssels einzig gebliebenes Stadttor, beherbergt heute das Musée du Folklore.

Porte de Hal (Fortsetzung)
Musée du Folklore

Im Stadttor ist das Musée du Folklore eingerichtet, das neben einer ständigen Ausstellung zum volkstümlichen Leben auch regelmäßig Wechselausstellungen aus diesem Themenbereich veranstaltet (Öffnungszeiten: Di. bis So. 10.00 – 17.00 Uhr; Eintrittsgebühr).

*Quartier des Marolles · Marollen J/K 7/8

Lage
Südliches Dreieck Südbahnhof / Palais de Justice / Porte de Hal

Métro-Stationen
Louise, Porte de Hal, Midi (2)

Unterhalb des Palais de Justice beginnt das Marollenviertel, trotz der allmählich sich vorschiebenden Sanierungsprojekte und der zunehmenden Zahl von Touristen noch immer das volkstümlichste Viertel Brüssels, bewohnt von Handwerkern, Lebensmittelhändlern, Trödlern und vielen anderen 'kleinen Leuten'. Auch viele Ausländer wohnen und wohnten hier – waren es früher z.B. russische Juden, die nach 1917 hierher strömten, sind es heute vor allem Nordafrikaner. Die Bewohner des Quartier des Marolles, die 'Marolliens', sind für ihr Nörglertum, ihre Renitenz und ihren Unabhängigkeitsdrang bekannt. Dies haben sie schon um 1330 bewiesen, als die ansässigen Leinenweber sich gegen den Adel erhoben, und auch in späteren Zeiten wehrten sie sich immer massiv gegen die Obrigkeit wie zuletzt erst vor einigen Jahren gegen umfassende Sanierungspläne. Nur in den Marollen, und auch hier nicht mehr an jeder Ecke, wird noch 'Bruxellois' gesprochen, jene so kraftvolle Sprachmischung aus Französisch und Niederländisch, versetzt mit spanischen Brocken, die das Grundelement des 'Swanze' ist, des Brüsseler Humors, der ziemlich dick aufträgt und im Toones Marionettentheater (→ *Baedeker Special* S. 94/95) gepflegt wird.
Das Viertel verdankt seinen Namen einem heute nicht mehr existierenden, im 17. Jh. gegründeten Kloster der Apostolischen Schwestern vom Maricollen-Orden. Doch schon vorher lebten hier viele Menschen: Lag das Gelände im 14. Jh. noch außerhalb der Stadtmauer und war das Lepra-

Geschichte (Fortsetzung)

Hospital Sint-Pieter das einzige Gebäude, wurde es mit der Ausdehnung der Stadt schon im 15. und 16. Jh. zum Viertel der Tagelöhner und Kleinhandwerker, der Bettler und Armen, aber auch der Prostituierten und Trunkenbolde, die ihm zwar einen schlechten Ruf verschafften, dennoch immer mehr Zuwanderer anzog, so daß es bald völlig überbelegt war. Kein Wunder, daß die Arbeiterbewegung hier einen ihrer Hauptstützpunkte hatte.

Spaziergang

Das Quartier des Marolles ist kein malerisch herausgeputztes Viertel, das man auf einem kulturhistorischen Gang 'besichtigt'. Hier schlendert man einfach durch die Gassen und Straßen, schaut in die Auslagen der Läden und sieht manch verfallenes altes Haus und manche 'moderne' Bausünde. Ein guter Ausgangspunkt ist die Place de Poelaert am Palais de Justice. Von hier steigt man die steilen Gassen hinab auf die Rue Haute, die Hauptachse der Marollen und Zeile der Mode-, Stoff- und Lebensmittelgeschäfte. In Haus Nr. 132, nahe der Einmündung der Ecke Rue du Porte Rouge – die ihren Namen von einem der roten Tore hat, die im 16. Jh. nachts geschlossen wurden, um die Prostituierten fernzuhalten – lebte von 1563 bis 1569 Pieter Bruegel d. Ä. (⟶ Berühmte Persönlichkeiten), der sich für seine derb-realistischen Gemälde sicherlich manche Anregung bei seinen Nachbarn geholt hat. Das Haus ist heute ein Museum (Öffnungszeiten: April – Okt. Mi. und Sa. 14.00 – 18.00 Uhr nur für Gruppen nach schriftlicher Anfrage). Schlägt man die andere Richtung zur ⟶ Porte de Hal hin ein, trifft man auf die Rue St-Ghislain, wo Victor Horta 1895 den Kindergarten gebaut hat, und danach auf das große Hôpital St-Pierre, hervorgegangen aus der Lepra-Station und heute auch Sitz des Museums der Öffentlichen Wohlfahrt (CPAS; Öffnungszeiten: Mi. 14.00 – 17.00 Uhr), das von den zahlreichen im Viertel im Lauf der Jahrhunderte tätigen Wohlfahrtsvereinen berichtet. Bergan hinter dem Hospital werden in der Marionettenwerkstatt in der Rue de la Prévoyance 56 die berühmten Brüsseler Holzpuppen hergestellt – auch für Touristen.

Musée de Bruegel

Musée CPAS

Am Samstag auf der Place du Jeu de Balle in den Marollen – ein Flohmarkt, der diesen Namen wirklich noch verdient

Spaziergang durch die Marollen (Fortsetzung)

Von der Porte de Hal marschiert man auf der parallel zur Rue Haute laufenden Rue Blaes zurück, wo die Antiquitäten- und Möbelgeschäfte zu Hause sind. Sie führt auf die Place du Jeu de Balle mit ihrer schön restaurierten Feuerwehrkaserne von 1863. Sie ist allerdings nicht die Hauptattraktion: tatsächlich noch verdient und seinesgleichen sucht (auch unter der Woche, doch dann weitaus kleiner). Nicht edles Silber oder polierte Möbel, sondern zerschlissene Hosen, zerrissene Strümpfe und Schuhe, Nägel und Schrauben, brüchiges und gut erhaltenes Porzellan, Bilder, Bücher

**Flohmarkt

Wer es irgend einrichten kann, sollte am Samstag oder Sonntag hierher kommen – denn dann wird ein Flohmarkt abgehalten, der diesen Namen und Teppiche, alte Radios mit Zubehör, Fahrräder und Kinderwagen, Münzen, Briefmarken, Musikinstrumente und Brillen, alte Sparbüchsen, Käfige, Uhrwerke, verrostete Schlüssel, Schallplatten und Öfen, alte Halsbinden, Gardinen und Vorhänge, Pelzwerk und daneben alte Motoren, der röhrende Hirsch oder eine feurige Carmen für den Platz über dem Sofa hängen, ein Durcheinander von Lumpen aller Art, alte Waffen, Orden und Helme, Waschtische und-garnituren, Kochtöpfe, Schüsseln und Kommoden werden feilgeboten. Nach getätigtem Einkauf setzt man sich am besten in eine der umgebenden Kneipen, trinkt eine Gueuze, ißt eine Kleinigkeit und schaut vergnügt den umhermarschierenden Blaskapellen zu.

Rue Neuve · Nieuwstraat K/L 10/11

Lage
Zwischen Place de la Monnaie und Place Rogier

Métro-/Prémétro-Stationen
De Brouckère (1 A, 1 B bzw. 23, 52, 55, 56, 81), Rogier (2 bzw. 23, 52, 55, 56, 81, 90)

Die Rue Neuve, heute Hauptgeschäftsstraße der Unterstadt, verbindet die Place de la Monnaie (⟶ Théâtre de la Monnaie) mit der ⟶ Place Rogier. Dort, wo heute geschäftiges Treiben herrscht, gab es im Mittelalter nur ein paar Wäschereien und ausgedehnte Gemüsegärten. Die Rue Neuve wurde erst im 17. Jh. im Zuge der Stadterweiterung angelegt. Heute ist sie eine quirlige Fußgängerzone, in der sich Kaufhäuser für jedermann, exklusive Boutiquen und Ladenpassagen wie die Galerie du Commerce, die Galerie du Nord, das Inno und das City 2 aneinanderreihen.
Etwa in der Mitte der Rue Neuve steht die zu Beginn des 18. Jh.s im flämischen Barockstil erbaute Kirche Notre-Dame du Finistère. Sie besitzt eine Marienstatue (Notre-Dame du Bon Succès), die 1625 aus dem schottischen Aberdeen ins Brüsseler Augustinerkloster und 1814 an ihren heutigen Platz kam.

Sainte-Catherine · Sint-Katelijnekerk J/K 10

Lage
Place Ste-Catherine

Métro-Station
Ste-Catherine (1 A, 1 B)

Die gesamte Südseite des Fischmarkts (⟶ Marché aux Poissons) wird beherrscht vom Kirchenschiff von Sainte-Catherine, wodurch dieser Platz eine ganz eigene Atmosphäre erfährt. Auf den ersten Blick erweckt sie den Eindruck einer imposanten, sehr alten Kirche, tatsächlich aber ist sie erst von 1854 an nach Plänen von Joseph Poelaert und Wynand Janssens in einem Mischstil aus Romantik, Gotik und Renaissance auf dem zugeschütteten alten Hafenbecken Sainte-Catherine erbaut worden. Sie ersetzte die baufällig gewordene alte Katharinenkirche aus dem 14./15. Jh., deren Fundamente mehr und mehr im feuchten Untergrund einsanken. Von dieser ist nur der isoliert stehende Turm erhalten.

Innenraum

Im dreischiffigen Kirchenraum sind noch einige Gemälde aus der Vorgängerkirche zu sehen. Das bedeutendste davon sieht man an der linken Wand der Kapelle rechts vom Hauptaltar: "Die Aufnahme der hl. Katharina in den Himmel" von Gaspard de Crayer (1584–1669); der Altar in dieser Kapelle trägt eine Darstellung der hl. Anna von Cornelius Schut (1597 bis 1655). Weiterhin bemerkenswert sind Werke des Brüsseler Malers Theodor van Loon (1585–1650), vor allem seine Verkündigungsszene neben dem Hauptaltar, sowie von Jan van Orley (1665–1725) mit einer "Brüsse-

Sie ist deutlich jünger als sie aussieht: Sainte-Catherine am Fischmarkt

Sainte-Catherine (Fortsetzung)

ler Chronik" und einer "Anbetung der Könige" links bzw. rechts vom Portal. Weitere Gemälde findet man in der Sakristei, die auch einiges Silbergerät und liturgische Gewänder enthält.

Sainte-Marie à Schaerbeek · Sint-Mariakerk in Schaarbeek M 12

Lage
Schaerbeek, Place de la Reine

Tram
92, 93, 94

Blickt man von der Porte de Schaerbeek die Rue Royale hinauf nach Norden, sieht man trotz der doch recht großen Entfernung, welch gewaltige Ausmaße die Kirche Sainte-Marie besitzt. Der Architekt Louis van Overstraeten, der nur vier Jahre nach Aufnahme der Bauarbeiten im Jahr 1845 noch jung an der Cholera starb, nahm sich byzantinische Kirchen zum Vorbild, was besonders in der mächtigen Kuppel auf achteckigem Grundriß zum Tragen kommt, und verband diese mit Elementen der Gotik wie den Spitzbogen, den Türmchen und der Fensterrosette. 1966 allerdings mußte die Kirche, eines der gelungensten Beispiele historisierender Sakralarchitektur in Belgien, wegen dringender Restaurierungsarbeiten geschlossen werden; diese sind noch immer nicht beendet.

Musée des Femmes

Es mag nicht unbedingt zur Beschreibung einer Kirche passen, aber die Geographie will es so: Vom Verkehrsrondell um Sainte-Marie geht in nordwestlicher Richtung die Rue Quineaux ab. Hier wohnt und arbeitet im Haus Nr. 46 Jan Bucquoy, von Beruf Comic-Zeichner und Bürgerschreck. Er betreibt seit einiger Zeit ein 'Frauenmuseum', ein hoffentlich nicht ernst gemeintes Institut, das – nach den Worten des Hausherrn – zeigen soll, "daß die Frau als Objekt der Vergangenheit angehört" – und gerade deshalb als ebensolches in vierzehn lebenden, freiwillig posierenden Ausführungen präsentiert wird. Wen wundert es da, daß Bucquoys vorangegangenes Projekt ein Unterhosenmuseum war?

*Saint-Jean-Baptiste au Béguinage · Begijnhofkerk van Sint Jan K 11

Lage
Place du Béguinage

Métro-Station
Ste-Catherine (1 A, 1 B)

Die nur wenig nördlich von Sainte-Catherine gelegene Kirche Saint-Jean-Baptiste au Béguinage ist einer der schönsten flämisch-italienischen Barockbauten Belgiens. Wie der Name sagt, war sie die Kirche eines Beginenkonvents, der an diesem Platz um 1250 gegründet, 1579 von den Calvinisten geplündert und 1584 abgerissen wurde. Erst 1657 begann man mit einem Neubau, möglicherweise nach Plänen von Luc Fayd'Herbe, der 1667 vollendet war. Grundriß und Konstruktion des Baus sind im Geiste der Gotik geplant, Ornamentik und Ausstattung jedoch in barocken Formen gehalten. Am deutlichsten tritt dies von außen an der prachtvollen dreigeteilten Fassade hervor, unter deren Fenstern zwei Reliefs das Heilige Abendmahl bzw. Jesus auf dem Ölberg darstellen. Über dem Portal eine Statue der hl. Begga, der Begründerin des Ordens. Selbst im Turm der Kirche wird die gotische Durchdringung des Barocks als typisch belgisches Merkmal spürbar.

Innenraum

Das Innere der Kirche gefällt durch Helligkeit, Weiträumigkeit und Harmonie von Formen und Farben. Es besitzt ein schönes Backsteingewölbe und eine reiche barocke Ausstattung, unter denen neben den vielen Grabplatten besonders die geschnitzte Kanzel (1757) des Mechelner Bildhauers Parent sowie einige Gemälde, darunter sieben Bilder von Theodor van Loon, hervortreten.

Hospice Pachéco

Unweit nördlich der Kirche kommt man an einem stillen Platz zum 1713 gegründeten Altersheim Hospice Pachéco, dessen jetzige Gebäude 1824 bis 1826 errichtet wurden.

Saint-Jean-Baptiste au Béguinage, nahe dem Fischmarkt an einer stillen Ecke Brüssels gelegen, ist eine der schönsten flämisch-italienischen Kirchen Belgiens.

Vlaamse Schouwburg

Vom Hospiz aus führt die Rue de Laeken hinauf zum Flämischen Theater (Koninklijke Vlaamse Schouwburg bzw. Théâtre Royal Flamand), 1887 gegründet und nur flämische Stücke aufführend. Die Büsten an der Hauptfassade stellen Joost van den Vondel (1587–1679), Pieter Langendyk (1683–1756) und Willem Ogier (1618–1689) dar, drei berühmte Vertreter des flämischen Theaters.

* Saint-Michel · Sint-Michielskathedraal L 10

Lage
Place Ste-Gudule

Métro-Station
Gare Centrale
(1 A, 1 B)

Die Kathedrale St-Michel erhebt sich mit ihrer von zwei stumpfen Türmen flankierten, nach der Restaurierung wieder weiß leuchtenden Fassade majestätisch am Hang zwischen Unter- und Oberstadt. Sie ist ein mächtiger Kirchenbau in schlichter Brabanter Gotik, zu dem eine breite Freitreppe (1860) hinaufführt.
Die Kathedrale wird seit Jahren restauriert. Die Arbeiten an Außenfassade und Haupt- und Querschiff sind mittlerweile abgeschlossen, doch wird derzeit an Chor, Chorumgang und dessen Nebenkapellen gearbeitet, so daß dieser Bereich derzeit nicht zugänglich ist. Da sich dort jedoch einige der bedeutendsten Kunstwerke der Kathedrale befinden, erfolgt an dieser Stelle dennoch eine Beschreibung.

Geschichte

Die ehemalige an dieser Stelle errichtete karolingische Taufkirche war dem Erzengel Michael geweiht, dem Schutzpatron der Stadt. Im Jahre 1047 wurden jedoch mit der Gründung eines Frauenstifts die Reliquien der aus der Familie der Pipiniden stammenden hl. Gudula († 712) hierhergebracht und fortan sehr verehrt. Michael und Gudula waren dann jahrhundertelang die gemeinsamen Patrone der nunmehrigen Kollegiatskirche, die im 15. Jh. dann zur Nationalkirche wurde. Alle großen Persönlichkeiten des Landes hörten hier die Messe, von Herzog Philipp dem Guten von Burgund über Kaiser Karl V., die Generalstatthalter Albert und Isabella sowie Napoléon I. bis in die Gegenwart. Mit der Erhebung zum Sitz des Erzbischofs von Mechelen-Brüssel 1962 erhielt das Gotteshaus den Namen Cathédrale Saint-Michel.
Der jetzige Bau wurde Anfang des 13. Jh.s begonnen und gegen Ende des 15. Jh.s mit den 69 m hohen Türmen fertiggestellt; er zeigt Stilelemente vom Übergang der Romanik zur Gotik (im Chor und Chorumgang) über die Früh- und Hochgotik (im Chor und in den Schiffen) bis zur Spätgotik (Türme). Am Bau wirkte auch Jan van Ruysbroeck mit, der Baumeister des Rathausturms.

Hauptfassade

Die Hauptfassade besitzt im Vergleich zu anderen gotischen Kathedralen wenig Skulpturenschmuck. Sie besticht mehr durch ihre feine Gliederung und ihre himmelwärts strebenden Linien. Über dem Mittelportal erkennt man die Heiligen Drei Könige; die übrigen Skulpturen stellen Apostel dar.

Hauptschiff

** Glasgemälde

Der nun wieder in hellem Licht erstrahlende Innenraum wirkt durch seine harmonische Weiträumigkeit und beeindruckt vor allem durch seine einzigartigen Kirchenfenster. Ein Großteil der in 16 Fenstern angebrachten 1200 Glasgemälde stammt noch aus dem 16. Jahrhundert. Der Erzengel Michael und die hl. Gudula begegnen immer wieder in Statuen, Bildern und Kirchenfenstern aus den verschiedensten Zeiten. Noch ein Thema wiederholt sich ebenfalls in vielfachen Versionen: die Legende vom Sakramentswunder. Demnach soll die Heilige Hostie im Jahre 1370 gestohlen und von Juden in der Synagoge mit Faustschlägen verletzt worden sein, worauf sie zu bluten begonnen habe. Die angeblichen Täter wurden zum Feuertod verurteilt. In keiner Weise der Wahrheit entsprechend, hielt sich die Legende dennoch über Jahrhunderte und fand ihren Niederschlag in zahlreichen Kunstwerken in der Kirche. Eine Bronzeplatte in der Chapelle du St-Sacrement weist auf die rein legendäre Darstellung des Vorgangs und den antisemitischen Charakter der Behauptungen hin.

Geschichte (Fortsetzung)

Die Säulen des Hauptschiffs (14./15. Jh.) tragen zwölf lebensgroße Apostelfiguren (17. Jh.), die u.a. von Luc Fayd'Herbe (Simon, Jakobus d.Ä. und vielleicht auch Johannes) und Jérôme Duquesnoy d.J. (Paulus, Bartholomäus, Thomas und Judas Thaddäus) stammen. Die prachtvolle holzgeschnitzte Kanzel von Henri-François Verbruggen (1669), die Vertreibung aus dem Paradies darstellend, ist ein vorzügliches Beispiel einer Barockkanzel. Das Schnitzwerk an ihrem Aufgang (Tierdarstellungen von J.-B. van der Haeghen) wurde erst 1708 angebracht. Im Bereich zwischen Kanzel und Orgelempore sind 1937 im Untergrund Reste von Fundamenten einer romanischen Vorhalle des 12. Jh.s freigelegt worden, zu denen man vom linken Seitenschiff aus hinabsteigen kann.

Querschiff

Die großartigen Glasfenster des südlichen Querschiffs (Ende 13./Anfang 14. Jh.) und des nördlichen Querschiffes (14. Jh.) sind in der ersten Hälfte des 16. Jh.s von Bernaert van Orley entworfen und von dem Antwerpener Glasbaumeister Jan Haeck ausgeführt worden. Dasjenige im südlichen Querschiff zeigt Kaiser Karl V., den Stifter des Bildes, und seine Gemahlin Isabella von Portugal vor dem Schrein des Hl. Sakraments vom Mirakel kniend, mit ihren Patronen Karl dem Großen und der hl. Elisabeth; im nördlichen Querschiff sieht man König Ludwig II. von Ungarn und seine Gemahlin Maria von Ungarn, Schwester Karls V. und Regentin der Niederlande sowie Stifterin des Bildes, vor der Heiligen Dreifaltigkeit kniend, mit ihren Patronen Ludwig dem Heiligen und der Muttergottes.

Seitenschiffe

Die Glasgemälde der Seitenschiffe sind sämtlich in der zweiten Hälfte des 19. Jh.s nach Zeichnungen von Charles De Groux von J.-B. Carponnier geschaffen worden. Sie stellen Szenen des Sakramentswunders dar. Besonders interessant sind die beiden ersten Fenster im südlichen Seitenschiff (nahe dem Querschiff), die die Wappen der Königlichen Familien Sachsen-Coburg und Orléans sowie des Königreichs Belgien und des Hauses Habsburg zeigen. Diese Fenster sind Stiftungen der Könige Léopold I. und Léopold II. zum Gedächtnis an ihre Gemahlinnen Louise-Marie bzw. Marie-Henriette.

Chor

Der Chor (1215–1265) mit dem Triforium von 1273 ist der eindrucksvollste Teil der Kirche. Links und rechts vom Hochaltar (Ende 19. Jh.) befinden sich die Grabdenkmäler des Herzogs Johann von Brabant und seiner Gemahlin Margarete von York († 1312 bzw. 1322) sowie des Erzherzogs Ernst von Österreich († 1592), Generalstatthalter der Niederlande und Bruder Kaiser Rudolfs II. Das Chorgestühl stammt aus der ehemaligen Benediktinerabtei Forest. Der Altar mit den Pelikanen ist ein Werk von Simon Levy. Die fünf Glasfenster des Chors wurden im 16. Jh. vom Hofglasmaler Nikolaus Rombouts angefertigt und zeigen Persönlichkeiten aus der Geschichte der Niederlande.

Chapelle de Ste-Madeleine

Die Magdalenenkapelle hinter dem Chor, 1282 erbaut und 1675 barockisiert, birgt einen italienischen Alabasteraltar aus der Abbaye de La Cambre von 1538, eine Büste der Muttergottes mit dem Jesuskind, vermutlich von Konrad Meyt (16. Jh.), sowie Glasmalereien in gotisierendem Stil des 19. Jh.s mit Szenen aus der Bibel und aus der Religionsgeschichte.

Chorumgang

Im Chorumgang (13. Jh.) stehen u.a. eine Muttergottesstatue von Artus Quellinus d.Ä. (1645) und eine beachtenswerte Bildhauerarbeit der Brabanter Schule des 16. Jh.s, das Heilige Grab und die Auferstehung darstellend. In der Nähe der Sakramentskapelle ist der Brüsseler Stadtmaler Rogier van der Weyden (⟶ Berühmte Persönlichkeiten) begraben. Die Glasfenster im Chorumgang hat J.-B. Craponnier im 19. Jh. entworfen. Sie zeigen Episoden aus der Genesis, dem Leben Christi sowie aus der frühen Geschichte der Katholischen Kirche.

Nach langjähriger äußerer Restaurierung erstrahlt die Fassade der Kathedrale Saint-Michel wieder in leuchtendem Weiß ▶◇

ANNEMIE
NEYTS
EUROPAPIER

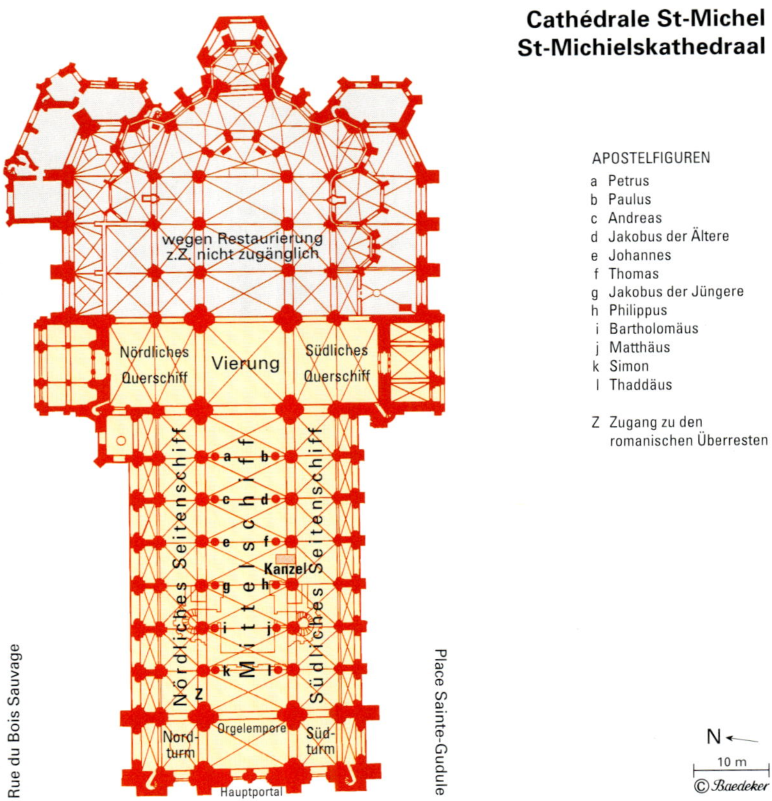

Chapelle du St-Sacrement

Die Kapelle des sogenannten St-Sacrement du Miracle (Sakramentswunder; 1534–1539) birgt eine Reihe von Kirchenfenstern des 16. Jh.s, die von Karl V. und seiner Familie zu Ehren der hl. Hostie gestiftet wurden. Sie zeigen Bildnisse der Stifter sowie Szenen aus der Geschichte des Sakramentswunders (in der oberen Hälfte). Die ersten drei (von links nach rechts) sind nach Entwürfen von Bernaert van Orley (1490–1541) ausgeführt worden; das verlorengegangene vierte und das fünfte Fenster wurden 1848 durch Arbeiten von J.-B. Craponnier ersetzt, von dem auch das sechste Fenster stammt. Unter dem Alabasteraltar (19. Jh.) sind die spanischen Generalstatthalter Albert und Isabella bestattet († 1671 bzw. 1633), deren Porträts, Kopien nach Rubens, links davon an der Wand hängen.

Chapelle de Notre-Dame de la Délivrance

Rechts vom Chor befindet sich die Kapelle "Unserer Lieben Frau der Erlösung" (Notre-Dame de la Délivrance), 1649–1655 im gotischen Stil erbaut, mit schönen Glasfenstern des 17. Jh.s, deren Entwürfe von Thomas van Thulden, einem Schüler von Rubens, stammen. Sie stellen die Wohltäter der Kirche mit deren Patronen und darüber Episoden aus dem Leben der Jungfrau Maria dar. Die Kapelle bringt mehrere schöne Grabdenkmäler, darunter eine hervorragende Arbeit des belgischen Bildhauers Guillaume Geefs, das Grabmal des Grafen Frédéric de Mérode (1835).

❊ Saint-Nicolas · Sint Niklaaskerk K 10

Die kleine Kirche unweit der Grand' Place und der Börse ist eines der ansprechendsten Gotteshäuser Brüssels. Eng verbunden mit den Anfängen der Stadtentwicklung, wurde die Kirche von den Kaufleuten zu Ehren des hl. Nikolaus, eines ihrer Schutzheiligen, in romanischer Zeit (11./12. Jh.) ursprünglich als Marktkirche errichtet, dann im 14./15. Jh. im gotischen Stil erneuert und nach den Zerstörungen während der Religionskriege des 16. Jh.s. sowie der Bombardierung von 1695 jeweils wieder aufgebaut. Nur der im Laufe der Jahrhunderte dreimal eingestürzte bzw. abgebrannte große, als Belfried bekannte Turm wurde nicht wieder neu errichtet. An die Kirche lehnen sich rundum Geschäftshäuser, die z. T. aus nur zwei übereinanderliegenden Räumen bestehen und ein sehr malerisches Bild abgeben.

Lage
Rue de Tabora/ Ecke Petite Rue au Beurre

Prémétro-Station
Bourse (23, 52, 55, 56, 81)

Kirchenraum

Der dunkle Innenraum strahlt eine warme, einladende Atmosphäre aus und besitzt eine reiche Ausstattung aus holzgetäfelten Wänden, klassizistischem Hochaltar, holzgeschnitzten Beichtstühlen und Kanzel sowie schönem schmiedeeisernem Chorgitter, alles im 18. Jh. gefertigt. Auf dem linken Seitenaltar steht eine Friedensmadonna aus dem 15. Jh., am rechten Chorpfeiler ein spanischer Christus aus dem 16. Jahrhundert. Vor der Kanzel befindet sich der Kupferschrein der Märtyrer von Gorcum (1868). Er erinnert an die 1572 in Brielle bei Rotterdam den Geuzen – die sich gegen die spanische Herrschaft erhebenden Niederländer – in in die Hände gefallenen und nach Foltern hingerichteten Katholiken. Ferner enthält die Kirche beachtenswerte Gemälde – im linken Seitenschiff "Christus unter den Schriftgelehrten" von Jan van Orley und am Pfeiler gegenüber dem Eingang ein Rubens zugeschriebenes kleines Bild "Schlafendes Jesuskind" – sowie ein schönes Kirchenfenster von Guy Chabrol (1956). In der Eingangshalle und im Hauptschiff sieht man noch romanische Baureste, die zu den ältesten Bauzeugnissen in Brüssel gehören.

❊ Saints-Pierre et Guidon · Sint-Pieter-en-Guidokerk

Die Stiftskirche Sts-Pierre et Guidon wurde schon im 9. oder 10. Jh. gegründet und zeigt sich heute als einer der bemerkenswertesten gotischen Kirchenbauten Brabants, im wesentlichen im 14.–16. Jh. über Fundamenten aus dem 11. Jh. errichtet. Lediglich der im 16. Jh. begonnene schlanke Turm wurde erst 1898 vollendet. Die Kirche bildet zusammen mit dem benachbarten ⟶ Maison d'Erasme und dem alten Anderlechter Beginenhof ein besonders wertvolles Ensemble sakraler Architektur der Gotik und der Renaissance. Sie ist dem hl. Guido von Anderlecht († 1012) geweiht, dem Schutzpatron der Pferde. Ihm zu Ehren finden Wallfahrten mit Pferdesegnung am Pfingstmontag und am ersten Sonntag nach dem 12. September statt.

Lage
Anderlecht, Place de la Vaillance

Métro-Station
St-Guidon (1 B)

Tram
56

Kirchenraum

Das dreischiffige Gotteshaus, dessen älteste Teile von 1350 stammen, zeichnet sich im Innern durch eine Reihe von mittelalterlichen Wandmalereien aus, die z. T. gut erhalten sind. So findet man im rechten Querschiff eine Darstellung der Verklärung Christi (1400–1411), in der Chapelle de Notre-Dame de Grâce im rechten Seitenschiff Engelsdarstellungen, auf den Bögen und rund um den Altar Szenen aus dem Leben des hl. Guido (15./16. Jh.) sowie im linken Seitenschiff u. a. das Martyrium des hl. Erasmus und den hl. Guido im Pilgergewand.
Beachtenswert sind ferner der prächtige Triumphbogen-Christus (14. Jh.), die Statue der hl. Katharina (14./15. Jh.; linkes Seitenschiff) sowie mehrere großartige Gemälde, darunter eine "Anbetung der Heiligen Drei Könige" (linke Seite des Chors). Im Chor befinden sich die Grabmale für Jean de Walcourt, Herr von Aa († 1364) und Arnulf von Hoorn, Herr von

Saints-Pierre et Guidon (Fortsetzung)

Gaasbeek († 1505); im linken Querschiff ist Albert Ditmar († 1439) begraben, der aus Bremen stammende Leibarzt der Burgunderherzöge Anton, Johann IV. und Philipp des Guten.

Krypta

Unter dem Chor befindet sich die Ende des 11. Jh.s vermutlich als oberirdische Kirche erbaute fünfschiffige Krypta mit dem steinernen Sarkophag (11./12. Jh.) des hl. Guido.

Musée du Béguinage

Unweit der Kirche, an der Rue du Chapelain, kommt man zum 1252 gegründeten ehemaligen Anderlechter Beginenhof (Vieux Béguinage d'Anderlecht). Heute existieren noch vier Gebäude aus dem 17. Jh., in denen dem Besucher das Leben und Wirken der Beginen nahegebracht wird (Öffnungszeiten: Mo., Mi., Do., Sa., So. 10.00 – 12.00 und 14.00 bis 17.00 Uhr; Eintrittsgebühr).

*Théâtre Royal de la Monnaie · Muntschouwburg K 10

Lage
Place de la Monnaie

Métro-/ Prémétro-Station
de Brouckère (1 A, 1 B bzw. 23, 52, 55, 56, 81)

Das Théâtre Royal de la Monnaie ist für die Belgier gleich in zweierlei Hinsicht von Bedeutung, ist es doch zum einen die wichtigste Opernbühne des Landes – die darüber hinaus auch einen hervorragenden Ruf in Europa genießt – und zum anderen das Symbol ihres Unabhängigkeitskampfes. Hätte hier am 25. August 1830 Mozarts "Zauberflöte" oder eine andere Oper ähnlich harmlosen Inhalts auf dem Spielplan gestanden, wer weiß, vielleicht wäre Belgien erst viel später oder gar nicht unabhängig geworden. Es wurde aber "Die Stumme von Portici" von Daniel François Esprit Auber gegeben, eine pathetische Oper über eine Revolte neapolitanischer Fischer, deren Aufführung die holländische Obrigkeit wegen ihres aufrührerischen Inhalts zunächst verboten hatte, sie dann aber doch genehmigte. Sie traf den Nerv des Publikums, das sich nicht nur in der Oper, sondern auch auf dem Platz davor versammelt hatte. Als Lafeuillade Mazaniello im Duo "Die Liebe dem Vaterland geweiht" die Schlußworte "Zu den Waffen!" schmetterte, gab es kein Halten mehr: Die Menge stürzte, patriotische Parolen ausrufend, nach draußen, stürmte die Amtsstuben von Justizminister und Polizeichef und danach zum Parc de Bruxelles. Das war der entscheidende Impuls für die Revolution, die die Unabhängigkeit bringen sollte.
Das Opernhaus verdankt seinen Namen dem Hôtel de la Monnaie, das im 15. Jh., als das Herzogtum Brabant hier seine Münzen schlug, am Ort des heutigen Platzes stand. 1531 wurde das Münzgebäude abgerissen und ein weiterer Platz angelegt, auf dem 1698 der Generalgouverneur der Niederlande, Jean-Paul Bombarda, ein erstes Schauspielhaus mit 1200 Plätzen errichten ließ. Dieses Theater hatte zunächst keinen großen Erfolg. Im Jahre 1810 wurde ein tiefgreifender Umbau beschlossen und im Mai 1819 das neue Haus eröffnet. Der für den Neubau verantwortliche Architekt Damesme schuf ein Theater im neoklassizistischen Stil, umgeben von einer überdachten Galerie, und mit einer dreieckigen Giebelwand über den acht ionischen Säulen an der Schauseite, die das allegorische Flachrelief "Harmonie der menschlichen Leidenschaften" trug. Am 31. Januar 1855 zerstörte ein Brand das Theater. Allein die Säulen und das Flachrelief blieben verschont. Architekt Joseph Poelaert schaffte den Wiederaufbau in einem Jahr, wobei der Zuschauerraum zu Lasten der äußeren Galerie erweitert wurde. König Léopold I. eröffnete das neue Haus, das fortan ausschließlich Oper und Ballett vorbehalten war. 1963 rückte es zur Nationaloper auf; in den letzten Jahren wurde es umfassend modernisiert. Von 1967 bis 1987 feierte der außergewöhnliche französische Choreograph Maurice Béjart (→ Berühmte Persönlichkeiten) mit seiner berühmten Tanztruppe "Ballett des 20. Jahrhunderts" hier überwältigende Erfolge. Die Anerkennung als Opernspielstätte von europäischem Rang blieb jedoch lange aus. Erst unter der Ägide von Gerard Mortier, heute Intendant der Salzburger Festspiele, konnte die Brüsseler Oper durch frische Mozart-

Die Oper als Ort revolutionärer Umtriebe: Théâtre Royal de la Monnaie

Théâtre Royal (Fortsetzung)

Inszenierungen sich einen festen Platz unter den besten Häusern Europas erobern. Entsprechend schwer ist es, Karten zu bekommen (→ Praktische Informationen, Theater).

Place de la Monnaie

Vor dem Theater breitet sich die zwar belebte, aber beileibe keine städtebauliche Glanzleistung darstellende Place de la Monnaie aus, eine Fußgängerzone mit Brunnen, Bänken und Grüninseln. Die westliche Seite des Platzes begrenzt das hoch aufragende Centre Monnaie mit Einkaufspassagen, Postamt und Büros der Stadtverwaltung, für das die aus dem 19. Jh. stammende Hauptpost weichen mußte.
Schon im 19. Jh. und zur Jahrhundertwende war der Platz ein beliebter Treffpunkt für die Brüsseler Bevölkerung, vor allem für die Opernbesucher, die nach Ende der Vorstellung den Abend in den benachbarten Etablissements ausklingen ließen, die gerade erst – für damalige Zeiten eine Sensation – Gaslicht erhalten hatten. Hier feierte man die Stars der Epoche wie Mademoiselle Mars, Mademoiselle Duchesnois oder die Malibran.

Tour d'Angle · Hoektoren
Tour de Villers · Villerstoren

K 9

Lage
Südwestende des Boulevard de l'Empereur

Tram
92, 93, 94

In unmittelbarer Umgebung des südwestlichen Endes des Boulevard de l'Empereur, unterhalb des → Grand Sablon, sind noch zwei Reste der mittelalterlichen Brüsseler Stadtbefestigung erhalten, die im 13. Jh. errichtet wurde. Die Stadtmauer war etwa 4 km lang und mit sieben Toren sowie etwa vierzig Verteidigungstürmen versehen. Einer davon ist die Tour d'Angle nahe der Einmündung der Rue de Rollebeek, auch Tour d'Anneessens genannt, weil hier im Jahre 1719 Frans Anneessens, der Zunftälteste der Brüsseler Handwerkergilden, eingesperrt worden ist. Anneessens wurde später auf der Grand' Place enthauptet.

Tour d'Angle
Tour de Villers
(Fortsetzung)

Von hier lief die Stadtmauer in nordwestlicher Richtung über die heutige Place de Dinant und entlang der Rue de Villers zur Tour de Villers, deren Reste heute immerhin noch knappe 15 m hoch sind.

Place de la
Vieille-Halle
aux Blés

Die Rue de Dinant und die Rue de Villers münden auf die Place de la Vieille-Halle aux Blés, den Platz der alten Kornhalle, an dem noch einige schöne Giebelhäuser aus dem 18. Jh. stehen.

Tour Noire · Zwarte Toren K 9

Lage
Place
Ste-Catherine

Métro-Station
Ste-Catherine
(1 A, 1 B)

Wie Tour d'Angle und Tour de Villers ist auch die Tour Noire, der Schwarze Turm, ein Rest der ersten Brüsseler Stadtbefestigung, und wie diese beiden steht er ähnlich verloren zwischen wenig attraktiven Neubauten eingeklemmt. Dennoch ist er der am besten erhaltene Turm der Stadtmauer, was er Bürgermeister Charles Buls verdankt, der ihn 1888 vor dem Abriß rettete und restaurieren ließ. Der Turm besitzt noch Schießscharten, und auch ein Teil des Grabens, der ihn einst umgab, ist noch zu erkennen (⟶ Abb. S. 21).

** Waterloo

18 km südlich von Brüssel

Anreise
Bus Linie W ab
Gare du Midi;
mit dem Auto
auf der N 5

Das brabantische Städtchen Waterloo ist in aller Welt bekannt durch die historische Schlacht vom 18. Juni 1815. In ihr entschied sich nicht nur das Schicksal Frankreichs und seines Kaisers Napoléon I., sondern auch die Zukunft Europas im Zusammentreffen der französischen Armee mit den vereinigten Heeren der Briten, Hannoveraner, Niederländer und Preußen (⟶ *Baedeker Special* S. 158/159). Während der britische Feldherr Herzog von Wellington von der 'Schlacht bei Waterloo' sprach, war sie für den preußischen Feldmarschall Blücher die 'Schlacht bei Belle-Alliance', da sich die beiden Heerführer nach errungenem Sieg beim Gehöft dieses Namens trafen. Alljährlich um den 15. Juni herum werden die Kämpfe von Traditionsvereinen nachgestellt.

Schlachtfeld

Besucherzentrum
März: tgl.
10.30 – 17.00;
April – Sept.:
tgl. 9.30 – 18.30;
Okt.: tgl.
9.30 – 17.30
Nov. – Feb.:
tgl. 10.30 – 16.00

Das Schlachtfeld befindet sich südlich von Waterloo hauptsächlich auf der Gemarkung der Gemeinde Braine-l'Alleud und zeigt sich heute als friedliche Weide- und Getreidelandschaft. Im Sommer fährt vom Bahnhof Waterloo ein Touristenzug zum Butte du Lion westlich der Durchgangsstraße nach Charleroi.
Am Fuße des Löwenhügels befindet sich das Besucherzentrum (Eintrittsgebühr). Hier kann man sich an Schautafeln und Computerbildschirmen über die historischen Ereignisse informieren. Von hier erfolgt auch der Aufstieg zum Löwenhügel.

Butte du Lion

Weithin sichtbar erhebt sich der Butte du Lion, der Löwenhügel, über dem einstigen Schlachtfeld. Er wurde von 1823 bis 1826 an derjenigen Stelle errichtet, an der der Prinz von Oranien, der Führer des niedreländischen Kontingents, seine tödliche Verwundung während der Kämpfe empfing. Der Hügel wurde über einer stützenden Backsteinkonstruktion aus 32 000 m^3 Erde des Schlachtfeldes auf 40 m Höhe mit einem Umfang von 520 m aufgeschüttet. Er wird bekrönt von der 28 t schweren und über 4 m langen Löwenskulptur von Arthur-Louis van Geel. Der Löwe läßt seine rechte Pfote auf einem Globus ruhen und blickt nach Süden, von wo die Franzosen kamen. Von der Plattform rundum unterhalb der Löwenfigur, die es über 226 steile Stufen zu ersteigen gilt, bietet sich ein weiter Blick über das ehemalige Schlachtfeld.

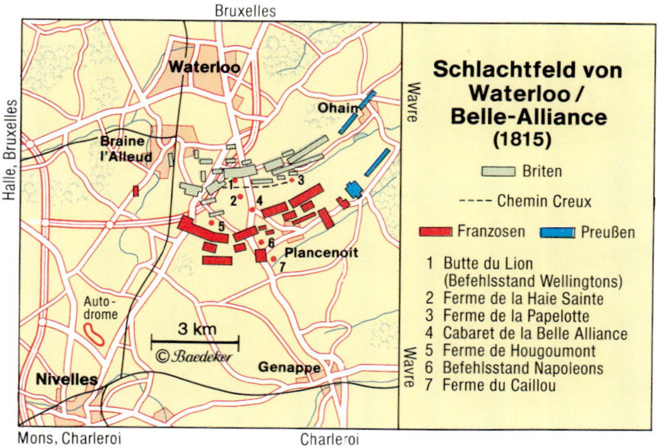

Panorama

Neben dem Besucherzentrum steht ein Rundbau, der ein 12 m hohes und 110 m langes Rundpanorama der Schlacht enthält, ein Werk des französischen Militärmalers Louis Dumoulin aus den Jahren 1913/1914.

Musée des Cires

An der gegenüberliegenden Straßenseite ist in einem 1818 gegründeten Hotel nun ein Wachsfigurenmuseum eingerichtet, das die wichtigsten Akteure und einfache Soldaten der Schlacht zeigt (Öffnungszeiten: April bis Okt. tgl. 9.00 – 18.30, Nov. – März Sa. und So. 10.00 – 16.45 Uhr).

Unterhalb des Löwenhügels steht der Rundbau mit dem Schlachtenpanorama von Louis Dumoulin.

Baedeker Special

Die Garde stirbt....

"La garde meurt et ne se rend pas"
(Lithographie von Bellangé)

Nach Napoléons Rückkehr von Elba und seinem triumphalen Einzug in Paris sind die europäischen Mächte entschlossen, dem Spuk ein für allemal ein Ende zu bereiten. Ihre Armeen sollen, so die gemeinsame Planung, Frankreich in einer Bogenbewegung besetzen: die Engländer und Preußen über das zu den Niederlanden gehörende Belgien, die Österreicher über den Oberrhein, die Russen über den Mittelrhein und die österreichisch-sardinischen Verbände über die Alpen. Napoléon sieht seine einzige Chance, die Vereinigung dieser Armeen zu verhindern, indem er einen raschen Sieg gegen eine davon zu erringen sucht. Er hofft, die englisch-preußische Armee unter ihren Befehlshabern Herzog von Wellington und Marschall Blücher südlich von Brüssel zu überraschen.
Auf dem Marsch dorthin kommt es am 16. Juni 1815 zu ersten schweren Kämpfen: Die Engländer werden bei Quatre-Bras von der Kavallerie Marschall Neys angegriffen, aber nicht besiegt, die Preußen bei Ligny jedoch zurückgeschlagen, worauf sie sich Richtung Wavre zurückziehen. Ihre Verfolgung nehmen 33 000 Mann unter Marschall Grouchy auf, der glaubt, die Preußen würden auf Lüttich zurückfallen. Auf diese 33 000 Mann wartet Napoléon zwei Tage später vergeblich.
Auf den aufgeweichten Feldern Brabants beziehen am regnerischen 18. Juni 1815 bei Waterloo, wo Wellington Quartier gemacht hatte, die beiden Hauptarmeen ihre Stellungen. Die französische Armee – 72 000 Mann und 254 Geschütze – ist beiderseits von Belle Alliance aufmarschiert. Ihnen gegenüber stehen auf der Höhe von Mont St-Jean 69 000 Briten, Holländer, Belgier, Hannoveraner und Braunschweiger, von denen mancher schon in in den spanischen Feldzügen gegen die Franzosen gekämpft hat.

Gegen 11.30 Uhr gehen die Franzosen vor und werden am Gut Hougoumont in schwere Gefechte verwickelt. Um 13.30 Uhr eröffnet die Artillerie das Feuer auf das Zentrum der Briten, und vier Divisionen marschieren gegen das Gehöft La Haie Sainte vor, das entlang des Hohlwegs von Ohain derartig verbissen verteidigt wird, daß um 16.00 Uhr 5 000 Kavalleristen des Marschalls Ney eingreifen, unter schweren Verlusten aber zurückgeschlagen werden. Erst mit weiteren 9 000 Reitern und Infanterie gelingt es Ney, La Haie Sainte einzunehmen. Er glaubt, die Briten nun wanken zu sehen und geht eigenmächtig gegen deren Zentrum vor. In der Tat sind die Engländer schwer in Bedrängnis und mögen sich nun den Beistand der Preußen herbeigesehnt haben – "Ich wollte, es würde nacht oder die Preußen kämen", soll Wellington gesagt haben – aber auch die Franzosen haben kaum mehr Reserven, zumal die Preußen tatsächlich seit 16.30 Uhr an ihrem rechten Flügel aufgetaucht sind und dort Kräfte binden. Um 19.00 Uhr setzt Napoléon, der sieht, wie Neys Soldaten entsetzliche Verluste erleiden, alles auf eine Karte und schickt seine Alte Garde in die Schlacht. Diese Veteranen, zu erkennen an ihren Bärenfellmützen, haben alle großen Schlachten des Kaisers mitgemacht, sie waren in Ägypten und in den Alpen, vor Moskau und bei Leipzig dabei, doch auch sie können das Blatt nicht mehr wenden. Sie rennen sich fest, gleichzeitig greifen die Preußen mit ihrer Hauptmacht an und lösen eine Panik aus, die bald die gesamte französische Armee ergreift. Wellington tritt nun zum Gegenangriff an. Der Kommandeur der Garde, Cambronne, lehnt die Kapitulation mit einem barschen "Merde alors!" ("Scheiße!") ab; gegen 21.00 Uhr bildet die Garde Karrees, nimmt Napoléon in die Mitte und deckt seine Flucht. Die Veteranen von Marengo, Austerlitz, Wagram und all der anderen, ruhmreich gefochtenen Schlachten aber lassen sich zusammenschießen – "Die Garde stirbt, aber sie ergibt sich nicht." Mit ihnen bleiben 33 000 Franzosen, 15 000 Engländer und 7 000 Preußen auf den heute so friedlich wirkenden Feldern Brabants.

Wie kaum eine zweite Schlacht in der Weltgeschichte ist Waterloo zur Legende geworden. Hier ging der Stern Napoléons, der Europa jahrelang mit Krieg überzogen und in seinem eisernen Griff gehalten hatte, und mit ihm das französische Kaiserreich zugrunde; erst hier, vor den Toren von Brüssel, hatten die europäischen Mächte die Französische Revolution endgültig besiegt. Nach Waterloo aber hat sich auch der Mythos des Schlachtfeldes und der heldenmütigen Schlachtenlenker mehr und mehr aus dem Bewußtsein der Völker verabschiedet:
"Die Frage: 'Warum, wozu und für wen?' wird von nun ab nicht mehr verstummen." (Friedrich Sieburg).

Die französische Kavallerieattacke auf den Mont St-Jean (im Panorama)

Vom Gordon Memorial, dem Denkmal für den an dieser Stelle gefallenen Adjutanten Wellingtons, schweift der Blick hinüber zum Butte du Lion, wo der Prinz von Oranien starb.

Denkmäler

Auf der weiten Fläche des einstigen Schlachtfeldes erinnern viele Denkmäler an die blutigen Kämpfe.
Allein drei Denkmäler umgeben die Kreuzung der Zugangsstraße zum Löwenhügel mit der Durchgangsstraße: zunächst das 1914 errichtete Denkmal für die gefallenen Belgier in Form einer Steinsäule mit Bronzefahnen mit der französischen Inschrift "Den am 18. Juni 1815 im Kampfe für die Verteidigung der Fahne und der Ehre der Armeen gefallenen Belgiern"; dann das von einem Gitter umgebene Denkmal für die Hannoveraner mit der Inschrift "Zur Erinnerung an ihre glorreich am 18. Juni 1815 gefallenen Waffenbrüder" und das Denkmal für Oberstleutnant Gordon, den Adjutanten Wellingtons, der hier an dieser Stelle den Tod fand. Die beiden letztgenannten Monumente stehen auf dem einstigen Niveau des Schlachtfeldes; das umliegende Gelände wurde für die Aufschüttung des Löwenhügels abgetragen. Der Weg zum Löwenhügel an den Denkmälern vorbei entspricht dem Verlauf des einstigen Hohlwegs von Ohain, an dem allein mehrere tausend Soldaten beider Seiten starben.
Weitere interessante Denkmäler stehen weiter südlich: in Plancenoit das Denkmal für die gefallenen Preußen, ein Werk von Karl Friedrich Schinkel aus dem Jahr 1819; noch weiter südlich rechts der Durchgangsstraße der gestürzte kaiserliche französische Adler am Ort des letzten Widerstandes der Alten Garde, den Bellangé – auf sehr pathetische Weise – in der im Special auf S. 159 abgebildeten Lithographie festhielt.

Musée du Caillou

Weiter südlich an der Durchgangsstraße Richtung Charleroi liegt links der Durchgangsstraße die Ferme du Caillou, in der Napoléon sein Hauptquartier aufschlug. Es ist heute als Museum eingerichtet und zeigt in vier Räumen einige Gegenstände, die der flüchtende Kaiser zurücklassen mußte, darunter sein Zelt (Öffnungszeiten: April – Okt. tgl. 10.30 – 18.00, Nov. bis März tgl. 13.30 – 17.00 Uhr).

Stadt Waterloo

Musée Wellington

In Waterloo selbst sollte man das ehemalige Hauptquartier des Herzogs von Wellington an der Hauptstraße Chaussée de Bruxelles besuchen. Hier werden noch einmal der Schlachtverlauf dokumentiert und viele persönliche Gegenstände des britischen Feldherrn ausgestellt (Öffnungszeiten: April – Mitte Nov. tgl. 9.30 – 18.30, Mitte Nov. – März tgl. 10.30 – 17.00 Uhr).

Chapelle royale

Dem Museum gegenüber erhebt sich der Kuppelbau der Chapelle royale, 1690 erbaut und ursprünglich dem spanischen König Karl II. gewidmet. 1817 wurde die Kapelle zur Gedenkstätte für die Schlacht erklärt und mit Grabtafeln alliierter Gefallener ausgestattet. Diese sind heute in der angrenzenden Kirche Saint-Joseph zu sehen.

Praktische Informationen von A bis Z

Praktische Informationen von A bis Z

Hinweis

Zwar liegt Brüssel im flämisch-niederländischen Sprachgebiet, doch sprechen ca. 80 % aller Brüsseler Französisch. Der Einfachheit halber werden daher im folgenden – von wenigen Ausnahmen abgesehen – Straßennamen, Institutionen, Métro-Stationen etc. auf Französisch angegeben.

Andenken

→ Einkäufe und Souvenirs

Anreise

Mit dem Auto

Von Norden: (Ruhrgebiet– Venlo) – Antwerpen – Brüssel (A21/A67/E34 und A1/E19).

Von Osten: (Köln – Aachen) – Lüttich – Brüssel (A3/E40).

Von Süden und Südosten: (Saarbrücken – Luxemburg) – Arlon – Namur – Brüssel (A4/E411).

Diese Autobahnen münden in den Brüssel umgebenden Autobahnring R0.

Mit dem Bus

Die Europabusse der Deutschen Touring Gesellschaft steuern auf ihrem Liniendienst nach London auch Brüssel an. Abfahrt ist in vielen größeren Städten Deutschlands. Auskunft erteilt

Deutsche Touring Gesellschaft, Am Römerhof 17
D-60486 Frankfurt am Main, Tel. 069/706059

Mit der Eisenbahn

Brüssel ist mit seinen vier → Bahnhöfen der wichtigste Eisenbahnknotenpunkt Belgiens, der aus allen Landesteilen angefahren wird. Aus dem deutschsprachigen Raum kommt man per Bahn am schnellsten via Köln – Aachen – Lüttich in die belgische Hauptstadt. Eine Verbindung mit Hochgeschwindigkeitszügen von Köln aus ist geplant. Für Reisende aus Süddeutschland und der Schweiz bietet sich die Verbindung Basel – Straßburg – Luxemburg – Brüssel an.

Mit dem Flugzeug

Die Deutsche Lufthansa fliegt von Berlin, Frankfurt, Hamburg, München und Stuttgart direkt nach Brüssel; SABENA fliegt von Berlin, Düsseldorf, Hamburg, Hannover, München und Stuttgart sowie Basel, Genf und Zürich; Swissair ebenfalls von Basel, Genf und Zürich; Austrian Airlines von Wien aus.

◀ *Die gediegene Eleganz der Belle-Epoque versüßt den Aufenthalt im Hotel Métropole*

Apotheken

Hinweisschilder

Eine Apotheke (ndl. apotheek; frz. pharmacie) ist in Belgien entweder durch ein grünes Kreuz oder ein Äskulap-Symbol gekennzeichnet.

Öffnungszeiten und Bereitschaftsdienst

Die Öffnungszeiten der Apotheken entsprechen jenen der Einzelhandelsgeschäfte (→ Öffnungszeiten). Ein Apothekennotdienst ist eingerichtet. Adressenlisten hängen an jeder Apotheke aus.

Ärztliche Hilfe

Wichtige Rufnummern

Unfallrettung: Tel. 112
Medizinischer Notdienst: Tel. 100
Rotes Kreuz: Tel. 105
Ambulanz: Tel. 6491122
Ärztlicher Notdienst: Tel. 4791818 u. 6488000
Zahnärztlicher Notdienst: Tel. 4261026 u. 4285888
Antigift-Zentrale: Tel. 3454545
Verbrennungen: Tel. 2686200
AIDS-Hilfe: Tel. 107 u. 6461175
S.O.S.-Drogenhilfe: Tel. 5375252

Ausflüge

Viele Ausflugsmöglichkeiten dank geringer Entfernungen

Wer sich länger in Brüssel aufhalten kann, sollte auch einen oder mehrere Ausflüge in die Umgebung der Stadt einplanen. Selbst Fahrten nach Antwerpen, Mechelen, Leuven, Brügge oder Gent sind dank guter Zug- und Straßenverbindungen leicht zu bewerkstelligen. Die folgenden Ausflugsziele liegen mehr oder weniger alle noch im Einzugsbereich Brüssels.

Beersel

Lage: 10 km südlich von Brüssel.
Anfahrt: mit der Tram 55 bis Uccle-Calevoet, dann Bus U; mit dem Auto auf der A 7/E 19 Richtung Paris bis Ausfahrt Nr. 14 (Beersel).
Die freundliche kleine Ortschaft Beersel liegt im reizvollen Sennetal, das man auf den Wanderwegen 'Promenade de la Senne' und 'Promenade du Kesterbeek' kennenlernen kann. Beersel ist bekannt für seine Bierbrauertradition, insbesondere für sein Lambic, die Gueuze und das Kriek. Zum Bier ißt man in Beersel die für diese Gegend typischen Quarkstullen. Im Städtchen besucht man auf jeden Fall die um 1300 erbaute Wasserburg Beersel, ein markanter, auf dreieckigem Grundriß errichteter Wehrbau mit drei hohen Ecktürmen aus dem 17. Jh. (Öffnungszeiten: März – Mitte Nov. Di. – Fr. 10.00 – 12.00 und 14.00 – 18.00; Dez. und Feb. Sa. und So. 10.30 bis 17.00 Uhr; Eintrittsgebühr). Das Hermann-Teirlinck-Museum (Uwenberg 14) macht mit dem expressionistischen flämischen Dichter und Dramatiker Hermann Teirlinck (1879 – 1967) bekannt, der sich vor allem um das flämische Theater verdient gemacht hat (Öffnungszeiten: Mo., Di. und Do. – So. 11.00 – 12.30 und 14.00 – 17.00 Uhr; Juli/Aug. geschlossen).

*Wasserschloß Beersel

Halle · Hal

Lage: 15 km südwestlich von Brüssel.
Anfahrt: mit dem Bus Linie UH (Abfahrt Place Rouppe); mit dem Zug; mit dem Auto auf der A 7/E 19 Richtung Paris bis Ausfahrt Nr. 16 (Halle).

Halle
(Fortsetzung)
*Sint-
Martinuskerk

Das Stadtbild der schmucken Kleinstadt unweit der flämisch-wallonischen Sprachgrenze an der Senne prägt die Sint-Martinuskerk mit ihrem hohen Turm. Die Kirche ist ein bedeutender Bau der Brabanter Gotik (14./15. Jh.), dessen elegante Architektur französischen Einfluß zeigt. Beachtenswert sind die plastischen Dekorationen, die ältesten (14. Jh.) am Westportal und am Turm sowie im Chor, besonders die Apostelreihe über den Bögen, anscheinend aus der gleichen Zeit und mit der Kunst des Klaus Sluter verwandt, ferner die etwas jüngeren am Südportal sowie in der Kapelle nördlich vom Chor. Im Inneren der Kirche beeindrucken der schöne Alabasteraltar von Jean Mone (1533), ein Renaissance-Werk mit Reliefdarstellungen der sieben Sakramente und mit Statuetten, das Marmordenkmal des 1460 gestorbenen Dauphins Joachim, des Sohnes Ludwigs XI. von Frankreich, sowie über dem moderne gestalteten Hochaltar das wundertätig geglaubte geschwärzte Marienbild, eine seit dem 13. Jh. in Halle nachweisbare Holzstatuette. In der Krypta ist der Kirchenschatz ausgestellt, der u.a. einige Weihegaben enthält, die gekrönte Häupter der Schwarzen Madonna darbrachten.
Am hübschen Grote Markt steht das Stadhuis (Rathaus), ein 1616 errichteter malerischer Ziegelbau; sehenswert ist auch das in den Räumen des ehemaligen Jesuitenkollegs untergebrachte Heimatmuseum von Südwestbrabant (Öffnungszeiten: Mai–Aug. Sa., So. und Fei. 10.00–12.00 und 14.00–17.00 Uhr).

Gaasbeek

Lage: 14 km südwestlich von Brüssel.
Anfahrt: mit dem Bus Linie LK (Abfahrt Place Rouppe); mit dem Auto auf dem Ring R 0 über Abfahrt Nr. 16 und über Vlezenbeek.
Das malerische Dorf Gaasbeek liegt im überaus hübschen Pajottenland, von dem sich auch Bruegel zu einigen Gemälden anregen ließ. Von Gaasbeek aus kann man sehr schöne Wanderungen unternehmen. Sehenswert ist das Schloß Gaasbeek. Teile der Anlage stammen noch aus dem 13. Jh., als die Herzöge von Brabant hier eine Festung errichtet hatten. Mitte des 16. Jh.s hat man das Schloß erbaut, das in der Folgezeit mehrfach umgestaltet wurde, bis es seine heutige Gestalt erhielt. Zeitweise gehörte es dem Grafen Egmont, der hier die letzten Jahre seines Lebens verbrachte. Das Schloß beherbergt heute ein Museum und eine Kunstsammlung mit alten Möbeln, Keramik, Porzellan, Kupferwaren, Gold- und Silberarbeiten sowie Waffen. Zu den wertvollsten Exponaten gehören Wandteppiche aus Brüssel und Tournai (15.–17. Jh.), Elfenbeinschnitzereien aus dem 18. Jh. und Gemälde flämischer und spanischer Meister. Rund um das Schloß lädt ein ca. 40 ha großer Park zu erholsamen Spaziergängen ein (Öffnungszeiten: April–Okt. Di.–Do., Sa. und So. 10.00–17.00 Uhr; Juli und Aug. auch Mo. geöffnet).

*Kasteel van
Gaasbeek

Rixensart und Wavre

Lage: 19 bzw. 27 km südöstlich von Brüssel.
Anfahrt: mit dem Auto auf der A 4/E 411 Richtung Namur bis Ausfahrt Nr. 3 (Rixensart) bzw. Nr. 6 (Wavre).
Ein Ausflug in die südöstlichen Vororte von Brüssel verbindet zwei Annehmlichkeiten: bei Rixensart kann man in der lieblichen Hügellandschaft der Brabanter Ardennen spazierengehen, das Schlößchen bewundern, um den See von Genval wandern und danach in eines der Feinschmekkerrestaurants am See einkehren; in Wavre ist im Freizeitpark Walibi und im Wasserpark Aqualibi mit Brandungsbad, 140-m-Wasserrutschbahn und Wasserspielen aller Art Vergnügen angesagt (Öffnungszeiten: Ende März–Ende Sept. tgl. 10.00–18.00 für Gäste, die beide Einrichtungen benutzen wollen; für Besucher, die nur Aqualibi aufsuchen, ist von 18.00 bis 22.00 Uhr geöffnet).

Ausflüge (Fortsetzung)

Grimbergen

Lage: 12 km nördlich von Brüssel.
Anfahrt: mit dem Bus Linien G oder H (Abfahrt Place Rouppe); mit dem Auto auf dem Ring R 0 bis Ausfahrt Nr. 7 (Grimbergen).
In Grimbergen wurde im 12. Jh. eine Abtei gegründet, die einmal sehr wohlhabend werden sollte. Von dieser beeindruckt heute die 1660–1700 erbaute, sehr stattliche Klosterkirche, deren prächtige Barockausstattung eine der reichsten Belgiens ist, wobei besonders die vier Beichtstühle von Verbruggen gelobt werden müssen. Nahe bei Grimbergen liegen am Maalbeek die beiden musealen Wassermühlen 'Lier' und 'Tommen'.

*Nationaler Botanischer Garten von Bouchout

Lage: 14 km nördlich von Brüssel bei Meise.
Anfahrt: mit dem Bus Linie L (Abfahrt Place Rouppe) bis Meise; mit dem Auto auf der A 12 Richtung Antwerpen bis Ausfahrt Nr. 3 (Meise).
Liebhaber exotischer Pflanzen sollten einen Ausflug nach Bouchout unternehmen. Hier wurde 1958 auf der Domäne Bouchout der neue Nationale Botanische Garten (Nationaal Plantentuin van Bouchout) eröffnet, dessen Schulgärten und Gewächshäuser sich um ein ursprünglich aus dem 12. Jh. stammendes Wasserschloß gruppieren, das nach seiner Restaurierung im 19. Jh. der Schwester König Léopolds II., der Kaiserin von Mexiko, als Residenz diente. Zum Garten gehören 13 Treibhäuser, in welchen zahllose tropische und subtropische Pflanzen bestaunt werden können, geordnet nach ihrer geographischen Herkunft. Glanzpunkt ist das Treibhaus 'Viktoria' mit seinen Wasser- und Sumpfpflanzen (Öffnungszeiten: Park Mo.–Fr. 9.00–17.30, Sa. und So. bis 18.00; Gewächshäuser Ostern–letzter So. im Okt. 13.30–17.30; Herbarium und Kräutergarten Ostern–letzter So. im Okt. 13.00–15.00 Uhr; Eintrittsgebühr für die Gewächshäuser und Herbarien).

Auskunft

In Deutschland

Belgisches Verkehrsamt, Berliner Allee 47
D-40212 Düsseldorf
Tel. (0211) 864840, Telefax 134285

Das Amt ist auch für Anfragen aus der Schweiz und Österreich zuständig.

In Brüssel

T.I.B.

Das Fremdenverkehrsbüro der Agglomeration Brüssel (T.I.B.) bietet eine Vielzahl von Dienstleistungen für Touristen an: Ausgabe von Informationsschriften, Vermittlung von fremdsprachenkundigen Führern, Ausstellungs- und Messedienst, Gästebetreuung, Kulturprogramme, Kartenvorverkauf und Platzreservierungen für Theater und Konzerte, Unterkunftsnachweis und Zimmerreservierung, Mietwagenvermittlung sowie Fahrkarten.

Hauptbüro

Office de Tourisme et d'Information de Bruxelles/
Hôtel de Ville, Grand' Place
B-1000 Bruxelles, Tel. 5138940, Telefax 5144538
Öffnungszeiten: im Sommer tgl. 9.00–18.00; im Winter Mo.–Sa. 9.00 bis 18.00, So. 10.00–14.00 Uhr; Dez.–Mitte Feb. So. geschlossen.

Flughafenbüro

in der Ankunftshalle
Tel. 7223000/01

Informationsbüro für Brabant

Fédération du Tourisme de Brabant
61, Rue du Marché-aux-Herbes
B-1000 Bruxelles, Tel. (02) 5040455

Auskunft (Forts.) Informationsbüro für Belgien	Commissariat du Tourisme 63, Rue du Marché-aux-Herbes B-1000 Bruxelles, Tel. 5040390
Visit-Brussels-Touristenpaß	Ein sehr attraktives Angebot ist der 'Visit Brussels'-Touristenpaß, mit dem man in zahlreichen Museen Brüssels ermäßigten Eintritt und 24 Stunden freie Fahrt mit öffentlichen Verkehrsmitteln erhält. Bei Erwerb im Ausland gewährt er im Streckennetz der Belgischen Staatsbahnen zudem 60% Ermäßigung bei der Anfahrt nach Brüssel mit dem Zug. Der Paß kostet 220 bfrs und ist im Ausland erhältlich in den Büros der Fluggesellschaft SABENA (⟶ Flugverkehr) sowie in Reisebüros, in Brüssel bei den o.a. Auskunftstellen sowie in Hotels und Buchhandlungen.

Autohilfe

Automobilklubs	Royal Automobile Club de Belgique (R.A.C.B.) 53, Rue d'Arlon B-1040 Bruxelles, Tel. 2870911
	Touring Club Royal de Belgique (T.C.B.) 126, Avenue Carton de Wiart B-1090 Bruxelles, Tel. 2332211
Pannenhilfe	R.A.C.B.: Tel. 2870900
	T.C.B.: Tel. (070) 344777
	Die belgischen Automobilklubs verlangen von Nichtmitgliedern einen Jahresbeitrag und eine Gebühr.

Bahnhöfe

Vier wichtige Bahnhöfe	Brüssel ist mit seinen sechs Bahnhöfen, von denen vier für den Fernverkehr von Bedeutung sind, der wichtigste Eisenbahnknotenpunkt Belgiens. Eine Verbindung mit Hochgeschwindigkeitszügen nach Köln ist seit langem geplant. Von Brüssel-Midi fährt auch der 'Eurostar' ab, die direkte Personenzugverbindung durch den Kanaltunnel nach London. Züge aus Deutschland fahren über Köln – Aachen – Lüttich nach Bruxelles-Nord und weiter nach Bruxelles-Centrale und Bruxelles-Midi; in Bruxelles-Centrale halten jedoch nicht alle Fernzüge.
Auskunft	Zentrales Auskunftstelefon für alle Bahnhöfe Brüssels: Tel. 2192640 (französisch) und 2192880 (niederländisch)
Gare du Nord (Nordbahnhof)	Rue du Progrès Wichtigster Bahnhof für Reisende von und nach Deutschland.
Gare Centrale (Zentralbahnhof)	Boulevard de l'Imperatrice Unterirdischer Bahnhof, nur fünf Gehminuten von der Grand'Place. NIcht alle Fernzüge halten hier!
Gare du Midi (Südbahnhof)	Boulevard de l'Europe Bahnhof für die Verbindungen nach Frankreich und Großbritannien; hier fährt auch der den Kanaltunnel durchquerende Personenzug Eurostar ab.
Gare du Quartier Léopold (Gare du Luxembourg)	Place du Luxembourg Überwiegend Nahverkehrsbahnhof; Station für einige Fernzüge aus der Schweiz, Ostfrankreich und Luxemburg.

Banken

⟶ Geld

Behindertenhilfe

Help Lines (nur in englischer Sprache): Tel. 6484014 — Telefonauskunft

S.O.S.-Jeunes, 27, Rue Mercelis
B-1050 Bruxelles, Tel. 5129020 — Jugendliche Behinderte

Croix Rouge: Tel. 6495010 — Behindertenbus

S.T.I.B. (Brüsseler Nahverkehrsbetriebe), 20, Avenue de la Toison d'Or
B-1060 Bruxelles, Tel. 5152365

Eine kostenlose Broschüre mit einem Verzeichnis für behindertengerecht ausgestattete Sehenswürdigkeiten, Freizeit- und Sportstätten, Hotels und Restaurants erhält man auf schriftliche Anfrage beim — Touristikbroschüre

Ministère des Affaires Sociales et de la Santé
7, Rue Belliard, B-1040 Bruxelles

Bibliotheken und Archive (Auswahl)

Archives d'Architecture Moderne, 14, Rue Defacqz — Archive
Dokumente zur Architekturgeschichte, speziell über Brüssel

Archives Générales du Royaume, 2–6, Rue de Ruysbroeck
Interessant für Forscher über die Geschichte Belgiens; veranstaltet auch sehenswerte Ausstellungen.

Commission de la Union Européenne, 200, Rue de la Loi
Archiv der Europäischen Gemeinschaft

Bibliothèque Royale Albert 1er, 4, Boulevard de l'Empereur — Bibliotheken
⟶ Sehenswürdigkeiten, Mont des Arts

Bibliothèque du Parlement, Palais de la Nation, Place de la Nation

Bibliothèques de l'Université Libre de Bruxelles, 50, Avenue Fr. Roosevelt

Cafés, Bistros und Bars

Brüsseler Cafés sind in aller Regel Kneipen

Cafés wird man an jeder Brüsseler Ecke finden. Allerdings versteht man hier darunter in aller Regel nicht ein klassisches Kaffeehaus mit Kaffeespezialitäten und Kuchen- und Tortenauswahl, sondern eine Kneipe, wobei die Bandbreite von der einfachen Bar, in der es nur Getränke und einen kleinen Imbiß gibt, bis zur Gaststätte mit Mittags- und Abendtisch reicht. Der Übergang zum Restaurant ist in solchen Häusern fließend. In der folgenden Auflistung sind Cafés und Bistros und auch Szenetreffs aufgeführt, in denen man nur kurz auf ein Bier, aber auch für eine Mahlzeit gehen oder die Nacht durchmachen kann.
Wer ein Café nach deutschem Geschmack sucht, der schaue sich nach einem Salon de Thé, einem Tearoom oder einer Cafeteria um.

Wer nach Brüssel kommt, muß einmal auch hier gewesen sein: im Mort Subite

Auswahl

*A la Mort Subite, 7, Rue Montagne-aux-Herbes Potagères, Tel. 5131318
Unklar bleibt, woher der Name 'Plötzlicher Tod' kommt: ob vom hier gepflegten Würfelspiel mit schnellem Ende oder von der alkoholisch-diarrhötischen Wirkung des ausgeschenkten Biers – wie dem auch sei: das Mort Subite ist eines der schönsten und originellsten Cafés der Stadt, urgemütlich zwischen den ölgestrichenen Wänden und immer gut gefüllt. Hier trinkt man hauseigenes, saures Bier – Gueuze, Kriek oder Faro – und ißt ein Quarkbrot dazu.

Alex, 224, Rue Haute, Tel. 5142288
Typisches Café in den Marollen, groß und nach dem Sonntagsflohmarkt auf der Place du Jeu de Balle immer voll, vor allem wenn die Blaskpellen zur Erfrischung antreten.

L'Archiduc, 6, Rue de Dansaert, Tel. 5120652
Einst Bordell, heute noch immer mit der Art-Déco-Einrichtung von 1930 und dem Aufgang zum Stundenhotel, zog es schon Jacques Brel und Django Reinhardt hierher.

*La Bécasse, 11, Rue de Tabora, Tel. 5110006
Liegt versteckt am Ende eines Durchgangs nahe der Börse; an den blankgescheuerten Holztischen wird das süß-säuerliche hauseigene Lambic im 'Bembel' serviert.

Le Belgica, 32, Rue du Marché-au-Charbon, Tel. 5114715
Kleiner, aber immer voller Szenetreff.

Chez Richard, 4, Rue de Minimes, Tel. 5137087
Mini-Kneipe am Grand Sablon; Treffpunkt der Anwohner, der Schönen und der EU-Beamten.

Cafés, Bistros und Bars (Fortsetzung)

Cirio, 18, Rue de la Bourse, Tel. 5121395
Ein Brüsseler Klassiker. Hier wabert der Geist der Jahrhundertwende über dem Bodenteppich, und auch mancher Gast scheint nicht viel jünger. Wo sonst gibt es noch ein Belle-Epoque-Pissoir?

*Le Falstaff, 17–25, Rue Henri Maus, Tel. 5119877
Noch klassischer als das Cirio, ist die 1883 eröffnete Brasserie ein Anziehungspunkt für Freunde des reinen Jugendstils. Man ißt hier belgische Spezialitäten wie die Carbonade flamande oder Hase in Biersauce und das alles, wie die Speisekarte stolz bemerkt, “à des prix démocratiques”.

La Fleur en Papier Doré, 55, Rue des Alexiens, Tel. 5111659
Kunstkenner sollten dieses 1846 gegründete Café nicht beiseite lassen: Hier trafen sich die Brüsseler Surrealisten, Max Ernst und René Magritte hatten hier Ausstellungen. Noch immer spürt man etwas von dieser Zeit.

La Lunette, 3, Place de la Monnaie, Tel. 2180378
Hat seinen Namen von einem großen Glas, in dem das Bier serviert wird.

In t'Spinnekopke, 1, Place du Jardin aux Fleurs, Tel. 5118695
Das Häuschen aus dem 18. Jh. ist ein typischer Grenzfall: gemütliche Stadtkneipe und Restaurant auch für gehobenere Ansprüche

Moeder Lambic, 68, Rue de Savoie, Tel. 5380938
Diese Filiale der insgesamt drei Moeder-Lambic-Kneipen offeriert das größte Bier-Angebot der Stadt – fast 1100 Sorten.

Père Faro, 442, Chausée d'Alsemberg (Uccle), Tel. 3973901
Nicht nur für Biertrinker – überwiegend Erzeugnisse von Hausbrauereien – sondern auch für Sammler von Bierutensilien eine Fundgrube, ist das Café doch vollgehängt mit Emailleschildern, Krügen und Werbemitteln.

*De Ultième Hallucinatie, 316, Rue Royale, Tel. 2170614
In dreierlei Hinsicht lohnt sich der Gang nach Schaerbeek: um an der langen Theke etwas zu trinken, um im sehr guten Restaurant zu essen und um in beiden Fällen die Jugendstileinrichtung von 1904 zu bewundern.

Au Vieux Spijtigen Duivel, 621, Chaussée d'Alsemberg (Uccle), Tel. 3443455
Eine der ältesten Kneipen Brüssels, etwas außerhalb.

Campingplätze (Auswahl)

Beersel

Steenweg op Ukkel 75, B-1650 Beersel, Tel. 3310561
Ca. 10 km südlich auf der A 7/E 19 Ausfahrt Nr. 14

Grimbergen

Camping Veldkant, Veldkantstraat 64, B-1850 Grimbergen, Tel. 2692597
Ca. 15 km nördlich auf der R 0 Ausfahrt Nr. 7

Genval

Camp Paul Charles, Rue Albert Ier, B-1332 Genval, Tel. 6536215
Ca. 20 km südöstlich

Glabais (Genappe)

La Cala, 17a, Rue Cala, B-1473 Glabais, Tel. 2422251
Ca. 30 km südlich auf der N 5

Huizingen

Provinciaal Domein 6, B-1654 Huizingen, Tel. 3801493
Ca. 15 km südlich auf der A 7/E 19 Ausfahrt Nr. 15

Ohain

Renipont, 7a, Rue du Ry Beau Ry, B-1380 Ohain, Tel. 6540670
Ca. 25 km südöstlich über Waterloo, von dort nach Ohain

Campingplätze (Fortsetzung) Overijse	Druivenland, Nijvelsebaan 80, B-3090 Overijse, Tel. 6879368 Welcome, Kouterstraat 104, B-3090 Overijse, Tel. 6877577 Ca. 20 km südöstlich auf der A 4/N 4
Wezembeek-Oppen	Camping Paul Rosmant, Warandeberg 52, B-1970 Wezembeek-Oppem, Tel. 7821009 Ca. 10 km östlich auf der R 0 Ausfahrt Nr. 2

Diplomatische Vertretungen

Belgische Botschaften im Ausland

In Deutschland	Kaiser-Friedrich-Str. 7 D-53113 Bonn Tel. (0228) 212001
In Österreich	Wohllebengasse 6 A-1040 Wien Tel. (01) 50207
In der Schweiz	Weststr. 6 CH-3005 Bern Tel. (031) 430462-65

Botschaften in Belgien

Deutschland	190, Avenue de Tervuren B-1150 Bruxelles Tel. 7741911
Österreich	47, Rue de l'Abbaye B-1050 Bruxelles Tel. 6499170
Schweiz	26, Rue de la Loi bte 9 B-1040 Bruxelles Tel. 2306145

Einkäufe und Souvenirs

Einkaufsviertel

Im Einkaufswettrennen kann Europas Hauptstadt Brüssel mit Weltstädten wie London, Paris oder New York nicht mithalten – und dennoch, neben den allerorts bekannten Filialen der internationalen Mode- und Duftszene findet man eine beträchtliche Zahl von Geschäften, die sich bemühen, Originelles abseits der eingefahrenen Bahnen vorzulegen.

Oberstadt

Höchste Ansprüche können in der Oberstadt befriedigt werden. Teure Luxusgeschäfte, Niederlassungen namhafter Modeschöpfer und andere bestrenommierte Geschäfte konzentrieren sich im Bereich der Place Louise, der Avenue Louise, der Porte de Namur sowie in den von diesen Straßen abzweigenden Galerien wie die Espaces Louise und die Galerie Louise. Weniger kostspielig, aber dennoch sehr reizvoll ist ein Bummel durch die Chaussée d'Ixelles und ihren Nebenstraßen.

Unterstadt

Die wichtigste Geschäftsstraße der Unterstadt ist die Fußgängerstraße Rue Neuve, wo mehrere Großkaufhäuser, zahlreiche Fachgeschäfte und die beiden Komplexe 'Inno' und 'City 2' ein überaus reichhaltiges Warensortiment präsentieren. Auch am Boulevard Adolphe Max, an der Place De Brouckère, an der Place de la Monnaie sowie am Boulevard Anspach gibt

Unterstadt (Fortsetzung)

es viele gute Geschäfte. Die Rue Antoine Dansaert bei der Börse ist die Meile der kleinen, aber feinen Boutiquen. In der engen Rue des Fripiers sowie in der Rue au Beurre bzw. in der Petite Rue au Beurre findet man Juwelierläden, Modeboutiquen und elegante Ledergeschäfte.
Eine Brüsseler Spezialität sind die zahlreichen Galerien und Ladenpassagen, deren berühmteste wohl die Galeries Saint-Hubert sind, ein äußerst stilvoller Ort, um sein Geld auszugeben. Daneben sind noch die Galerie Bortier, die Galerie Agora, die Galerie du Centre, die Galerie St-Honoré sowie die Passage 44 erwähnenswert.

Peripherie

In Woluwé-Saint-Lambert und in Anderlecht gibt es zwei Shopping Centers, die zu den größten ihrer Art in Europa zählen: das 'Woluwé Shopping Center' und das 'Westland Shopping Center'.

Souvenirs

Als Mitbringsel aus Brüssel bieten sich Konfekt, Schokolade, v. a. die hervorragenden Pralinen, Spekulatius, Brüsseler Spitzen, Kristall, Zinn und Schmuck an. Comicfreunde werden sich bestimmt über ein Heft aus der umfangreichen belgischen Produktion freuen; auch an die Biertrinker zu Hause sollte gedacht werden. Antiquitäten, aber auch ansehnlicher Trödel finden sich in eleganten Geschäften und auf einem der vielen → Märkte. Beinahe unvermeidlich ist ein Manneken Pis im Kleinformat, als Schneekugel oder als Korkenzieher.

Afrikanisches

In Brüssel leben sehr viele Menschen aus den ehemals belgischen Kolonien in Afrika, dem heutigen Zaïre. Die Mehrzahl von ihnen wohnt in einem regelrechten afrikanischen Viertel zwischen der Chaussée d'Ixelles und der Chaussée de Wavre, nach der Flaniermeile der zaïrischen Hauptstadt Kinshasa auch 'Matongué' genannt. Wer afrikanische Waren kaufen will – Lebensmittel, Schallplatten, Schnitzereien, Schmuck, buntbedruckte Stoffe ('Wax') – der findet hier eine reiche Auswahl.

Antiquitäten

Collectors Gallery, 17, Rue Lebeau (altes Spielzeug und Blechdosen)
Galuchat, 182, Avenue Louise (Jugendstil und Art Déco)
Grusenmeyer, 14, Rue Lebeau (Kunst der Naturvölker)
Les Arts Décoratives , 49, Rue Lebeau (Art Déco)
Philippe Denys, 19, Rue Lebeau (alter Schmuck)
Pucci, 13, Rue de la Paille (Jugendstil und Art Déco)
La Trottinette, 4, Rue des Éperonniers (herrlicher, mit altem Spielzeug vollgestopfter kleiner Laden in unmittelbarer Nähe der Grand'Place)
Village des Antiquaires, 22, Rue Bodenbroek (Antiquitätenmarkt)

Buchhandlungen und Antiquariate

Bookmarket, 47, Rue de la Madeleine (Kunst, Küche, Krimis in vielen Sprachen, Ankauf und Verkauf)
Gutenberg, 34, Rue de Louvain (deutschsprachige Literatur)
Librairie van de Plas, 10, Rue des Éperonniers (Antiquariat)
Papyrus, 16, Galerie Bortier (historische Literatur)
Posada, 29, Rue de la Madeleine (hervorragende Kunstbuchhandlung)
Tropismes, 11, Galerie des Princes (Spezialist für französische Literatur)
W.H. Smith, 71, Boulevard Adolphe Max (englischsprachige Literatur)

Brüsseler Spitzen

Wer Brüsseler Spitzen kauft, sollte sich entweder auskennen bzw. eines der aufgeführten Geschäfte aufsuchen, wo für Beratung gesorgt ist. Vorsicht ist geboten bei besonders preisgünstiger Ware.

Bobbin Lace House, 39, Rue de Lombard
La Nationale, 38, Grand'Place
Louise Verschueren, 16, Rue Watteau
Manufacture Belge de Dentelles, 6–8, Galerie de la Reine
Rubbrecht, 23, Grand'Place

Comics

Bande des Six Nez, 179, Chaussée de Wavre (auch Antiquariat)
Centre Belge de la Bande Dessinée, 20, Rue des Sables (im Comic-Museum; auch Figuren, T-Shirts, Spiele, Schnickschnack)

Comics (Fortsetzung)

Espace Tintin, 13, Rue de la Colline (Spezialist für Tintin = Tim und Struppi)
Jonas, 4, Place Fernand Cocq (auch Antiquariat)
Multi BD, 126–128, Boulevard Anspach (große Auswahl an Büchern und Souvenirs)
Pepperland, 47, Rue de Namur (auch Antiquariat)
Schlirf, 752, Chaussée de Waterloo (auch US-Comics)

Geschenke, Souvenirs und Ausgefallenes

Art and Craft, 273, Chaussée de Charleroi (hochwertiges Kunsthandwerk)
Dans la presse ce-jour-là, 126, Rue Antoine Dansaert (alte Zeitungen)
Euroline, 55, Boulevard Adolphe Max und 64, Rue du Marché-aux-Herbes (Europa-Kitsch und -Souvenirs)
Eurotempo, 44, Boulevard Charlemagne und 84, Rue du Marché aux Herbes (Europa-Kitsch und -Souvenirs)
Ligne, 12–16, Galerie de la Reine (Design-Möbel)
L'Objet du Désir, 14–16, Rue de Tabora (Design und fünfziger Jahre)
Le Pur et l'Impur, 60, Rue Antoine Dansaert (Design)
Pyramide, 10, Rue Antoine Dansaert (Design)
Rosalie Pompon, 65, Rue Lebeau (Miniatur-Kunstwerke)
Serneels, 28, Avenue de la Toison d'Or (altes und neues Spielzeug)
Theorèmes, 22–23, Place du Nouveau Marché aux Grains (Design)

Gobelins

N. Toebac, 6 Rue Charles Buls

Lebensmittel

Au Flan Breton, 54, Chaussée d'Ixelles (feine Konditorei)
Bernard, 93, Rue de Namur (Delikatessen)
Corné de la Toison d'Or, u. a. 24–26, Galerie de la Reine (Pralinen)
Dandoy, 31, Rue au Beurre (Spekulatiusbäckerei)
Godiva, u. a. 22, Grand'Place (feinste Pralinen)
Langhendries, 41, Rue de la Fourché (hervorragendes Käsegeschäft; große Auswahl an belgischem Käse)

Feine Adresse für feinste Schleckereien: Neuhaus in der Galerie de la Reine

Einkäufe und Souvenirs, Lebensmittel (Fortsetzung)

Leonidas, u.a. 46, Boulevard Anspach (Pralinen zu zivilen Preisen)
Le Petit Normand, 5 et 8, Rue de Tabora (belgische Spezialitäten)
Neuhaus, u.a. 25–27, Galerie de la Reine (traditionelles Pralinenhaus)
Wittamer, 12, Place du Grand Sablon (exzellente Torten und Kuchen; Spezialität: Schokoladentorte)

Mode, Lederwaren und Schuhe

Capriccio, 38, Avenue Louise (Schuhe)
Church's, 11, Galerie du Roi (englische Schuhe)
Cupidon et associé, 42, Rue du Midi (ausgefallene Kindermode)
Della Spiga, 34, Rue Antoine Dansaert (Kostüme und Kleider)
Delvaux, 31, Galerie de la Reine (Leder)
Elvis Pompilio, 40, Rue du Midi (schräge Kappen und Hüte)
Fil à Fil, 16, Rue du Marché-aux-Herbes (feine Hemden und Krawatten)
Ganterie Italienne, 3, Galerie de la Reine (exquisite Lederhandschuhe)
Les Enfants d'Édouard, 175, Avenue Louise (Secondhand)
Mariella Burani, 29, Rue de Namur (Edles aus Seide und Leinen)
Max Mara, Galerie Louise (belgische Designermode)
Olivier Strelli, Galerie Louise (belgische Designermode)
Stéphane Kelian, Rue Antoine Dansaert (extravagante Schuhe)
Stijl, 47, Rue Antoine Dansaert (Unterwäsche)
Stijl Men – Stijl Women, 22–24, Rue Antoine Dansaert (Avantgarde-Mode)
Vincent, 53, Rue du Beurre (Krawattenparadies)
Vivače Piu, 43, Avenue Louise (farbenfrohes Modehaus)

Musik

La Boîte à Musique, 17, Rue Ravenstein (Klassik)
The Collector Record Movie, 26, Rue de la Bourse (Raritäten, Filmmusik, Vorkriegsplatten)

Elektrizität

Das belgische Stromnetz führt 220V Wechselspannung bei einer Frequenz von 50Hz.
Europa-Norm-Gerätestecker sind verwendbar, die Mitnahme eines Adapters ist dennoch angeraten.

Essen und Trinken

Allgemeines

Belgien ist seit jeher ein Land der Feinschmecker gewesen, und Brüssel ist die Stadt, in der die Belgier dieser Lust am vielfältigsten frönen können. Schon auf Bildern altflämischer Meister kann man oft Menschen bei einem Festmahl oder beim genüßlichen Essen im Freien sehen. Auch heute nehmen die Belgier jedes besondere Vorkommnis zum willkommenen Anlaß, sich an einen festlich gedeckten Tisch zu setzen.

Mahlzeiten

In der Regel wird in Hotels ein einfaches Frühstück mit Brot, Butter und Marmelade, teilweise auch mit Käse serviert, während es in den teuren Hotels auch Frühstücksbuffets gibt. Sowohl das Mittag- als auch das Abendessen fallen je nach Laune sehr reichlich aus. Dazu wird vorwiegend Bier und in geringerem Maße Wein getrunken.

Küche

Die belgische Küche zeichnet sich durch das Zusammenspiel des französischen mit dem niederländischen Einfluß aus. Deftiges wechselt sich ab mit ausgefeilt zubereiteten Speisen. Aus den Ardennen kommt Wild und natürlich der berühmte Ardenner Schinken; die nahe Küste liefert vorzüglichen Fisch und Meeresfrüchte wie die fast zur flämischen Nationalspeise gewordenen Miesmuscheln (Moules/Mosselen), mit Pommes Frites serviert, die als belgische Erfindung gelten. Das typische belgische Gemüse ist der Chicorée, oft serviert mit gekochtem Schinken und Käsesauce.

Essen und Trinken

Landestypische Speisen
Fleischspeisen

Flämische 'Karbonaden': Rindfleischragout aus gedünstetem Ochsenfleisch, das mit Bier gewürzt wird; 'Himmel und Erde': Kartoffelbrei und Äpfel mit Blut- und Leberwurst; Ardenner Räucherschinken; Kalbsniere nach Lütticher Art.

Wildbret

Flämischer Hasenpfeffer mit Leber, Zwiebeln und Backpflaumen; Kaninchen mit Backpflaumen und Gueuze-Bier; Fasanen nach Brabanter Art; Krammetsvögel nach Lütticher Art.

Geflügel

Brüsseler Hähnchen: besonders zarte Hähnchen aus der Umgebung von Brüssel; Waterzooi: Hühnerfleisch, das in Hühnerbrühe mit verschiedenen Gemüsearten und Sahne serviert wird; Gänsebraten nach Viséer Art: gekochte und anschließend gebackene Gans.

Fische und Schalentiere

Aal grün: junger, nicht fetter gekochter Aal mit vielen Gewürzkräutern; Hering in Sahnesauce, Kabeljau, Hecht, Forellen (besonders in den Ardennen), Seezungen, Muscheln (u.a. Jakobsmuscheln), Austern, Hummer, Langusten, Krabben (mit Soßen), Waterzooi vom Fisch.

Gemüse

Hopfengemüse (Poperinge), Rotkohl nach flämischer Art, Spargel nach Mechelener Art, Chicons (Brüsseler Endivie), Rosenkohl; Witlof: Brüsseler Chicorée mit Schinken und Käsesauce.

Käse

Belgischer Gouda (St-Bernard, Hertog van Brabant), Trappistenkäse (Maredsous, Orval, Chimay), Remoudou (Romadur), Hervé nach Lütticher Art (Romadur auf geröstetem Brot und dünn mit Lütticher Sirup bedeckt), Cassette de Beaumont, Pavé de Bastogne (Ziegenkäse), Quark (Fromage blanc) mit Zwiebeln, Schnittlauch, Kresse und Radieschen.

Back- und Konditoreiwaren

Spekulatius, Diester Lebkuchen und Diester Törtchen, Käsekuchen, Reisfladen, Zuckerkuchen, Reistorte (z.B. aus Namur), Mandelbrot (z.B. aus Veurne), Griechenbrot (ein Zuckerkuchen), Brüsseler Waffeln mit Zucker, Butter, frischer Sahne und/oder Obst, Lütticher Waffeln mit Karamelzukker, Apfel-Beignets, Kortrijker Zwieback, Fettgebackenes (Bollen).

Süßigkeiten

Babeluttes (Karamelbonbons), Pralinen, Toffees.

Getränke
Wein

Die im Lande angebotenen Weine stammen meist aus den Nachbarländern Frankreich oder Luxemburg.

Branntwein
Likör

Zu den beliebten Getränken zählen neben zahlreichen Geneversorten der Rosinenbranntwein und Kräuterliköre. Aus den Ardennen stammt Pumalet de la Roche, ein würziges, auf der Basis von Pflaumen bereitetes Getränk, oder der Ewe di Moûss, dessen Farbe aus Veilchen gewonnen wird.

Tafelwasser

Bekannteste Mineralwässer sind Spa, Bru und Chaudfontaine.

Bier

Bier ist das belgische Nationalgetränk. In keinem anderen Land der Welt findet man eine solche Vielfalt ausgefallener, meist obergäriger und nach traditioneller Art gebrauter Biere. Jedes Café, das etwas auf sich hält, bietet mindestens 15–20 grundverschiedene Sorten an, fünfzig und mehr sind keine Seltenheit; wer schlicht "ein Bier" bestellt, wird oft nur fragende Blicke ernten oder wortlos ein Pils serviert bekommen. Wer Bier mag, sollte sich nicht scheuen, eine Probe anzutreten: Außer Lambic, Gueuze und Kriek, den Spezialitäten aus Brüssel und seiner Umgebung, lohnen sich die von Mönchen gebrauten, meist stärkeren Trappistenbiere aus Chimay, Rochefort, Orval (sehr herb), Westmalle und Westvleteren, die sog. 'roten', sauren Biere von Rodenbach, Ales wie das 'Liefmans Goudenband' aus Oudenaarde, mit Koriander gewürzte Weißbiere wie das Hoegaardse Wit oder das Brugse Wit sowie eine Vielzahl Biere kleinerer Brauereien, die in der Regel allesamt stärker sind als die üblichen Pils- oder Lagerbiere und eine immens breite Geschmackspalette anbieten. Gute Adressen in Brüs-

Baedeker Special

Echte Brüsseler Spezialitäten: Lambic, Gueuze und Faro

Lambic, Gueuze und Faro sind eine Bierspezialität der Brüsseler Region, und das hat einen sehr kuriosen Grund: Nur in Brüssel und in einem Umkreis von 15–20 km – in Brueghels Payottenland – leben in der freien Luft 'Brettanomyces lambicus oder brucelensis', Hefebakterien, die den Gärprozeß des Bieres vorantreiben, so daß die üblicherweise speziell gezüchtete Brauhefe dem jungen Bier nicht zugesetzt werden muß. Deshalb nennt man Lambic und Gueuze auch 'wilde' Biere. Um die Zusammensetzung der Mikroorganismen nicht zu stören, verändern die Brauer möglichst wenig in ihren Gärkellern – auch dies ein Grund, warum in der Brasserie Cantillon die Spinnweben von der Decke hängen. Das Grundbier der Gueuze ist das Lambic, zu dessen Herstellung rund ein Drittel roher Weizen, zwei Drittel gemälzte Gerste sowie drei Jahre alter Hopfen verwendet werden. Nach zwei bis drei Tagen spontaner Gärung wird das Lambic nun mehrere Jahre im Faß gelagert. Die Gueuze entsteht durch das Verschneiden mehrerer Lambic-Jahrgänge, wobei man ein Drittel altes und zwei Drittel junges Bier mischt und dann in Flaschen abfüllt, die, ähnlich wie Champagner, mit Korken und Drahtgeflecht ziemlich fest verschlossen werden und in der Flasche noch einmal ein bis zwei Jahre reifen. Eine Gueuze, gefiltert oder ungefiltert, ist von bräunlicher bis goldener Farbe, moussiert leicht und schmeckt zu Beginn gewöhnungsbedürftig süß-sauer, ist aber besonders im Sommer eine herrliche Erfrischung. Gueuze wird beileibe nicht nur in der Brasserie Cantillon, sondern auch von sehr großen Brauereien hergestellt. Ein Lambic ist sehr viel seltener zu bekommen (ein sehr typisches im La Bécasse in der Rue Tabora), es schmeckt säuerlich, aber ist nicht so spritzig wie eine Gueuze. Das Faro, mit Kandis gesüßt und früher ein Massengetränk, ist kaum noch zu finden. In Brüssel wird im À la Mort Subite noch eine besonders saure Variante ausgeschenkt.

Bier (Fortsetzung)

sel sind das A la Mort Subite, das zwar relativ wenig Biere, dafür aber hauseigene Spezialitäten ausschenkt, das La Bécasse, in dem es ein echtes Lambic gibt, sowie Père Faro und Moeder Lambic, in denen die Getränkekarte kaum einen Wunsch offen läßt. Zum Bier ißt man gern Käsehäppchen mit Senf oder Quarkbrote.

Belgische Speisekarte

Allgemeines

deutsch	französisch	niederl./flämisch
Frühstück	petit déjeuner	ontbijt
Mittagessen	déjeuner	lunch
Abendessen	dîner, souper	diner
Rechnung	addition	rekening

Essen und Trinken

	deutsch	französisch	niederl./flämisch
Belgische Speisekarte, Allgemeines (Fortsetzung)	Speisekarte	carte	spijskaart, menu
	Weinkarte	carte des vins	wijnkaart
	Suppe	potage, soupe	soep
	Fleischbrühe	consommé	bouillon
	Vorspeisen	hors-d'œuvre	voorgerecht
Fisch (poisson; vis)	Gebraten	frit	gebakken
	Gekocht	cuit	gekookt
	Aal	anguille	aal, paling
	Barsch	perche	baars
	Flunder	flet	bot
	Forelle	truite	forel
	Hecht	brochet	snoek
	Hering	hareng	haring
	Kabeljau	cabillaud	kabeljauw
	Karpfen	carpe	karper
	Lachs	saumon	zalm
	Seezunge	sole	zeetong
Schalentiere (crustacés; schelp- en schaaldieren)	Austern	huîtres	oesters
	Hummer	écrevisse	kreeft
	Krabben	crevettes	garnalen
	Muscheln	moules	mosselen
Fleischspeisen (viandes; vleesgerecht)	gegrillt	grillé	gegrild
	Braten	rôti	gebraden vlees
	Hammel	mouton	schaap
	Kalb	veau	kalf
	Kalbsschnitzel	escalope de veau	kalfsoester
	Lamm	agneau	lam
	Rind	bœuf	rund
	Schwein	porc	varken
	Schmorbraten	bœuf en daube	gestoofd vlees
	Leber	foie	lever
	Nieren	rognons	nieren
	Wurst	saucisson, saucisse	worst
	Schinken	jambon	ham
Geflügel (volaille; gevogelte)	Gans	oie	gans
	Huhn	poule, poulet	kip
	Ente	canard	eend
Wild (gibier; wild)	Kaninchen	lapin	konijn
	Reh	chevreuil	ree
	Wildschwein	marcasson	wild zwijn
Gemüse (légume; groente)	Blumenkohl	chou-fleur	bloemkool
	Bohnen	haricots	bonen
	Chicorée	chicorée	witlof
	Erbsen	pois	(dop)erwten
	Gurke	concombre	komkommer
	Kartoffeln	pommes de terre	aardappelen
	Kohl	chou	kool
	Rosenkohl	chou de Bruxelles	spruitjes
	Rotkohl	chou rouge	rodekool
	Salat	salade	sla, salade
	Sauerkraut	choucroute	zuurkool
	Spinat	épinard	spinazie
	Nudeln	nouilles, pâtes	macaroni
	Reis	riz	rijst

Belgische Speisekarte (Fortsetzung)

deutsch	französisch	niederl. / flämisch	
Eis	glace	ijs	Nachtisch (dessert; nagerecht)
Käse	fromage	kaas	
Pudding	flan	pudding	
Schlagsahne	crème chantilly	slagroom	
Apfel	pomme	appel	Obst (fruits; fruit)
Apfelsine	orange	sinaasappel	
Birne	poire	peer	
Erdbeere	fraise	aardbei	
Kirsche	cérise	kers	
Pfirsich	pêche	perzik	
Pflaume	prune	pruim	
Weintrauben	raisins	druiven	
Brot	pain	brood	Sonstiges
Weißbrot	pain blanc	wit brood	
Brötchen	pistolet, petit pain	broodje	
Kuchen	gâteau	koek	
Torte	tarte	taart, gebak	
Gebäck	pâtisserie	gebak	
Butter	beurre	boter	
Marmelade	confiture	jam	
Honig	miel	honing	
Ei	œuf	ei	
Hart	dur	hard gekookt	
Weich	à la coque	zacht gekookt	
Rührei	œufs brouillés	roerei	
Spiegelei	œufs sur la plat	spiegelei (gebakken ei)	
Salz	sel	zout	
Pfeffer	poivre	peper	
Zucker	sucre	suiker	
Essig	vinaigre	azijn	
Öl (Speise-)	huile alimentaire	(spijs)olie	
Bier	bière	bier	Getränke (boissons; dranken)
Kaffee	café	koffie	
Milch	lait	melk	
Mineralwasser	eau minérale	mineraalwater	
Sahne	crème	room	
Tee	thé	thee	
Wasser	eau	water	
Wein	vin	wijn	
Weißwein	vin blanc	witte wijn	
Rotwein	vin rouge	rode wijn	

Feiertage

Hinweis

Fällt ein Feiertag auf einen Sonntag, so gilt u. U. der darauffolgende Montag als Feiertag.

Gesetzliche Feiertage

1. Januar	Neujahr
1. Mai	Tag der Arbeit
11. Juli	nur in Flandern: Fest der flämischen Gemeinschaft
21. Juli	Nationalfeiertag
15. August	Mariä Himmelfahrt
27. September	nur in Wallonien: Fest der wallonischen Gemeinschaft

Feiertage (Fortsetzung)	1. November	Allerheiligen
	11. November	Waffenstillstandstag
	25. und 26. Dezember	Weihnachten

Bewegliche Feiertage

Bewegliche Feiertage sind in Belgien Ostermontag, Christi Himmelfahrt und Pfingstmontag.

Flugverkehr

Flughafen

Brüssel ist durch den Flughafen Bruxelles National bzw. Brussel Nationaal, etwa 12 km nordöstlich des Stadtzentrums auf der Gemarkung Zaventem gelegen, an das internationale Luftfahrtnetz angeschlossen. Verbindungen bestehen mit vielen deutschen und allen wichtigen europäischen Städten. Der Flughafen wird derzeit in großem Umfang ausgebaut; u.a. ist Mitte 1995 ein neues Terminal eröffnet worden, bis 1998 soll ein zweites folgen, so daß die Gesamtkapazität dann 27 Mio. Passagiere betragen soll.

Zubringer

Zwischen dem Bahnhof Bruxelles Central (5.39–23.14 Uhr) über Bruxelles Nord (5.43–23.18 Uhr) und dem Flughafen (6.09–23.46 Uhr) verkehren alle 25 Minuten Expreßzüge. Fahrtdauer pro Strecke etwa 20 Minuten. Fahrkarten erhält man am Bahnhofsschalter, beim Tourismusbüro (⟶ Auskunft), am Flughafen und in den Zügen selbst, wo aber ein Zuschlag zu zahlen ist.

Flughafenauskunft

Tel. 7236010/28

Fluggesellschaften

Austrian Airlines
66, Avenue Louise, Bte 4, Tel. 5137500, Telefax 5137132
Flughafen Bruxelles National, Tel. 7230311

Deutsche Lufthansa
1, Boulevard Anspach, Bte 4, Tel. 2120922, Telefax 2182521
Flughafen Bruxelles National, Tel. 7202128

SABENA
Air Terminus, 35, Rue Cardinal Mercier, Tel. 5119030, Telefax 5092096
Flughafen Bruxelles National, Tel. 7233111

Swissair
1, Place Madou, Tel. 2207111, Telefax 217806
Flughafen Bruxelles National, Tel. 7202637

Fundbüros

Kein zentrales Fundbüro

Ein zentrales Fundbüro gibt es in Brüssel nicht. Geht auf der Straße etwas verloren, wende man sich entweder an das Polizeikommissariat des Stadtbezirks bzw. der Gemeinde oder direkt an die Polizeidirektion. Sie befindet sich in:

30, Rue du Marché-au-Charbon, Tel. 5179675.

Taxi

Bei Verlusten im Taxi hilft das dem Abfahrtsort nächstgelegene Polizeirevier weiter.

Flugzeug

Fundbüro in der Ankunftshalle des Brüsseler Flughafens, Tel. 7236011

Flughafen

Fundbüro der Flughafenverwaltung in der Besucherhalle, Tel. 7223940
Geöffnet: werktags

Funbüros (Fortsetzung)

Eisenbahn

Falls Nummer und Bestimmungsort des Zuges bekannt sind, benachrichtige man den nächsten Bahnhof oder die Endstation des Zuges. Fehlen präzise Angaben, wende man sich einige Tage später an das Fundbüro im Bahnhof Bruxelles Nord, Tel. 2246112.
Geöffnet: tgl. 7.30 – 17.15 Uhr

Öffentliche Verkehrsmittel

S.T.I.B.-Fundbüro, 15, Avenue de la Toison d'Or, Tel. 5132394
Geöffnet: tgl. 9.30 – 12.30 Uhr

Geld

Währung

Währungseinheit ist der Belgische Franken bzw. Franc (bfr, bfrs). Ein Franc = 100 Centimes. Im Umlauf sind Banknoten von 100, 500, 1000 und 5000 bfrs sowie Münzen im Wert von 1/2, 1, 5, 20 und 50 bfrs im Umlauf. Die belgische Währung ist wertgleich mit dem luxemburgischen Franc (lfr / flux) und wird auch im Großherzogtum Luxemburg akzeptiert.

Wechselkurse (veränderlich)

100 bfrs	=	5,00 DM	1 DM	=	20,00 bfrs
100 bfrs	=	35,00 öS	1 öS	=	2,87 bfrs
100 bfrs	=	4,18 sfr	1 sfr	=	23,95 bfrs

Devisenbestimmungen

Die Ein- und Ausfuhr in- und ausländischer Zahlungsmittel unterliegt keinen Beschränkungen.

Banken

Banken sind in der Regel Mo. – Fr. 9.00 – 16.00 Uhr geöffnet. Die Bank am Flughafen hat bis 21.45 Uhr, diejenige an der Gare du Nord bis 23.00 Uhr geöffnet.

Eurocheques

Eurocheques können bis zu einem Betrag von 7000 bfrs ausgestellt werden. Bei Verlust von Eurocheques und/oder Scheckkarten wende man sich umgehend an den Zentralen Annahmedienst für Verlustmeldungen von Eurocheque-Karten in Frankfurt am Main; Telefon aus Belgien: (004969) 740987 (24 h-Dienst); Karte und Konto werden sofort gesperrt.

Geldwechsel

Geld kann sowohl bei Postämtern, in Banken, im Brüsseler Flughafenterminal oder in den in großen Bahnhöfen eingerichteten Wechselstuben umgetauscht werden. Allerdings muß man dort mit z.T. mit erheblichen Gebühren rechnen.

Kreditkarten

Die meisten internationalen Kreditkarten (z.B. American Express, Diners Club, Eurocard und Visa) werden von Banken, größeren Hotels, Restaurants der gehobenen Kategorien und einer Vielzahl von Geschäften akzeptiert. Beim Verlust einer Kreditkarte rufe man umgehend den Sicherheitsdienst für Kreditkarten (Tel. 5391502; Dienst rund um die Uhr) an und informiere die Polizei.

Geldautomaten

In Brüssel findet man allenthalben Geldautomaten mit viersprachigen Bedienungshinweisen, an denen mit einer eurocheque-Karte und vielen Kreditkarten problemlos Bargeld abgehoben werden kann.

Postsparkasse

Inhaber von Postsparbüchern können bei allen Postämtern innerhalb eines Monats Bargeld bis zu einem Gegenwert von 2000 DM (tägl. Höchstbetrag: 1000 DM) abheben.

Geschäftszeiten

Keine strenge Regelung

In Belgien herrscht ein liberales Ladenschlußgesetz; gemäß diesem ist lediglich festgelegt, daß die Läden an 24 Stunden in der Woche geschlos-

Geschäftszeiten (Fortsetzung)

sen sein müssen, gleichgültig an welchem Wochentag. Es gelten allgemeine Öffnungszeiten zwischen 5.00 und 20.00 Uhr.

In Brüssel haben die meisten Geschäfte montags bis samstags zwischen 9.00 und 18.00 Uhr geöffnet; am Freitagabend wird erst um 20.00 oder 21.00 Uhr geschlossen. Sonntags haben auf jeden Fall Bäcker- und kleinere Lebensmittelläden geöffnet.

Banken

→ Geld

Post

→ Post und Telekommunikation

Museen

→ dort

Hotels

Übernachten ist nicht billig

Brüssels Hotels sind nicht gerade billig. Unter 2000 bfrs (DM 100.-) pro Nacht wird man kaum wegkommen, will man nicht in einer Absteige landen. Wer von einem Hotel etwas mehr erwartet als nur ein sauberes Bett, muß noch deutlich tiefer in die Tasche greifen. Zwar gibt es genügend Hotels in Brüssel, doch kann es wegen der vielen internationalen Konferenzen und während der Monate Mai, Juni und September zu Engpässen kommen. Ein rechtzeitige Reservierung ist also angeraten, entweder beim Hotel selbst oder bei der Reservierungszentrale

Belgium Tourist Reservations
111, Boulevard Anspach
B-1000 Bruxelles
Tel. 5137484, Telefax 5139277

Verzeichnis

Bei der Brüsseler Touristeninformation T.I.B. sowie beim Belgischen Verkehrsamt in Düsseldorf (→ Auskunft) kann ein Hotelverzeichnis angefordert werden.

Preise

Die nachstehend aufgeführten Preise sind Durchschnittspreise für ein Doppelzimmer mit Frühstück und können nach oben oder unten abweichen. Sie sind nur bedingt ein Anhaltspunkt für eine Kategorisierung. Bei vielen Hotels lohnt sich die Nachfrage nach günstigen Gruppen- und Wochenendarrangements bzw. nach Nachlässen in den Ferienmonaten Juli und August.

Kategorie A	über 8 500 bfrs
Kategorie B	5 000 – 8 500 bfrs
Kategorie C	3 000 – 5 000 bfrs
Kategorie D	1 500 – 3 000 bfrs

Hotels im Stadtgebiet (Auswahl)

Kategorie A

Alfa Sablon, 2 – 4, Rue de la Paille, Tel. 5136040, Telefax 5118141; 32 Z., Sauna. Komfortables Haus am Grand Sablon.

*Amigo, 1 – 3, Rue de l'Amigo, Tel. 5474747, Telefax 5135277; 186 Z., Restaurant, Konferenzraum, Tiefgarage. In diesem vor allem bei EU-Diplomaten sehr beliebten Hotel, einst Gefängnis, sind alle Zimmer im Louis-XV- oder kolonialen Stil eingerichtet. Eines der besten Hotels der Stadt, nur einen Steinwurf von der Grand'Place entfernt.

Einst Gefängnis, heute eines der besten Hotels in Brüssel: das Amigo nahe der Grand' Place ▶

hôtel Amigo
MUSEE
MUSEUM

Hotelauswahl (Fortsetzung)

Conrad Brussels, 71, Avenue Louise, Tel. 5424242, Telefax 5424200; 269 Z., Behindertenservice, Restaurant, Konferenzräume, Nachtbar, Flughafenpendeldienst, Parkplatz, Fitnessraum, Hallenbad, Sauna. Das Flaggschiff der Brüsseler Hotels, 1993 in einigen renovierten Bürgerhäusern eröffnet. Modern, teuer, kühl.

Hilton Brussels, 38, Boulevard de Waterloo, Tel. 5041111, Telefax 5042111; 450 Z., Restaurant, Konferenzräume, Nachtbar, Garage, Sauna. Von außen ein unansehnlicher Betonklotz über dem Marollenviertel, die Zimmer aber großzügig und mit schönem Blick über die Stadt.

Jolly Hotel du Grand Sablon, 2–4, Rue Bodenbroek, Tel. 5128800, Telefax 5126766; 203 Z., Behindertenservice, Restaurant, Konferenzräume, Nachtbar, Garage. Neubau am Grand Sablon, einem der schönsten Plätze Brüssels.

*Metropole, 31, Place de Brouckère, Tel. 2172300, Telefax 2180220; 410 Z., Restaurant, Konferenzräume, Flughafenpendeldienst, Nachtbar, Sauna, Fitnessraum. Wahrlich heilige Hallen der Belle-Epoque: Palmen, Marmor, Spiegel, bunte Glasfenster, Säulen, Leder und Mahagoni vom Foyer bis zum gediegenen Clubraum. Umwerfend das Café. Wer es sich leisten kann, sollte hier absteigen – zum 'Nur-Schlafen' eigentlich viel zu schade. Sacha Guitry, Sarah Bernhardt, Charles de Gaulle und Arthur Rubinstein zählten zu den Gästen (→ Abb. S. 162/163).

Royal Windsor Hotel, 5, Rue Duquesnoy, Tel. 5055555, Telefax 5055500; 275 Z., Restaurant, Konferenzräume, Nachtbar, Garage, Sauna. Klassisches Grandhotel.

*S.A.S. Royal Hotel, 47, Rue du Fossé-aux-Loups, Tel. 2192828, Telefax 2196262; 281 Z., Behindertenservice, Restaurant, Konferenzräume, Nachtbar, Garage, Fitnessraum, Sauna. Hochgelobtes skandinavisches Haus: postmodernes Atrium mit künstlichem Bach und echter Brüsseler Stadtmauer aus dem 12. Jh. hinter der Art-Déco-Fassade.

Sheraton Brussels Hotel & Towers, 3, Place Rogier, Tel. 2243111, Telefax 2243456; 528 Z., Behindertenservice, Restaurant, Konferenzräume, Nachtbar, Garage, Garten, Fitnessraum, Sauna, Hallenbad auf dem Dach. Großzügige Zimmer; etwas schummrige Gegend.

Stanhope Hotel, 9, Rue du Commerce, Tel. 5069111, Telefax 5121708; 50 Z., Restaurant, Konferenzräume, Garage, Garten, Fitnessraum, Sauna. Luxusherberge in einem ehemaligen Kloster

Kategorie B

Bedford, 135, Rue du Midi, Tel. 5127840, Telefax 5141759; 296 Z., Restaurant, Konferenzräume, Garage. Zentrale Lage.

Le Dixseptième, 25, Rue de la Madeleine, Tel. 5025744, Telefax 5026424; 25 Z., Konferenzräume, Garten. Historisches Gebäude nahe der Grand' Place, auch Apartments mit Küche.

*Le Dôme, 9, Boulevard du Jardin Botanique, Tel. 2194161, Telefax 2179385; 48 Z., Behindertenservice, Restaurant, Konferenzräume, Garage. Alle Zimmer im (nachempfundenen) Jugendstil.

Léopold, 35, Rue du Luxembourg, Tel. 5111828, Telefax 5141939; 86 Z., Restaurant, Konferenzräume, Garten, Sauna. Sehr hübsch gestaltete Zimmer in mehreren Altbauten.

Palace, 3, Rue Gineste, Tel. 2176200, Telefax 2187651; 360 Z., Behindertenservice, Konferenzräume. Traditionsreiches Haus: Fürst Rainier und Gracia Patricia von Monaco verlebten hier den Honeymoon.

Hotelauswahl (Fortsetzung)

*Président Centre, 160, Rue Royale, Tel. 2190065, Telefax 2180910; 73 Z., Garage. Modernes Stadthotel, das beste in seiner Klasse.

*Pullman Astoria, 103, Rue Royale, Tel. 2176290, Telefax 5141976; 125 Z., Restaurant, Konferenzräume. Spätviktorianischer Hotel-Dinosaurier, eines der stilvollsten Häuser in Brüssel. Premierminister Winston Churchill, Bundeskanzler Konrad Adenauer, die Begum und auch Ringo Starr sanken hier in die Kissen.

Kategorie C

Agenda, 6, Rue de Florence, 38 Z., Tel. 5390031, Telefax 5390063; 38 Z., Garage, Garten. Nahe der Avenue Louise, Zimmer mit Kitchenette.

*Albert I., 20, Place Rogier, Tel. 2172125, Telefax 2179331; 285 Z., Behindertenservice, Restaurant, Konferenzraum, Garten. Zentral gelegen, bestes Haus in dieser Kategorie.

Atlas, 30–34, Rue du Vieux Marché-aux-Grains, Tel. 5026006, Telefax 5026935; 88 Z., Behindertenservice, Konferenzräume, Garage. Neue Adresse im Designerlook, in der Nähe des alten Fischmarkts.

Beau Site, 76, Rue de la Longue Haie, Tel. 6408889, Telefax 6401611; 38 Z., Garage. Neu, hell, große Badezimmer, gutes Frühstücksbuffet.

Ibis Brussels Grand'Place, 100, Rue du Marché-aux-Herbes, Tel. 5144040, Telefax 5145067; 172 Z., Konferenzräume, Tiefgarage. Modernes Haus mit freundlicher Atmosphäre, im Zentrum.

*Manos, 100–104, Chaussée de Charleroi, Tel. 5379682, Telefax 5393655; 38 Z., Konferenzräume, Garage. Geräumige, gut ausgestattete Zimmer im ländlichen Stil, hübscher Garten.

*NewHotel Siru, 1, Place Rogier, Tel. 2177580, Telefax 2183303; 101 Z., Restaurant, Konferenzräume, Parkplatz. Ein Muß für Kunstliebhaber: Jedes Stockwerk steht unter einem anderen künstlerischen Thema, jedes Zimmer ist von einem zeitgenössischen belgischen Künstler individuell gestaltet worden.

Novotel Brussels Off Grand'Place, 120, Rue du Marché-aux-Herbes, Tel. 5143333, Telefax 5117723; 136 Z., Restaurant, Konferenzräume, Flughafenpendeldienst, Garten. Neu, historische Fassade, sehr kleine Zimmer.

*Vendôme, 98, Boulevard Adolphe Max, Tel. 218070, Telefax 2180683; 118 Z., Garage. Charmantes Haus mit der Atmosphäre des 19. Jh.s

Kategorie D

A la Grande Cloche, 10–12, Place Rouppe, Tel. 5126140, Telefax 5126591; 45 Z., Garage. Zentrum und Marollen rasch zu erreichen.

*Argus, 6, Rue Capitaine Crespel, Tel. 5140770, Telefax 5141222; 40 Z., Garage. Freundliches, modernes, etwas verwinkeltes Haus in günstiger Nähe zu Place Louise, Justizpalast und Marollen.

Arlequin, 17–19, Rue de la Fourche, Tel. 5141615, Telefax 5142202; 60 Z. Freundliche, gemütliche Bleibe in der Ilôt Sacré.

Ascot, 1, Place Loix, Tel. und Telefax 5388835; 60 Z. Nettes Haus mit familiärer Atmosphäre.

Les Bluets, 124, Rue Berckmans, Tel. 5343983; 10 Z., Garten. Familiäres, kleines Haus in der Oberstadt. Frühstücksraum voll tropischer Pflanzen.

George V, 23, Rue t'Kint, Tel. 5135093, Telefax 5134493; 17 Z. Günstiges Haus im Künstlerviertel St-Géry.

Hotelauswahl (Fortsetzung)

La Légende, 35, Rue du Lombard, Tel. 5128290, Telefax 5123493; 32 Z., Restaurant, Konferenzräume, Garten. Ein Haus nahe bei Brüssels Sehenswürdigkeit Nr. 1, dem m Manneken Pis.

Madeleine, 22, Rue de la Montagne, Tel. 5132973, Telefax 5021350; 52 Z. Zentral, preiswert und etwas vom Zahn der Zeit angenagt.

Opéra, 35, Rue Grétry, Tel. 2194343, Telefax 2191720; 49 Z. Beliebt bei jungen Brüsselbesuchern.

Paris, 80, Boulevard Poincaré, Tel. 5270920, Telefax 5238153; 39 Z., Garage. Zwar etwas angegilbt, dennoch bietet es ein gutes Preis-Leistungsverhältnis.

Rembrandt, 42, Rue de la Concorde, Tel. 5127139, Telefax 5020813; 13 Z. Schön renovierter Altbau.

*Welcome Truite d'Argent, 5, Rue du Peuplier, Tel. 2199546, Telefax 2171887; 6 Z., Restaurant, Konferenzraum, Garage. Das sehr kleine Hotel ist schön gelegen am Fischmarkt, hat ein wirklich gutes Restaurant, ist also etwas für Individualisten.

Windsor, 13, Place Rouppe, Tel. 5112014, Telefax 5140942; 24 Z. Renoviertes, unprätentiöses Haus am Rand der Marollen. Für Reisende, die ohne viel Aufwand gut wohnen möchten.

Hotels außerhalb (Auswahl)

Kategorie A

*Château du Lac, 87, Avenue du Lac, B-1332 Genval, Tel. 6541122, Telefax 6536200; 38 Z., Restaurant, Konferenzräume, Parkplatz, Garten, Fitnessraum, Tennis. Entspannung, Sport und Kulinarik im Schlößchen am Lac de Genval.

Le Manoir, 4, Avenue Hoover, B-1332 Genval, Tel. 6499800, Telefax 6556455; 12 Z., Restaurant, Konferenzräume, Parkplatz, Garten, Tennis. Höchst idyllisch gelegen.

Kategorie B

*Château de Limelette, 87, Rue Charles Dubois, B-1342 Limelette, Tel. (010) 419999, Telefax (010) 415759; 79 Z., Restaurant, Konferenzräume, Nachtbar, Garten, Parkplatz, Flughafenpendeldienst, Fitnessraum, Tennis, Hallenbad, Sauna.

Grand Hôtel Waterloo, 198, Chausée de Tervuren, B-1410 Waterloo, Tel. 3521815, Telefax 2305635; 80 Z., Restaurant, Konferenzräume, Parkplatz, Garten, Sauna. 1992 in einer ehemaligen Zuckerfabrik eröffnetes Haus, für sportliche Gäste empfiehlt sich das Tennis- und Squash-Center in unmittelbarer Nachbarschaft.

Kategorie C

Lido, 20, Rue de Limalsart, B-1330 Rixensart, Tel. 6540505, Telefax 6540555; 27 Z., Restaurant, Garten. Ruhiges Fachwerkhaus.

Privatunterkünfte

Privatunterkünfte zu einem Preis zwischen 1000 und 2000 bfrs pro Nacht vermittelt

New Windrose
21 A, Avenue Paul Dejaer
B-1060 Bruxelles
Tel. 5437191, Telefax 5437192

Jugendunterkünfte

Les Auberges de Jeunesse, 52, Rue Van Oost
B-1030 Bruxelles, Tel. 2153100, Telefax 2428356

Jugendherbergen Auskunft

Auberge Bruegel
2, Rue du Saint-Esprit, Tel. 5110436, Telefax 5120711

Auberge Jacques Brel
30, Rue de la Sablonnière, Tel. 2180187, Telefax 2172005

Auberge Jean Nihon
4, Rue de l'Eléphant, Tel. 4103858, Telefax 4103905

Jugendhotels

C.H.A.B. – Centre d'Hébergement de l'Agglomeration de Bruxelles
8, Rue Traversière, Tel. 2170158, Telefax 2197995

Sleep-Well Auberge du Marais
27, Rue de la Blanchisserie, Tel. 2185050, Telefax 2181313

Studentenheime

Université Libre de Bruxelles
1, Boulevard du Triomphe, Tel. 6412831

Maison Internationale des Etudiants
205, Chaussée de Wavre, Tel. 6488529

Empfangsdienste für Jugendliche und Studenten

Acotra-World
51, Rue de la Madeleine, Tel. 5128607 und 5125540
Büro am Flughafen: tgl. 10.00 – 17.30 Uhr, Tel. 7203547

Infor-Jeunes
27, Rue du Marché-aux-Herbes, Tel. (070) 233444

Kino

Keine Synchronisation

In Belgien ist es nicht üblich, fremdsprachige Filme, vor allem also Hollywood-Produktionen, zu synchronisieren. Sie werden lediglich mit Untertiteln versehen. Wer des Französischen und Niederländischen nicht mächtig ist, dafür aber Englisch versteht, kann daher relativ problemlos dem Geschehen auf der Leinwand folgen.

Auswahl

Die nachstehend aufgeführten Kinos zeichnen sich entweder durch ihr ambitioniertes Programm oder durch ihre Einrichtung aus.

Arenberg, 3, Rue d'Arenberg bzw. 26, Galerie de la Reine, Tel. 5128063
Plüschiges Interieur, aber vom Programm her auf der Höhe
Kinépolis, Bruparck, Tel. 4780450
Mit 26 Sälen größtes Kino in Brüssel; besondere Attraktion ist die IMAX-Riesenleinwand (→ Sehenswürdigkeiten, Bruparck)
Movy, 21, Rue des Moines, St-Gilles, Tel. 5376954
Klassiker der Filmgeschichte und Ausgefallenes
Musée du Cinéma, 9, Rue Baron Horta, Tel. 5134155
Täglich Stummfilme
Styx, 72, Rue de l'Arbre Benit, Tel. 5122102
Klassiker in zwei Sälen
UGC de Brouckère, 38, Place de Brouckère, Tel. 2183065
Acht Säle, großer Art-Déco-Saal
UGC Acropole, 8, Avenue de la Toison d'Or, Tel. (077) 349730
Mit zwölf Sälen das größte Kino im Zentrum, rollstuhlgerecht

Kunstgalerien

Szene

Die Kunstecken Brüssels findet man vor allem um die Place du Grand Sablon, um den Palais des Beaux-Arts, entlang der Avenue Louise und in Ixelles. Dort hat sich auch, im afrikanischen Viertel Matongue, afrikanische Volkskunst etabliert.

Vernissagen

Über aktuelle Vernissagen informiert: Art Diary, Tel. 5241194

Auswahl

Albert Baronian, 8, Rue Villa Hermosa, Tel. 5120978 (belgische Avantgarde)
Camomille (Camille von Scholz), 30, Rue Vilain XIV, Tel. 6492368 (Phantastisches)
Catherine Mayeur, 24, Rue des Renards, Tel. 5130629 (Avantgarde)
Cogeime Art Moderne, 301, Avenue Louise, Tel. 6488093 (Moderne)
Coppens & Van de Velde, 41, Rue Van Artevelde, Tel. 5138174 (etablierte Moderne, Grafik)
Christine & Isy Brachot, 8, Rue Villa Hermosa, Tel. 5121416 (Junge Künstler)
Galerie des Beaux-Arts, 20–22, Rue Ravenstein, Tel. 513677 (Klassische Moderne, Avantgarde)
Lanzenberg, 9, Avenue de Klauwaerts, Tel. 6473015 (jüngste internationale Trends)
Le Miroir d'Encre, 14, Place Albert Leemans, Tel. 6404084 (Kunst der zwanziger Jahre bis heute)
Le Sacre du Printemps, 10–12, Rue de la Longue Haie, Tel. 5117031 (Moderne Malerei und Plastik)
Philippe Guimiot, 138, Avenue Louise, Tel. 6406948 (Klassische Moderne)

La Fleur en Papier Doré

Keine Galerie, aber ein Relikt der Galeriegeschichte der Stadt ist das Café La Fleur en Papier Doré in der Rue des Alexiens. Es gehörte Geert van Bruaane, dem wohl wichtigsten – und skurrilsten – Galeristen Brüssels. Er stellte schon 1924 Grosz, Dix, Feininger, Kandinsky, Klee und Magritte aus. Sein Café war der Treffpunkt der Brüsseler Kunstszene, und noch heute hängt es voller Reminiszenzen an diese Zeit und ihren Mentor.

Märkte

Jeder Tag ist Markttag

Die belgische Hauptstadt ist ein Eldorado für Marktbummler. Es gibt kaum etwas, was nicht auf einem Markt angeboten wird, und es gibt kaum einen Tag, an dem nicht in einer der Brüsseler Gemeinden irgendein Markt abgehalten wird. Für den Touristen am attraktivsten sind sicherlich der Vogelmarkt auf der Grand'Place und der Flohmarkt auf der Place du Jeu de Balle, auch der Sonntagsmarkt am Gare du Midi lohnt das frühe Aufstehen.

Obst und Gemüse

Obst und Gemüse wird auf vielen größeren Plätzen in der Stadt z. T. täglich meist ab 7.00 Uhr morgens zum Verkauf angeboten. Besonders bunt und exotisch ist der Markt am Gare du Midi (Südbahnhof), der sonntags von 6.00–13.00 Uhr stattfindet; schön sind auch die Märkte auf der Place Ste-Catherine (tgl. 7.00–17.00 Uhr) sowie auf der Place Flagey in Ixelles (Di. bis So. 8.00–13.00 Uhr).

Blumen und Pflanzen

Auf den Obst- und Gemüsemärkten werden fast überall auch Blumen und Pflanzen angeboten. Ein reiner Blumenmarkt findet auf der Grand' Place statt (Di.–So. 8.00–18.00 Uhr).

Vögel

Grand' Place (So. 7.00–14.00 Uhr)
Forest: Place St-Denis (Sa. 8.00–13.00 Uhr)
Watermael-Boitsfort: Place Gilson (So. 8.00–13.00 Uhr)

Auch Exoten gibt es auf dem Vogelmarkt auf der Grand' Place.

Märkte (Fortsetzung)
Antiquitäten- und Flohmärkte

**Place du Jeu de Balle (tgl. 7.00 – 14.00 Uhr). Noch ein Flohmarkt im wahrsten Sinne des Wortes, auf dem es wirklich alles gibt. Besonders am Wochenende ein Ereignis, wenn das Angebot am größten ist und der Flohmarkt zum Volksfest wird. (→ Abb. S. 145).
*Place du Grand-Sablon (Sa. 9.00 – 18.00, So. 9.00 – 14.00 Uhr). Ein echter Antiquitätenmarkt mit teilweise hochwertigem Angebot.
Anderlecht: Avenue S. Dupuis (So. 8.00 – 13.00 Uhr)
Berchem Ste-Agathe: Place Albert Schweitzer (1. So. und 3. Sa. im Monat)
Auderghem: Place Pinoy (1. So. im Monat), Boulevard du Souverain (2. und 3. So. im Monat; auch Schmuck und Uhren), Viaduc Hermann-Debroux (letzter So. im Monat)
Etterbeek: Rue des Champs, Sporthalle (So. 9.00 – 12.00 Uhr);
Forest: Place St-Denis (Sa. 8.00 – 13.00, So. 9.00 – 13.00 Uhr; am So. alte Dokumente)
Koekelberg: Place Simonis (2. Sa. im Monat)
Schaerbeek: Place Dailly (1. Sa. im Monat)
Woluwé-St-Lambert: Place St-Lambert (1. So. im Monat)
Woluwé-St-Pierre: Avenue de Tervuren, Trammuseum (1. Sa. im Monat; Sammlerbörse mit Buchmarkt)

Pferde

Molenbeek: Place de la Duchesse de Brabant (Fr. 6.30 – 11.00 Uhr; traditioneller Pferdemarkt)

Mietwagen

ATRent a Car

In Brüssel: Tel. 7223106

Avis

In Brüssel: Tel. 7200944
Reservierung in Deutschland zum Nulltarif: Tel. (0130) 307733

Mietwagen (Forts.)
Europcar/interrent

In Brüssel: Tel. 7210592
Reservierung in Deutschland zum Nulltarif: Tel. (0130) 2211 und 3151

Hertz

In Brüssel: Tel. 7206044
Reservierung in Deutschland zum Nulltarif: Tel. (0130) 2121

Sixt/Budget

In Brüssel: Tel. 7208050
Reservierung in Deutschland zum Nulltarif: Tel. (0130) 3366

Hinweis

Zahlreiche weitere, örtliche Mietwagenfirmen finden sich im Telefonbuch. Preisvergleiche lohnen sich.

Museen und Ausstellungen

Außer den im Kapitel "Sehenswürdigkeiten von A bis Z" erwähnten, meist großen Museen besitzt Brüssel eine Vielzahl kleinerer, aber für den Interessierten nicht minder attraktive Museen. Die meisten Brüsseler Museen haben feiertags geschlossen.

Museumsliste

Autoworld
⟶ Sehenswürdigkeiten, Parc du Cinquantenaire

Archives d'Architecture Moderne · Fondation R. L. Delevoy
86, Rue de l'Ermitage (Ixelles)
Öffnungszeiten: Di. – Do. 14.00 – 17.00 Uhr
Tram: 81, 82, 93, 94
Architektur und Mobiliar der Moderne; zudem für Studierende und Forscher ein exzellentes Archiv.

Archives Générales du Royaume
⟶ Bibliotheken und Archive

Bibliotheka Wittockiana
⟶ Sehenswürdigkeiten, Bibliotheka Wittockiana

Biogenium
⟶ Sehenswürdigkeiten, Atomium

Brasserie Belle-Vue
43, Quai de Hainaut (Molenbeek-St-Jean)
Öffnungszeiten: Di. 14.00 – 18.00, Mi. – Fr. 10.00 – 18.00,
Sa. 10.00 – 16.00 Uhr
Métro-Station: Comte de Flandres (1 A, 1 B)
Bei einer Führung durch Brüssels größte Brauerei erfährt man, wie Gueuze und Kriek hergestellt wird.

Bruxella 1238
⟶ Sehenswürdigkeiten, Bourse

Centre Belge de la Bande Dessinée
⟶ Sehenswürdigkeiten, Centre Belge de la Bande Dessinée

Centre d'Histoire et des Traditions de la Gendarmerie
33, Avenue de la Force Aérienne (Ixelles)
Öffnungszeiten: Di. – Fr. 9.00 – 12.00 und 14.00 – 17.00 Uhr
Tram: 93, 94
Geschichte der belgischen Gendarmerie

Centre d'Information du Forêt de Soignes
⟶ Sehenswürdigkeiten, Forêt de Soignes

Museumsliste (Fortsetzung)

Contretype
Hôtel Hannon, 1, Avenue de la Jonction (Auderghem)
Di. – So. 13.00 – 18.00 Uhr; Eintrittsgebühr
Tram: 90, 91, 92
Fotoausstellung

Fondation pour l'Architecture
55, Rue de l'Ermitage (Ixelles)
Öffnungszeiten: Di. – Fr. 12.30 – 19.00, So. und Fei. 11.00 – 19.00 Uhr; Eintrittsgebühr
Tram: 81, 82, 93, 94
Architekturzentrum mit Ausstellungen und Bibliothek

La Fonderie
27, Rue Ransfort (Molenbeek-St-Jean)
Öffnungszeiten: für Gruppen nach Voranmeldung Tel. 4101080
Métro-Station: Comte de Flandre (1 A, 1 B)
Ausstellung und Dokumentation zur Brüsseler Sozial- und Industriegeschichte in einer alten Eisengießerei; zum Besuch gehören auch Führungen durch die Arbeiterviertel in Molenbeek.

Historium
→ Sehenswürdigkeiten, Boulevards

Institut Royal des Sciences Naturelles
→ Sehenswürdigkeiten, Ixelles

Maison des Arts Spontanes et Naïfs
45, Chaussée de Stockel (Woluwé-St-Lambert)
Öffnungszeiten: Di., Do., Sa. 11.00 – 17.00 Uhr; im Juli geschlossen
Bus: 28

Maison d'Erasme
→ Sehenswürdigkeiten, Maison d'Erasme

Monnaie Royale de Belgique
32, Boulevard Pachéco
Öffnungszeiten: Di. – Fr. 9.30 – 12.00; nach Voranmeldung Tel. 2210711 auch 13.30 – 16.00 Uhr; Mitte Dez. – Mitte Jan. geschlossen
Métro-Station: Botanique (2)
Werkstätten der Königlichen Münze

Musée Antoine Wiertz
→ Sehenswürdigkeiten, Ixelles

Musée et Archives de la Vie Flamande
13, Rue des Poisonniers
Öffnungszeiten: Mo. – Fr. 9.00 – 16.30, 1. u. 2. Sa. im Monat 10.00 – 16.30 Uhr
Prémétro-Station: Bourse (23, 52, 55, 56, 81)
Geschichte und Kultur der Flamen

Musée du Béguinage
→ Sehenswürdigkeiten, Saints-Pierre et Guidon

Musée des Brasseurs CBB
→ Sehenswürdigkeiten, Grand'Place

Musée de Bruegel
→ Sehenswürdigkeiten, Quartier des Marolles

Musée Bruxellois de la Gueuze
→ Sehenswürdigkeiten, Musée Bruxellois de la Gueuze

Museumsliste (Fortsetzung)

Musée du Caillou
→ Sehenswürdigkeiten, Waterloo

Musée Camille Lemonnier
150, Chausée de Wavre
Öffnungszeiten: Sept. – Mai Mi. 13.00 – 15.00 Uhr, Di. und Do. nach Voranmeldung Tel. 5122968
Bus: 34, 54, 80
Leben und Werk des Schriftstellers Camille Lemonnier (1834 – 1913).

Musée Charlier
16, Avenue des Arts (St-Josse)
Öffnungszeiten: Di. – Fr. 14.00 – 17.00 Uhr; Eintrittsgebühr
Métro-Station: Madou (2)
Möbel und Silber des 19. Jh.s, Gemälde u.a. von Ensor und Meunier im Hause des Sammlers Charlier, das von Victor Horta eingerichtet wurde.

Musée Charles Debeur
12, Rue Général Thys (Woluwé-St-Pierre)
Öffnungszeiten: Mo. – Fr. nach Voranmeldung Tel. 6486932
Bus: 71, 95, 96
Museum des olympischen Fechtsports

Musée du Chemin de Fer Belge
→ Sehenswürdigkeiten, Place Rogier

Musée de Chine · Missionaires Scheut
548, Chausée de Ninoves
Öffnungszeiten: Mo. – Fr. nach Voranmeldung Tel. 5214729
Bus: M, N, V, O
China aus der Sicht der Congregatio Immaculati Cordis Mariae, der 1862 in Scheutveld bei Brüssel gegründeten Missionarsbruderschaft

Musée du Cinéma
→ Sehenswürdigkeiten, Palais des Beaux-Arts

Musée du Cire
→ Sehenswürdigkeiten, Boulevards

Musée des Cires
→ Sehenswürdigkeiten, Waterloo

Musée du Cœur-Boyadijan
→ Sehenswürdigkeiten, Palais Royal

Musée Communal des Beaux-Arts d'Ixelles
→ Sehenswürdigkeiten, Ixelles

Musée Communal de Bruxelles
→ Sehenswürdigkeiten, Grand'Place

Musée Communal d'Ixelles
161, Rue de l'Aqueduc (Ixelles)
Öffnungszeiten: nach Voranmeldung Tel. 5119084
Tram: 81, 82, 91, 92
Geschichte der Brüsseler Gemeinde Ixelles; mit Schulmuseum

Musée Communal du Comté de Jette
Abbaye de Dieleghem, 14, Rue Tiebackx, Jette
Öffnungszeiten: Di. – Sa. 14.00 – 16.30 Uhr
Bus: 13, 14, 53, 84
Geschichte der ehemaligen Grafschaft und Brüsseler Gemeinde Jette

Museumsliste (Fortsetzung)

Musée Communal Woluwé-St-Lambert · Fondation A. Marinus
40, Rue de la Charette (Woluwé-St-Lambert)
Öffnungszeiten: April – Okt. Mi. – Fr. 14.00 – 17.30 Uhr
Bus: 20, 29, 80
Geschichte der Brüsseler Gemeinde Woluwé-St-Lambert

Musée Constantin Meunier
→ Sehenswürdigkeiten, Ixelles

Musée du Costume et de la Dentelle
→ Sehenswürdigkeiten, Musée du Costume et de la Dentelle

Musée CPAS
→ Sehenswürdigkeiten, Quartier des Marolles

Musée de la Dynastie
→ Sehenswürdigkeiten, Palais Royal

Musée David et Alice van Buuren
→ Sehenswürdigkeiten, Musée David et Alice van Buuren

Musée des Égouts
Bâtiment de l'Octroi, Port d'Anderlecht
Öffnungszeiten: Mi. 9.00, 11.00, 13.00, 15.00 Uhr, für Gruppen auch nach Voranmeldung Tel. 5691614
Métro-Station: St-Guidon (1 B)
Museum der Brüsseler Kanalisation aus dem 19. Jh.

Musée des Enfants
15, Rue du Bourgmestre (Ixelles)
Öffnungszeiten: Mi., Sa., So. und in den belgischen Schulferien 14.30 bis 17.00 Uhr; im Aug. geschlossen
Tram: 23, 90, 93, 94
Hier lernen Kinder den Alltag auf spielerische Weise kennen – ein sehr intelligent gemachtes Museum.

Musée des Femmes
→ Sehenswürdigkeiten, Sainte-Marie à Schaerbeek

Musée de la Forêt de Soignes
→ Sehenswürdigkeiten, Forêt de Soignes

Musée du Folklore
→ Sehenswürdigkeiten, Porte de Hal

Musée de l'Hôtel de Bellevue
→ Sehenswürdigkeiten, Palais Royal

Musée Horta
→ Sehenswürdigkeiten, Jugendstil in Brüssel

Musée de l'Informatique · Unisys
20, Avenue du Bourget (Evere)
Öffnungszeiten: nach Voranmeldung Tel. 7280527
Bus: 45, 65
Sammlung J. Laffut zum Thema Informatik

Musée Instrumental
→ Sehenswürdigkeiten, Musée Instrumental

Musée International de la Marionette · Théâtre Peruchet
50, Avenue de la Forêt, Ixelles

Musée des Marionettes (Fortsetzung)

Öffnungszeiten: Mi., Sa. und So. während der Vorstellungen oder nach Voranmeldung Tel. 6738730
Tram: 94
Marionetten aus aller Welt

Musée du Jouet
24, Rue de l'Association
Öffnungszeiten: tgl. 10.00–18.00 Uhr
Métro-Station: Madou, Botanique (2)
Altes Spielzeug

Musée des Juifs en Belgique
74, Avenue de Stalingrad
Öffnungszeiten: Mo.–Do. 13.00–17.00, an jüdischen Feiertagen 10.00 bis 13.00 Uhr; Eintrittsgebühr
Prémétro-Station: Anneessens (23, 52, 55, 56, 81)
Geschichte, Kultur und Schicksal der belgischen Juden

Musée de la Maison de la Bellone
→ Sehenswürdigkeiten, Maison de la Bellone

Musée Maurice Carême
14, Avenue Melba (Anderlecht)
Öffnungszeiten: nach Voranmeldung Tel. 5216775
Métro: Veeweide (1 B)
Leben und Werk des Schriftstellers

Musée Michel de Ghelderode
45, Avenue Legrand (Ixelles)
Öffnungszeiten: Nov.–Juni tgl. 10.00–16.00 Uhr nach Voranmeldung Tel. 6497262
Tram: 23, 90
Leben und Werk des in Ixelles/Elsene geborenen flämischen Dramatikers Michel de Ghelderode (1898–1962)

Musée de Minéralogie et Géologie
→ Sehenswürdigkeiten, Bois de la Cambre

Musée Mupdofer
63, Rue du Houblon
Öffnungszeiten: nach Voranmeldung Tel. 6723967
Tram: 18
Privates Museum zur Straßenbahngeschichte

Musée National de la Figurine Historique
Abbaye de Dieleghem, 14, Rue Tiebackx (Jette)
Öffnungszeiten: Di.–Sa. 14.00–17.00 Uhr
Bus: 13, 14, 53, 84
Historische Dioramen aus Zinn- und Bleifiguren

Musée Numismatique et Historique de la Banque Nationale de Belgique
9, Rue du Bois Sauvage
Öffnungszeiten: Mo. 10.00–17.00 Uhr, Di.–Fr. nach Voranmeldung Tel. 2212206; Juli und Aug. Mo. 10.00–17.00, Di.–Fr. 14.00–16.00 Uhr
Métro-Station: Gare Centrale (1 A, 1 B, 2)
Münzensammlung, Geschichte und Organisation der Belgischen Staatsbank

Musée des Orgues de Kermesse
104, Rue Waelhem (Schaerbeek)
Öffnungszeiten: nach Voranmeldung Tel. 2412791
Tram: 23, 52, 55, 56, 92, 93
Spieldosen, Spieluhren und vor allem Jahrmarktsorgeln

Museumsliste (Fortsetzung)

Musée de Pharmacologie
→ Sehenswürdigkeiten, Bois de la Cambre

Musée de la Police · Infopol
26, Rue du Lombard
Öffnungszeiten: nach Voranmeldung Tel. 5128715
Métro: Gare Centrale (1 A, 1 B, 2)

Musée des Postes et Télécommunications
→ Sehenswürdigkeiten, Grand Sablon

Musée de la Radiologie
Hôpital Militaire Reine Astrid, 2, Rue Bruyn
Öffnungszeiten: Mo. – Fr. 13.30 – 15.30 Uhr
Bus: 47, 57
Geschichte und Anwendung der Röntgenstrahlen

Musée René Carcan
122, Rue Champs du Roi (Etterbeek)
Öffnungszeiten: Sa. und So. nach Voranmeldung Tel. 7357355
Tram: 81, 82
Leben und Werk des Künstlers

Musée de la Résistance
14, Rue Van Lint (Anderlecht)
Öffnungszeiten: Mo. Di., Do., Fr. 9.00 – 12.00 und 13.00 – 16.00 Uhr
Bus: 47
Dokumentation des belgischen Widerstands in beiden Weltkriegen

Musée Royal de l'Afrique Centrale
→ Sehenswürdigkeiten, Musée Royal de l'Afrique Centrale

Musée Royal de l'Armée et d'Histoire Militaire
→ Sehenswürdigkeiten, Parc du Cinquantenaire

Musée de la Serrure
70, Rue des Bouchers
Öffnungszeiten: nach Voranmeldung Tel. 5113591
Métro-Station: Gare Centrale (1 A, 1 B, 2)
Alte Schlosserwerkstatt

Musée du Théâtre du Toone VII
6, Petite Rue des Bochers
Öffnungszeiten: während der Vorstellungspausen
Métro-Station: Gare Centrale (1 A, 1 B, 2)
Geschichte und Marionetten des berühmten Marionettentheaters (→ *Baedeker Special* S. 94/95).

Musée du Tramway
184, Chausée de Ninoves
Öffnungszeiten: April – Mitte Okt. So. und Fei. 14.00 – 18.00 Uhr; Juli und Aug. auch Sa.; Gruppen nach Voranmeldung Tel. 5691614 auch werktags

Musée du Transport Urbain Bruxellois
364 b, Avenue de Tervuren (Woluwé-St-Pierre)
Öffnungszeiten: April – Anfang Okt. Sa., So. und Fei. 13.30 – 19.00 Uhr;
Tram: 39, 44 ab Métro-Station Montgomery (1 B)
Historische Fahrzeuge des öffentlichen Nahverkehrs wie Pferdebahnen, Straßenbahnen, Métro und Busse. Vom Museum aus fahren alte Straßenbahnen zu Spazierfahrten nach Tervuren bzw. zum Parc du Cinquantenaire ab. Zusätzlich wird sonntags um 10.00 Uhr mit einer historischen Bahn von Woluwé nach Heysel gefahren ('Touristic Tramway').

Museumsliste (Fortsetzung)

Musée de la Vie Communale de St-Gilles
40, Rue F. Bernier (St-Gilles)
Öffnungszeiten: nach Voranmeldung Tel. 3485005
Tram: 81, 82, 90
Geschichte der Brüsseler Gemeinde St-Gilles

Musée Wellington
→ Sehenswürdigkeiten, Waterloo

Musée de Zoologie et d'Anatomie comparée
Place A. Lameere, Groupe G, Porte A, 1. Stock
Öffnungszeiten: im Semester Mo.–Fr. 9.00–17.00 Uhr
Tram: 93, 94
Zoologische und anatomische Sammlungen der Fakultäten für Medizin und Zoologie der Freien Universität Brüssel

Musées Royaux d'Art et d'Histoire
→ Sehenswürdigkeiten, Parc du Cinquantenaire

Musées Royaux de Beaux Arts de Belgique
→ Sehenswürdigkeiten, Musées Royaux de Beaux Arts de Belgique

Pavillon Chinois
→ Sehenswürdigkeiten, Château Royal de Laeken

Tour Japonaise
→ Sehenswürdigkeiten, Château Royal de Laeken

Musik

Allgemeines

Die Brüsseler Musikszene gehört zu den führenden in Europa. Dies verdankt sie insbesondere zwei Institutionen: der Opéra National und dem Concours Musical International Reine Elisabeth, einem der wichtigsten Musikwettbewerbe weltweit.

Programm

Programmhinweise enthält die Tagespresse; Programme über einen längeren Zeitraum sind in den Stadtmagazinen bzw. Programmbroschüren "Kiosque", "Bulletin" und "What's on" abgedruckt.

Eintrittskarten

Karten werden an den Vor- und Abendkassen der einzelnen Spielstätten verkauft; beim Brüsseler Verkehrsamt T.I.B. (→ Auskunft) kann man reservieren lassen.

Oper · Ballett · Konzertstätten

Opéra National (Théâtre Royal de la Monnaie; → Sehenswürdigkeiten, Théâtre Royal de la Monnaie)
Place de la Monnaie, Tel. 2181202 und 2196341
Vorverkaufskasse: in der Rue de la Reine, Di.–Sa. 11.00–18.00 Uhr
Die 'Munt' ist eines der ersten Opernhäuser Europas und bietet auch nach dem Weggang von Maurice Béjart (→ Berühmte Persönlichkeiten) immer noch außergewöhnliche Ballettinszenierungen der Ballettchefin Anne Teresa de Keersmaeker.

Auditorium du Passage 44
44, Boulevard du Jardin Botanique, Tel. 2182735
Kleinerer Konzertsaal

Botanique (→ Sehenswürdigkeiten, Botanique)
336, Rue Royale, Tel. 2176386
Im Kulturzentrum der Französischen Gemeinschaft werden häufig auch klassische und andere Konzerte veranstaltet.

Musik: Oper, Ballett, Konzertstätten (Forts.)

Cirque Royal
81, Rue de l'Enseignement, Tel. 2182015
Konzertsaal mit 3000 Plätzen; Jazz, Rock, Chanson

Conservatoire Royal de Musique
30a, Rue de la Régence, Tel. 5110427
Klassische Konzerte des Symphonieorchesters des Konservatoriums und von Gastensembles

Forest National
36, Avenue du Globe, Tel. 3470355
Großkonzerte

Grand Auditoire Paul-Emile Janson
22, Avenue P. Héger, Tel. 6412111
Konzertsaal der Freien Universität Brüssel

Halles de Schaerbeek
31, Rue Royale Ste-Marie, Tel. 2180031
Konzerte und Ballett in den renovierten Markthallen von Schaerbeek

Maison de la Radio
18, Place Flagey, Tel. 5078200
Sendesaal des Belgischen Rundfunks

Palais de Beaux-Arts
23, Rue Ravenstein, Tel. 5078200
Klassische Konzerte bedeutender Ensembles im von Victor Horta erbauten Konzertsaal.

Jazz- und Musikkneipen

→ Nachtleben

Nachtleben

Später Beginn und spätes Ende

Vor 23.00 Uhr braucht man gar nicht erst ins Brüsseler Nachtleben aufzubrechen, denn dann erst kommen die Brüsseler aus dem Theater, der Oper, dem Kino oder – wohl die meisten – aus dem Restaurant, denn in Brüssel geht man erst einmal ausgiebig essen, bevor man sich ins Amüsement stürzt. Man tut dies in der Unterstadt rund um Börse und Grand'Place, wo die Treffs der Künstler und mehr noch derer, die es sein wollen, sind, in der Oberstadt um den Grand Sablon, wo alles einiges teurer und gestylter ist, und in Ixelles zu beiden Seiten der Chaussée de Wavre im afrikanischen Viertel Matongué, wo es wirklich exotisch zugeht. Dem Treiben ist kein Ende gesetzt, denn in Brüssel gibt es keine Sperrstunde. Allerdings ist die Nachtszene sehr wechselhaft – viele Etablissements leben nur kurze Zeit. Man vergewissere sich vor Ort also lieber noch einmal, bevor man aufbricht.
In der folgenden Aufstellung sind nur Etablissements mit 'klassischem' nächtlichen Vergnügungscharakter genannt; einige Cafés, Bistros, Bars und Kneipen, die nicht nur nachts, sondern auch schon tagsüber einen Besuch lohnen, sind auf S. 170 aufgeführt.

Son et Lumière

Ein hübscher und zudem kostenloser Auftakt zur Erkundung des nächtlichen Brüssel sind die von April bis September allabendlich zwischen 22.00 und 23.00 Uhr auf der Grand' Place stattfindenden Licht- und Tonvorführungen, die diesen herrlichen Platz in eine eigentümliche Atmosphäre tauchen. Vielleicht bleibt man gleich in einer der Bars und Restaurants rundum oder in lauen Nächten mit dem Glas in der Hand auf dem Bürgersteig davor hängen – sicher nicht die schlechteste und eine originelle Art, eine Brüsseler Nacht zu erleben.

Nachtleben (Fortsetzung) Cocktail- und Nachtbars

Conrad Bar, 71, Avenue Louise, Tel. 5424242
Crescendo, 85, Rue de l'Abbaye, Tel. 3451156
Le 19ième (im Hotel Métropole), 31, Place de Brouckère, Tel. 2172300
Le Phil's, 189, Rue Haute, Tel. 5115843
Président Club W.T.C., 180, Boulevard Émile Jacqmain, Tel. 2172020
S.A.S. Royal Hotel Bar, 47, Rue du Fossé-aux-Loups, Tel. 2192828

Cafés und Restaurants mit Programm

Les Ateliers de la Grande-Ile, 33, Rue de la Grande-Ile, Tel. 5128190
Black Bottom, 1, Rue du Lombard, Tel. 5110608 (Kabarett und Zauberer)
Chez Flo, 25, Rue du Beurre, Tel. 5129496 (Travestie-Show zum Diner)
Le Pré Salé, 20, Rue de Flandre, Tel. 5134323 (freitags Diner-Show)

Diskotheken

Le Cartagena, 70, Rue du Marché-au-Charbon (lateinamerikanische Disko-Bar)
Drug Opera, 51, Rue Grétry, Tel. 2181837
L'Écumes des Nuits, 122, Galerie Louise (kubanisch-afrikanisch)
Féminin, 9, Rue Borgual, Tel. 5111719 (Frauen-Disko)
Le Garage, 16, Rue Duquesnoy, Tel. 5126622 (Riesendiskothek, Hochstimmung montags; am Sonntag Gay-Treffpunkt)
Griffin's, 5, Rue Duquesnoy, Tel. 5055555 (Edel-Disko im Hotel Royal Windsor)
Jeux d'Hiver, Bois de la Cambre, Tel. 6472205 (Villa im Wald, jeder Saal mit anderer Musik; Treff der reichen, manchmal schönen Jugend)
Machado, 14, Rue des Chapeliers, Tel. 5133691 (Salsa und Samba)
Mirano Continental, 38, Chaussée de Louvain, Tel. 2185772 (Wer sich besonders ausgefallen gibt, ersatzweise reich und berühmt ist, hat gute Chancen, am Türsteher vorbei in diesen Treffpunkt der europäischen Szene in einem ehemaligen Kino zu gelangen)
Le Mambo, 70, Chausée de Wavre, Tel. 5135529 (legendäre Afro-Disko)
Vaudeville, 14, Rue de la Montagne, Tel. 5141260 (für die ältere Generation, also die über Dreißigjährigen)

Jazz-, Chanson-, Musikkneipen

L'Avant Nuit, 50, Rue Antoine Dansaert, Tel. 5026226 (Kunst und Jazz)
Bierodrome, 21, Place Fernand Cocq, Tel. 5120456 (Traditional Jazz)
Blues Corner, 12, Rue des Chapeliers, Tel. 5119794
Le Cancan, 95, Rue Jerusalem, Tel. 2159130 (Chansons)
Canne à Sucre, 12, Rue des Pigeons, 5130372 (Kreolische Lieder am Freitagabend)
Epistrophy, 11, Rue des Chapeliers (belgischer Jazz)
Goupil le Fol, 22, Rue des Violettes, Tel. 5111396 (Chansons)
De Kaai, 30, Quai aux Pierres de Tailles, Tel. 2170533 (gemütlich, fast täglich Live-Jazz)
Preservation Hall, 3, Rue de Londres (Ixelles), Tel. 5110304 (Blues und Mainstream)
Sounds, 28, Rue de la Tulipe, Tel. 5129250
Travers, 11, Rue Traversière (St-Josse), Tel. 2184086 (Modern Jazz)

Nachtklubs

Le Domino, 54, Rue du Pont Neuf, Tel. 2195100 (große Mitternachtsshow)
Must, 10, Rue de Cirque, Tel. 2178091 ('Show Must' um Mitternacht)
Show Point, 14, Place Stéphanie, Tel. 5115364 (Stil eines Pariser Varietés)

Theatercafés

La Samaritaine, 16, Rue de la Samaritaine, Tel. 5112295 (einer der wenigen Orte, wo noch Chansonniers auftreten)
La Soupape, 26, Rue A. de Witte, Tel. 6495888

Notdienste

Polizei und Gendarmerie: Tel. 101
Feuerwehr und medizinischer Notdienst: Tel. 100
Unfallrettung: Tel. 112

Notdienste (Fortsetzung)

Rotes Kreuz: Tel. 105
Ambulanz: Tel. 6491122
Ärztlicher Notdienst: Tel. 4791818 u. 6488000
Zahnärztlicher Notdienst: Tel. 4261026 u. 4285888
Antigift-Zentrale: Tel. 3454545
Verbrennungen: Tel. 2686200
AIDS-Hilfe: Tel. 107 u. 6461175
S.O.S.-Drogenhilfe: Tel. 5375252

Pannenhilfe

→ Autohilfe

Parkhäuser

Mit dem Auto nach Brüssel hineinfahren sollte nur tun, wer direkt sein Hotel ansteuert. Dort läßt man das Auto am besten stehen, denn zum einen braucht man im Zentrum der Stadt keines, zum anderen ist das Fahren dort keine Freude, zumal man kaum einen Parkplatz findet. Wer es dennoch versucht, sollte lieber gleich ein Parkhaus aufsuchen. Im beigelegten Stadtplan sind Parkhäuser mit einem weißen "P" auf blauem Grund eingezeichnet. Nachfolgend sind vier Häuser aufgeführt, die die ganze Woche über geöffnet haben.

Im Zentrum

Agora, 104, Rue du Marché-aux-Herbes (24 St.)
Albertine, 16, Place de la Justice (7.00–24.00 Uhr)
City II, 219, Rue Neuve (Mo.–Sa. 9.00–1.00, So. 11.00–1.00 Uhr)
Manhattan, 19, Rue des Croisades (24 St.)

Post und Telekommunikation

Post

Postämter

Die Postämter in Brüssel sind im allgemeinen Mo.–Fr. 9.00–17.00 Uhr geöffnet; an Wochenenden und Feiertagen ist geschlossen.
Ausnahmen sind das Postamt Bruxelles X am Gare du Midi (Südbahnhof), 48 A, Avenue Fonsny (24 St. die ganze Woche über), das Postamt am Flughafen Zaventem (Mo.–Fr. 9.00–19.00 Uhr) und das Postamt im Centre de Monnaie (Mo.–Fr. 8.00–20.00, Sa. 9.00–20.00 Uhr).
Weitere Hauptpostämter befinden sich im Gare Centrale (Zentralbahnhof), im Centre de Communication Nord am Gare du Nord (Nordbahnhof), im Palais de Justice und beim Palais Berlaymont, 1, Boulevard Charlemagne nahe den Institutionen der Europäischen Union.

Posttarife

Postkarten und Briefe bis 20 g: innerhalb Belgiens und der EU 16 bfrs, ins übrige Ausland 34 bfrs. Briefmarken sind in den Postämtern, in Souvenirläden und an Kiosken erhältlich.
Belgische Briefkästen sind rot und meist mit einem Posthorn markiert.

Telegramme

Telegramme können sowohl bei den Postämtern direkt als auch telefonisch (Tel. 1225/niederländisch bzw. 1325/französisch) oder per Telefax (1235) aufgegeben werden.

Telefax

Telefaxe können vom Postamt Bruxelles X am Gare du Midi abgeschickt werden.

Telefon
Münzfernsprecher

Münzfernsprecher schlucken Münzen im Wert von 5 und 20 bfrs. Daneben existieren auch Fernsprecher für Telefonkarten, die die sog. Telecards

Telefon (Fortsetzung)

annehmen. Diese Magnetkarten sind in Postämtern, Bahnhofsschaltern und Kiosken erhältlich und kosten 200 bzw. 1000 bfrs. Telefonzellen für Auslandsgespräche sind mit dem Band europäischer Flaggen gekennzeichnet. Die Tarife sind in den Zellen ausgehängt.

Vorwahlen

Von Deutschland, Österreich und der Schweiz nach Brüssel: 00322
Von Brüssel nach Deutschland: 0049
nach Österreich: 0043
in die Schweiz: 0041
Die Null der nachfolgenden Ortsnetzkennzahl entfällt!

Telefondienste

Auskunft national: Tel. 1207 (niederländisch) bzw. 1307 (französisch)
Auskunft international: Tel. 1204 bzw. 1304
Handvermittelte internationale Verbindungen: Tel. 1224 bzw. 1324
Weckdienst: Tel. 1218 bzw. 1318
Zeitansage: Tel. 1200 bzw. 1300

R-Gespräche

Über die Telekom-Vermittlungszentrale in Frankfurt am Main (Tel. aus Brüssel 080010049) können Ferngespräche geführt werden, die auf Anfrage vom Angerufenen bezahlt werden. Die Vermittlung kostet allerdings für die ersten drei Minuten zwischen 15,00 und 24,00 DM zzgl. der anfallenden Gesprächsgebühren.

Rauchen

Rauchverbot

Belgien ist eines der europäischen Länder mit einer recht restriktiven Anti-Raucher-Gesetzgebung.
Rauchverbot herrscht demnach auch in Brüssel in allen öffentlichen Gebäuden, in Krankenhäusern, Schulen und Universitäten, Ministerien, Sportzentren, Banken, Postämtern, Museen, Theatern, Bahnhofshallen und U-Bahnhöfen, Telefonzellen und Polizeirevieren bzw. überall dort, wo ein Rauchverbotsschild angebracht ist. Bei Mißachtung des Rauchverbotes werden empfindliche Geldbußen auferlegt.

Reisedokumente

Personalpapiere

Zur Einreise nach Belgien benötigen Bürger der Bundesrepublik Deutschland, der Republik Österreich und der Schweizer Eidgenossenschaft bei einem Aufenthalt bis zu drei Monaten einen gültigen Reisepaß oder Personalausweis; für Kinder unter 16 Jahren ist ein Kinderausweis oder Eintrag im Elternpaß erforderlich. Ein Visum im Reisepaß wird verlangt, wenn der Aufenthalt länger als drei Monate dauern soll.

Fahrzeugpapiere

Nationaler Führerschein und Kraftfahrzeugschein sind mitzuführen; die Internationalen Grüne Versicherungskarte wird unbedingt empfohlen. Kraftfahrzeuge müssen das Nationalitätskennzeichen tragen.

Haustiere

Wer Haustiere (Hund, Katze) nach Belgien mitnehmen will, muß deren Tollwutimpfzeugnis vorweisen. Die Impfung darf nicht weniger als 30 Tage vor der Einreise stattgefunden haben und nicht länger (je nach verwendetem Impfstoff) als sechs bis zwölf Monate zurückliegen.

Reisezeit

Brüssel lohnt zu jeder Jahreszeit eine Reise. Wer allerdings gerne im Straßencafé sitzt oder Spaziergänge in Parks liebt, sollte man am besten im

Reisezeit (Fortsetzung)

Frühling und im Sommer fahren, d.h. von Mai bis September. Im Herbst und Winter ist es oft windig und regnerisch (Schnee fällt kaum), doch finden gerade in diesen Jahreszeiten zahlreiche kulturelle Veranstaltungen statt; zudem bietet die Brüsseler Museumslandschaft genügend Möglichkeiten, auch Regentage sinnvoll zu verbringen.

Restaurants und Brasserien

Brüssel ist ein Schlemmerparadies

In Brüssel wird gerne und auch gerne viel und vor allem gut gegessen: Bei über 1 800 Restaurants, von denen im Vergleich mit anderen europäischen Metropolen überdurchschnittlich viele von Gourmetführern besternt oder bemützt worden sind, fällt dem Hungrigen die Wahl nicht leicht. Zur Auswahl steht vom Feinschmeckertempel mit allerhöchsten Auszeichnungen bis zur Brasserie mit deftiger belgischer Hausmannskost, vom Yuppie-Treff mit leichter Bistro-Küche bis zum Fischrestaurant mit frischester Ware alles, was das Herz begehrt.

Der Übergang von der Kneipe zum Restaurant ist mehr oder weniger fließend, weswegen viele der Cafés und Bistros, die auf S. 170 aufgeführt sind, auch als Restaurants durchgehen könnten, wie auch manches Restaurant, daß hier erwähnt wird, ebenso gut ein Café genannt werden kann. Der Brüsseler Spitzengastronomie ist gemein, daß sie vergleichsweise moderate Preise verlangt, besonders was die Weine betrifft; fast überall wird man sich nicht über die Größe der Portionen beklagen können – im Gegenteil. Mit Vorsicht zu genießen sind – von Ausnahmen abgesehen – die mit opulenten Auslagen werbenden Restaurants in der 'Freßmeile' nördlich hinter der Grand'Place, denn hier ist oft mehr Schein als Sein.

In Brüssel gilt noch mehr als andernorts: rechtzeitig reservieren, denn die Brüsseler gehen sehr gerne zum Essen aus, und vielerorts wird man feststellen können, welchen Spaß es ihnen macht.

Bon appetit – in Brüssel findet jeder Geschmack und jeder Geldbeutel das richtige Restaurant.

Die Brüsseler Restaurants werden alljährlich von einer unabhängigen Jury von Gastronomiekritikern, überwiegend Journalisten, nach ihrem Preis-/Leistungsverhältnis bewertet. Besonders guten Häusern verleiht sie die 'Iris', wobei die Skala von einer bis fünf reicht; das beste Restaurant eines jeden Jahres erhält eine Sonderauszeichnung. Die 'Iris' ist weniger ein Anhaltspunkt für die Preise eines Restaurants. In der folgenden Auswahl sind die 'Iris'-Träger mit der entsprechenden Anzahl von Sternen (* bis *****) markiert, aber auch Restaurants ohne diese Auszeichnung können durchaus annehmbar sein.

Baedeker Special

Hohe Kunst und Lebenslust

In einem Punkt sind sich viele Restaurantkritiker einig: Die französische Küche des **La Maison du Cygne** (Tel. 5118244) hinkt der Zeit etwas hinterher, weil schwer und unflexibel. In einem anderen Punkt sind sie aber genauso einig: Es ist eines der schönsten Restaurants der Stadt, kann man hier doch durch die brokatbehängten Fenster direkt auf die Grand'Place blicken. Ein Hort des Großbürgertums – das hätte sich Karl Marx auch kaum träumen lassen, als er während seines Brüsseler Exils just in diesem Haus einige Zeit wohnte.

Nähert man sich allmählich der Spitze der Brüsseler Gastronomie, kommt man um zwei alteingesessene Restaurants nicht herum: Im **Bruneau** (Tel. 4276978) kocht der als exzentrisch bezeichnete Chef Jean-Pierre Bruneau in der Drei-Sterne-Kategorie; etwas konservativer, aber qualitativ auf derselben Stufe geht es bei **Claude Dupont** (Tel. 4260000) zu; der Newcomer des Jahres 1994 aber ist der **Sea Grill** (Tel. 2179225) im S.A.S, Royal Hotel.

Brüssels Restaurant Nr. 1 jedoch heißt **Comme Chez Soi** (Tel. 5122921) – 'Wie zu Hause'. Das allerdings wird kaum ein

Der Schwan weist den Weg zum Maison du Cygne, einem der schönsten Brüsseler Restaurants.

Gast behaupten können, denn erstens sind wohl die wenigstens Eigenheime in stilechter Art nouveau eingerichtet, und

Restaurants mit belgischer und französischer Küche

Aux Armes de Bruxelles (***), 13, Rue des Bouchers, Tel. 5115550 (eine er reellen Adressen in der 'Freßmeile'; gute Fisch- und Muschelgerichte)
Astrid Chez Pierrot (**), 21, Rue de la Presse, Tel. 2173831 (gutes Bistro)
Au Stekerlaplatte, 4, Rue des Prêtres, Tel. 5128681 (⟶ *Baedeker Special*)
Brasseries Georges (*), 259, Avenue Winston Churchill, Tel. 347210 (⟶ *Baedeker Special*)
Bruneau (*****), 73–75, Avenue Broustin, Tel. 4276978 (Iris-Sonderpreis 1988; ⟶ *Baedeker Special*)
Café de Paris, 12, Rue de la Vierge Noire, Tel. 5123940 (Brasserie im Art-Déco-Stil; hervorragende Meeresfrüchte)
Chez Henri, 113, Rue de Flandre,Tel. 21964015 (bei den Brüsselern beliebtes Fischrestaurant)

zweitens werden nur wenige, allenfalls Monsieur Bocuse, Monsieur Vergé, Monsieur Troisgros oder die Gebrüder Haeberlin, so hervorragend kochen können wie Pierre Wynants – mit diesen Herren aber wird der Brüsseler Meisterkoch seit über zwanzig Jahren in einem Atemzug genannt. Mehr braucht man wohl nicht zu sagen.

Mit diesem Künstler kann die Küche von **Au Stekerlaplatte** (Tel. 5128681) nicht Schritt halten. Wer aber deftige belgische Küche in etwas hemdsärmeliger Atmosphäre probieren und erleben möchte, welchen Spaß den Brüsselern das Essen macht, der ist hier genau richtig. In dem unscheinbaren Backsteinhäuschen unterhalb des Justizpalastes tut sich ein erstaunlich großer und verwinkelter Raum auf, an dessen etwas eng gestellten Tischen gesellig und mit Leidenschaft geschmaust wird. Vor den Portionen wird manch eine(r) kapitulieren müssen – die Carbonade flamande für einen ernährt auch gut zwei.

Fast pariserischer als eine Pariser Brasserie ist das **Georges** (Tel. 3472100) in Uccle, das typische Brasseriekost bietet und besonders in Hummer und Austern eine Klasse für sich ist. Genauso gut und gemütlich, in den Galeries St-Hubert, ist **De Ogenblik** (Tel. 5116151) mit täglich wechselnder, ambitionierter Bistro-Küche.

Ob es nun tatsächlich das beste Fischestaurant der Welt ist, sei dahingestellt. Daß man aber für sein (nicht weniges) Geld erstklassige Fische und Meeresfrüchte im **L'Ecailler du Palais Royal** (Tel. 5128751) bekommt, steht außer Frage. Wer es nicht so vornehm mag, ist auch im Parterre des Hauses gut bedient.

Man kann aber auch gleich zu **Jacques** (Tel. 5132762) am alten Fischmarkt gehen. Hier ist es immer voll, denn hier essen die Brüsseler in zwangloser Atmosphäre ihr Meeresgetier. Wenn also nicht gleich das beste der Welt, so vielleicht doch das authentischste Fischrestaurant Brüssels?

Nicht vergessen werden sollen noch drei gastronomische Institutionen, alle nicht weit voneinander nahe der Grand'Place: Zunächst gibt es da das **Chez Léon** (Tel. 5111415), seit über 100 Jahren zuverlässige Adresse für Muschelgerichte, dann die **Taverne du Passage** (Tel. 5123732), klassische Brasserie in der Galerie de la Reine mit bürgerlich-belgischer Küche (Waterzooi!), schließlich **Chez Jean** (Tel. 5119815) – deftig, herzlich, ungezwungen.

Zum Schluß noch zwei eher ungewöhnliche Tips. Wer gerne frühstückt, ist im **Le Pain Quotidien** (Tel. 5022361) ab 7.00 Uhr morgens gut aufgehoben. Am langen Holztisch der Bäckerei gibt es verschiedene, einfallsreich belegte Brote. Die Gattin des Bäckers bietet im Haus daneben Salate, Suppen, Eintöpfe und Bistrokost an. Der Einfachheit halber heißt das Bistro auch gleich **La Femme du Boulanger** (Tel. 5024026); einfach ist auch der Service – man holt sich alles selbst.

Belgische und französische Küche (Forts.)

Chez Jean, 6, Rue des Chapeliers, Tel. 5119815 (→ *Baedeker Special*)
Chez Léon, 18, Rue des Bouchers, Tel. 5111415 (→ *Baedeker Special*)
Claude Dupont (*****), 46, Avenue Vital Riethuisen, Tel. 4260000 (Iris-Sonderpreis 1988; → *Baedeker Special*)
Comme chez Soi (*****), 23, Place Rouppe, Tel. 5122921 (Iris-Sonderpreis 1984; → *Baedeker Special*)
L'Ecailler du Palais Royal (*****), 18, Rue Bodenbroek, Tel. 5128751 (Iris-Sonderpreis 1989; → *Baedeker Special*)
La Femme du Boulanger, 18, Rue Antoine Dansaert, Tel. 5024026 (→ *Baedeker Special*)
La Fruit de ma Passion (**), 53A, Rue J-B. Meunier, Tel. 3473294 (intim; täglich neue Gerichte, die an einer großen Tafel vom Chef erklärt werden)
L'Idiot du Village (*), 19, Rue Notre-Seigneur, Tel. 5025582 (voller Trödel und etwas lärmig, aber höchst beliebt)

Belgische und franzöische Küche (Forts.)

Jacques, 44, Quai aux Briques, Tel. 5132762 (→ *Baedeker Special*)
Kelderke (*), 15, Grand'Place, Tel. 5137344 (auch bei den Brüsselern beliebt; Spezialitäten: Hase in Gueuze-Sauce)
La Maison du Cygne (***), 9, Grand'Place, Tel. 5118244 (→ *Baedeker Special*)
De Ogenblik (**), 1 Galerie des Princes Tel. 5116151 (→ *Baedeker Special*)
Le Pain Quotidien, 16, Rue Antoine Dansaert, Tel. 5022361 (→ *Baedeker Special*)
Les Petits Oignons (***), 13, Rue Notre-Seigneur, Tel. 5124738 (bodenständig belgische Küche in den Marollen)
La Quincaillerie, 45, Rue du Page, Tel. 5385553 (weniger die Küche, als das Ambiente machen dieses Lokal zum Szenetreff: Man sitzt zwischen den über drei Etagen reichenden Regalen einer ehemaligen Eisenwarenhandlung)
La Roue d'Or (**), 26, Rue des Chapeliers, Tel. 5142554 (kleines Jugendstilrestaurant, dessen Wände mit Motiven von Magritte bemalt sind; gute Eintöpfe; Extrapreis 'Menenke' 1994 der Iris-Jury)
Rugbyman Nr. Two, 12, Quai aux Briques, Tel. 5123760 (Hummer über alles, teuer)
Scheltema (*), 7, Rue des Dominicains, Tel. 5122084 (reelle Kochkunst zu vernünftigen Preisen, gute Fischgerichte)
Sea Grill (****), 47, Rue Fossé-aux-Loups, Tel. 2179225 (Iris-Sonderpreis 1994; → *Baedeker Special*)
Taverne du Passage (**), 30, Galerie de la Reine, Tel. 5123732 (→ *Baedeker Special*)
Trente Rue de la Paille (***), 30, Rue de la Paille, Tel. 5120715 (rustikal)
Les Trois Chicons, 9–11, Rue des Renards, Tel. 5115583 (inmitten der Marollen; Spezialität: klassisch-belgische Chicorée-Gerichte, z.B. Fasan mit geschmortem Chicorée)
La Truffe Noire (*****), 12, Boulevard de la Cambre, Tel. 6404422 (sehr stilvoll in der Abbaye de la Cambre; Iris-Sonderpreis 1993)

Restaurants mit ausländischer Küche

Angesichts der hervorragenden Restaurants mit einheimischer Küche seien nur einige wenige, dafür lobenswerte ausländische Spezialitätenrestaurants genannt.

Afrikanisch (Zaïre)

Karibu, 346, Chausée de Wavre, Tel. 2303379 (für Freunde des Exotischen, z.B. gut abgehangenes Krokodil)

Brasilianisch

Do Brasil, 88, Rue de la Caserne, Tel. 5135028 (Fisch, Feijoada-Eintopf)

Chinesisch

Au Thé de Pekin (*), 16–24, Rue de la Vierge Noire, Tel. 5134642

Marokkanisch

La Mamounia (**), 9, Avenue de la Porte de Hal, Tel. 5377322

Italienisch

Castello Banfi (***), 12, Rue Bodenbroek, Tel. 5128794

Indisch

Au Palais des Indes (*), 263, Avenue Louise, Tel. 6460941

Japanisch

Samourai (***), 28, Rue Fossé-aux-Loups, 2175639

Vietnamesisch

Les Baguettes Impériales, 70, Avenie J. Sobiesky, Tel. 479632 (vietnamesische Küche mit flämischem Einschlag auf hohem Niveau)

Restaurants in der Umgebung von Brüssel

Genval

Le Trefle à 4 (*****), 87, Avenue du Lac, Genval, Tel. 6540798 (Iris-Sonderpreis 1990)

De Bijgaarden (*****), Van Beveren-Straat 20, Groot-Bijgaarden, Tel. 4664485 (Iris-Sonderpreis 1991)

Restaurants in der Umgebung Groot-Bijgaarden

Romeyer (*****), Groenendaalsesteenweg 109, Hoeilaart, Tel. 6570581 (seit Jahren eine der ersten Gourmet-Adressen nicht nur in Belgien, sondern in Europa)

Hoeilaart

Barbizon (*****), Welriekendedreef 95, Overijse (Jezus-Eik), Tel. 6570462 (sehr elegantes Restaurant; Wildschweinspezialitäten)

Overijse

Rundfunk und Fernsehen

Entsprechend der Verteilung der Sprachgemeinschaften strahlen Rundfunk und Fernsehen verschiedensprachige Programme aus. Zuständig für den französischsprachigen Bereich ist Radio-Télévision Belge de la Communauté Française (R.T.B.F.), für den flämischen Bereich Belgische Radio en Televisie (BRT) sowie für den deutschsprachigen Bereich das Belgische Rundfunk- und Fernsehzentrum (BRF). Dieses strahlt montags bis freitags zwischen 6.30 und 21.15 Uhr sowie samstags und sonntags zwischen 6.30 und 21.00 Uhr Radiosendungen aus, die im Raum Brüssel auf UKW 95,2 MHz zu empfangen sind.

Verschiedene Sender für die verschiedenen Sprachgruppen

Belgien ist das am dichtesten verkabelte Land Europas. Annähernd 95% aller belgischen Haushalte haben einen Kabelanschluß, so daß außer dem staatlichen und dem privaten belgischen Fernsehen auch sehr viele ausländische Sender – darunter auch deutschsprachige – zu empfangen sind.

Kabelfernsehen

Sport

Über Sportveranstaltungen und aktive Sportmöglichkeiten informieren T.I.B. Brüssel (⟶ Auskunft) und die Tagespresse.
In der folgenden Auflistung sind in der Regel nur Sportstätten im Zentrum oder in Zentrumsnähe genannt.

Auskunft

Sportveranstaltungen und sportliche Aktivitäten

Billard ist in Belgien sehr weit verbreitet; viele Cafés besitzen mindestens einen Tisch. Einer der großen Meister in der Königsdisziplin Carambolage ist der aus Leuven stammende Raymond Ceulemans. Daneben werden noch viele andere Varianten gespielt, darunter Snooker. In Brüssel frönt man dieser Leidenschaft u. a. in
Pot Black, Manhattan Center, Place de Rogier, Tel. 2171224, (7 Tische)
Sharkey's Snooker Café, 32, Rue du Marché-aux-Poulets, Tel. 2187590 (16 Tische)
Snooker Gare de l'Ouest, 216–220, Chaussée de Ninoves (18 Tische)

Billard

Crosly Super Bowling, 36, Boulevard de l'Empereur, Tel. 5120874 und 43, Quai au Foin, Tel. 2172801 (20 bzw. 16 Bahnen)

Bowling

Poséidon, 4, Avenue des Vaillants
Sept.–April: Mo., Di. 12.00–22.00, Mi.–Sa. 10.–22.00, So. 10.00–18.30 Uhr
Forest National, 26, Avenue du Globe
Sept.–Ostern: Mo.–Fr. 8.30–17.00, Sa. und So. 10.00–12.00 und 14.00 bis 18.00, Do.–Sa. auch 20.00–22.00 Uhr.

Eislaufen

Über das Angebot an Fitness-Studios informieren die Gelben Seiten des Telefonbuchs unter dem Stichwort "Fitness clubs".

Fitness-Studios

Sport (Fortsetzung) Fußball	Mit dem RSC Anderlecht ist in Brüssel eine belgische und auch europäische Spitzenmannschaft vertreten, die bei der nationalen Meisterschaft immer zu den Favoriten zählt und auch meist bei europäischen Wettbewerben gut abschneidet. Der RSC tritt im Stadion im Astridpark an der Avenue Th. Verbeeck an. Länderspiele finden im Heyselstadion statt, das seit den Ausschreitungen von 1985 allerdings einen tragischen Ruf hat.
Golf	In der Umgebung von Brüssel finden sich mehrere Golfplätze. Auskunft erhält man bei der Fédération Royale Belge du Golf, 110, Chausée de la Hulpe, Tel. 6722389
Laufen	Jogger finden gute Laufmöglichkeiten im Forêt de Soignes; im Stadtgebiet im Parc de Bruxelles, im Parc du Cinquantenaire, im Parc Josaphat und im Parc de Laeken.
Minigolf	Parc Josaphat, Rue Josaphat (Schaerbeek) März – Okt.: 10.00 Uhr – Sonnenuntergang
Pferdesport und Reiten	In der Umgebung von Brüssel gibt es drei Pferderennbahnen: Hippodrome de Boitsfort, 51, Chausée de La Hulpe, Tel. 6602839 Renbaan van Groenendael, Hoeilaart, Tel. 6736792 Renbaan van Sterrebeek, Tel. 7675475 Über Möglichkeiten, selbst zu reiten informiert die Fédération Royal Belge des Sports Equestres, 156, Avenue Houba de Strooper, Tel. 4781423
Rollschuhlaufen	Brussels Roller Club, 134, Avenue de Madrid (Hallen- und Freiluftbahn) Forest National, 36, Avenue du Globe Le Gymnasium, Bois de la Cambre (Freiluftbahn)
Schwimmen	Außer den 'Spaßbädern' Aqualibi in Wavre und Océade im Bruparck gibt es in folgenden Brüsseler Teilgemeinden noch Schwimmbäder: Bruxelles: 120, Rue de Lombardzyde (Neder-over-Heembeek) Evere: 260, Avenue des Anciens Combattants Ganshoren: 10, Place Reine Fabiola St-Gilles: 38, Rue de la Perche Uccle: 1, Square De Frés Watermael-Boitsfort: 60, Avenue L. Wiener Woluwé-St-Lambert: 2, Avenue des Vaillants Woluwé-St-Pierre: 2, Avenue Salomé
Squash	Flanders Gate, 17, Avenue Barthélémy, Tel. 5125133 Liberty's, 1068, Chaussée de Wavre, Tel. 7346493 Winners, 13, Rue Bonneels, Tel. 2800270
Tennis	Auskunft über Spielmöglichkeiten gibt es bei der Fédération Royal Belge de Tennis Brabant, 2057, Chausée de Wavre, Tel. 6751140

Sprache

Brüssel ist zweisprachig

Brüssel ist offiziell zweisprachig, tatsächlich aber eine französische Sprachinsel im flämisch-niederländischen Sprachgebiet. Ca. 80 % aller Brüsseler sprechen heute Französisch. Das belgische Französisch unterscheidet

Zweisprachiges Brüssel (Fortsetzung)

sich in Details vom französischen Französisch – franz. quatre-vingt-dix (neunzig) ist z.B. belg. nonante – doch mit Schulfranzösisch kommt man ohne weiteres zurecht. Das Flämische, ein Dialekt des Niederländischen, wird – zumindest offizielle – mehr und mehr von der auch an den Schulen gelehrten niederländischen Hochsprache verdrängt. Eine Brüsseler Eigenheit ist das 'Marollien', ein Gemisch aus Französisch und Flämisch mit spanischen Einsprengseln, entstanden in der Zeit der spanischen Herrschaft, heute auf offener Straße aber kaum mehr zu hören. Im Marionettentheater Toone VII allerdings wird es noch gepflegt.
Alle Straßenschilder und anderen öffentlichen Bezeichnungen, auch die Speisekarten sind Französisch und Flämisch/Niederländisch gehalten. Es kann jedoch passieren, daß man auf Zeitgenossen trifft, die sich weigern, in der Sprache der jeweils anderen Sprachgruppe zu antworten.

Wörterbücher

Empfohlen werden die Wörterbücher des Verlages Langenscheidt KG.

Grundzahlen

deutsch	französisch	niederl./flämisch
0	zéro	nul
1	un, une	een
2	deux	twee
3	trois	drie
4	quatre	vier
5	cinq	vijf
6	six	zes
7	sept	zeven
8	huit	acht
9	neuf	negen
10	dix	tien
11	onze	elf
12	douze	twaalf
13	treize	dertien
14	quatorze	veertien
15	quinze	vijftien
16	seize	zestien
17	dix-sept	zeventien
18	dix-huit	achttien
19	dix-neuf	negentien
20	vingt	twintig
21	vingt et un	eenentwintig
22	vingt-deux	tweeëntwintig
30	trente	dertig
31	trente et un	eenendertig
40	quarante	veertig
50	cinquante	vijftig
60	soixante	zestig
70	septante[1]	zeventig
80	quatre-vingt	tachtig
90	nonante[1]	negentig
91	nonante et un[1]	eenennegentig
100	cent	honderd
101	cent un	honderd een
200	deux cents	tweehonderd
1000	mille	duizend
2000	deux milles	tweeduizend

[1]nur in Belgien gebräuchliche Zahlwörter; in Frankreich 70=soixante-dix; 90=quatre-vingt-dix; 91=quatre-vingt-onze

Ordnungszahlen

1.	premier (-ière)	eerste
2.	deuxième	tweede
3.	troisième	derde

Sprache

	deutsch	französisch	niederl./flämisch
Bruchzahlen	$^1/_2$	un demi	een half
	$^1/_3$	un tiers	een derde
	$^1/_4$	un quart	een kwart, een vierde
Redewendungen	Sprechen Sie ...	Parlez-vous ...	spreekt u ...
	Ich verstehe nicht	Je ne comprends pas	Ik versta niet; ik begrijp u niet
	Ja, jawohl	Oui	Ja
	Nein	Non	Neen
	Bitte!	S'il vous plaît!	Alstublieft!
	Danke!	Merci!	Dank u!
	Danke sehr!	Merci beaucoup!	Dank u wel!
	Entschuldigen Sie!	Pardon!	Neemt u mij niet
	Verzeihung!	Excusez!	kwalijk! Pardon! Excusez!
	Guten Morgen!	Bonjour!	Goedemorgen!
	Guten Tag!	Bonjour!	Goedendag! (nachmittags)
	Guten Abend!	Bonsoir!	Goedenavond!
	Gute Nacht!	Bonne nuit!	Goedenacht! Wel te rusten!
	Auf Wiedersehen!	Au revoir!	Tot ziens!
	Herr	Monsieur	Mijnheer
	Dame, Frau	Madame	Mevrouw
	Fräulein	Mademoiselle	Juffrouw
	Wo ist?	Où est...?	Waar is... ?
	Die ... Straße	La rue ...	De ... straat
	Der... Platz	La place ...	De ... plaats, het plein
	Ein Reisebüro	Un bureau de voyage	Een reisbureau
	Die Kirche	L'église	De kerk
	Das Museum	Le musée	Het museum
	Wann?	Quand?	Wanneer?
	Wann ist ...	À quelle heure ...	Wanneer is ...
	geöffnet?	est ouvert(e)?	open?
	Das Rathaus	L'hôtel de ville	Het stadhuis, het gemeentehuis
	Eine Bank	Une banque	Een bank
	Der Bahnhof	La gare	Het station
	Ein Hotel	Un hôtel	Een hotel
	Ich möchte	Je voudrais	Heeft u
	ein Zimmer	une chambre	een kamer voor mij?
	Mit einem Bett	À un lit	Met een bed
	Mit zwei Betten	À deux lits	Met twee bedden
	Mit Bad	Avec bain	Met bad
	Der Schlüssel	La clef	De sleutel
	Die Toilette	La toilette, le cabinet	Het toilet
	Ein Arzt	Un médecin	De arts, de dokter
	Rechts	À droite	Rechts
	Links	À gauche	Links
	Geradeaus	Tout droit	Rechtuit
	Oben	En haut	Boven
	Unten	En bas	Beneden, onder
	Alt	Ancien, ancienne Vieux, vieille	Oud
	Neu	Nouveau, nouvelle	Nieuw
	Was kostet?	Combien coûte?	Hoeveel kost..., wat kost ...?
	Teuer	Cher, chère	Duur
	Frühstück	Petit déjeuner	Ontbijt
	Mittagessen	Déjeuner, dîner	Middagmaal
	Abendessen	Souper	Avondeten

deutsch	**französisch**	**niederl. / flämisch**	
Essen	Manger	Eten	Redewendungen (Fortsetzung)
Trinken	Boire	Drinken	
Viel	Beaucoup	Veel	
Wenig	Peu	Weinig	
Rechnung	Addition	Rekening	
Bezahlen	Payer	Betalen	
Sofort	Tout de suite	Dadelijk	
→ Essen und Trinken			Belg. Speisekarte
Abfahrt, Abflug	Départ	Vertrek	Auf der Reise
Ankunft	Arrivée	Aankomst	
Autobushof	Gare routière	Autobusstation	
Bahnhof	Gare	Station	
Flughafen	Aéroport	Luchthaven	
Flug	Vol	Vlucht	
Gleis	Voie	Spoor	
Haltestelle	Arrêt	Halte	
Umsteigen	Correspondance	Overstappen	
Zug	Train	Trein	
Halt!	Halte! Stop!	Stop!	Verkehrs-aufschriften und Warnungen
Zoll	Douane	Tol	
Vorsicht!	Attention!	Pas op! Opgelet!	
Achtung!	Prudence!	Waarschuwing!	
Langsam (fahren)!	Au pas! Ralentir!	Langzaam rijden!	
Lebensgefahr!	Danger de mort!	Levensgevaar!	
Einbahnstraße	Sens unique	Straat met eenrichtingsverkeer	
Durchfahrt verboten!	Route barrée! Passage interdit!	Inrijden verboden, doodlopende straat!	
Straßenarbeiten!	Travaux!	Werk in uitvoering!	
Achtung Kurve!	Virage dangereux!	Gevaarlijke bocht!	
Bach	Ruisseau	Beek	Geographische Begriffe
Berg	Mont	Berg	
Brücke	Pont	Brug	
Dorf	Village	Dorp	
Eisenbahn	Chemin de fer	Spoorlijn	
Fähre	Bac	Veer, Pont	
Fluß	Fleuve	Rivier	
Kleiner Fluß	Ruissage	Beek	
Garten, Park	Jardin, Parc	Tuin, Park	
Gipfel	Sommet	Top	
Hügel	Colline	Heuvel	
Insel	Île	Eiland	
Landstraße, Weg	Route	Landweg, Weg	
(Markt)Platz	Place	(Markt)Plein	
Moor	Tourbière	Veen	
Prachtstraße	Avenue	Laanen	
Schloß	Château	Slot, Kasteel	
Stadt	Ville	Stad	
Strand	Plage	Strand	
Straße	Rue	Straat	
Sumpf	Marais	Moeras	
Tal	Vallée	Dal	
Turm	Tour	Toren	
Wald	Forêt	Bos, Woud	
Wasserfall	Cascade	Waterval	

	deutsch	französisch	niederl./flämisch
Monate	Januar	Janvier	Januari
	Februar	Février	Februari
	März	Mars	Maart
	April	Avril	April
	Mai	Mai	Mei
	Juni	Juin	Juni
	Juli	Juillet	Juli
	August	Août	Augustus
	September	Septembre	September
	Oktober	Octobre	Oktober
	November	Novembre	November
	Dezember	Décembre	December
Wochentage	Montag	Lundi	Maandag
	Dienstag	Mardi	Dinsdag
	Mittwoch	Mercredi	Woensdag
	Donnerstag	Jeudi	Donderdag
	Freitag	Vendredi	Vrijdag
	Samstag	Samedi	Zaterdag
	Sonntag	Dimanche	Zondag
	Feiertag	Jour de Fête	Feestdag, vrije dag
Festtage	Neujahr	Nouvel An	Nieuwjaar
	Ostern	Pâques	Pasen
	Christi Himmelfahrt	Ascension	Hemelvaartsdag
	Pfingsten	Pentecôte	Pinksteren
	Fronleichnam	Fête-Dieu	Sacramentsdag
	Mariä Himmelfahrt	Assomption	Maria-Hemelvaart
	Allerheiligen	Toussaint	Allerheiligen
	Weihnachten	Noël	Kerstmis
	Silvester	Le Saint-Sylvestre	Oudejaarsavond
Auf der Post	Postamt	Bureau de poste	Postkantoor
	Hauptpost	Bureau de poste centrale	Hoofdpostkantoor
	Briefmarke	Timbre-poste	Postzegel
	Brief	Lettre	Brief
	Postkarte	Carte postale	Briefkaart
	Briefträger	Facteur	Postbode
	Einschreiben (als Briefaufschrift)	Recommandé	Aangetekend
	Eilboten	Par exprès	Expres
	Luftpost	Par avion	Luchtpost
	Telegramm	Télégramme	Telegram
	Telefon	Téléphone	Telefoon

Stadtbesichtigung

Stadtrundfahrten und -spaziergänge

Busrundfahrten und Stadtspaziergänge werden von vielen Veranstaltern angeboten, nicht zuletzt vom Brüsseler Fremdenverkehrsbüro T.I.B. (⟶ Auskunft), das auch individuelle Führer stellt (*Baedekers* Vorschläge für Rundgänge auf eigene Faust auf S. 50ff.). Weitere Anbieter sind:

ARAU, 2, Rue du Midi, Tel. 5134761
ARAU (Atelier de recherche et d'action urbaines), aus einer 1969 gegründeten Bürgerinitiative hervorgegangen, bietet unter dem Motto "Brüssel mit den Augen seiner Bewohner" sicher eine der interessantesten Möglichkeiten zum Kennenlernen der belgischen Hauptstadt. Die Fahrten dau-

Stadtbesichtigung (Fortsetzung)

ern jeweils ca. 3 Stunden und haben verschiedene Themen: 'Plätze, Parks und Gärten', 'Brüssel 1900', 'Brüssel in den dreißiger Jahren', 'Brüssels industrielle Archäologie' und 'Brüssel einmal anders'. Zudem wird ein Stadtspaziergang über 'Art nouveau in Brüssel' veranstaltet (Französisch, Englisch; für Gruppen auf Anfrage auch auf Deutsch).

Arcadia, 17, Rue Wafelaerts, Tel. 534389
Klassische und thematische Rundfahrten

Association du Patrimoine artistique, 20, Rue aux Laines, Tel. 5123421
Klassische und thematische Rundfahrten

Brukselbinnenstebuiten, 16, Rue du Vieux-Marché-aux-Grains, Tel. 5117883
Thematische Rundfahrten

De Boeck's, 8, Rue de la Colline, Tel. 5137744
Klassische Rundfahrten

Plauder-Bus, 12, Rue Thuja, Tel. 6731835
Für kleinere Gruppen im Mini-Bus

Mit der Straßenbahn

Tram 94
Die Trambahnlinie 94 fährt von Jette über die Rue Royale bis zum Forêt de Soignes; dazu kann man sich bei T.I.B. einen Walkman mit einer erläuternden Kassette ausleihen – allerdings auf Französisch oder Niederländisch, so daß diese Tour nur für jemanden in Frage kommt, der eine der beiden Sprachen gut versteht.

Mit der Kutsche

Von der Grand'Place fahren Kutschen zur Stadtbesichtigung los.

Touristic Tramway
Fahrt vom Museum des öffentlichen Nahverkehrs (Musée du Transport Urbain Bruxellois, ⟶ Museen) in Woluwé nach Heysel mit einer historischen offenen Tram
April – Sept.: Abfahrt So. 10.00 Uhr

Kanalfahrten

Rundfahrten auf dem Brüsseler Kanal werden von April bis September durchgeführt.
Auskunft und Reservierungen: 20, Quai aux Barques, Tel. (053) 784027

Straßenverkehr

Hohe Geldbußen

Die Nichtbeachtung der in Belgien geltenden Fahrvorschriften wird mit hohen Geldstrafen geahndet. Bußgelder für Ausländer können von der Polizei an Ort und Stelle erhoben werden.

Rechtsverkehr

In Belgien herrscht Rechtsverkehr, das von rechts kommende Fahrzeug hat Vorfahrt.

Diverse Vorschriften

Kinder bis zum zwölften Lebensjahr gehören auf die Rücksitze.
Parkverbot besteht an Bordsteinen mit gelber Markierung.

Warndreiecke

Warndreiecke sind mitzuführen. Bei Pannen auf Landstraßen müssen Warndreiecke mindestens 30 m, auf Autobahnen mindestens 100 m hinter dem Fahrzeug aufgestellt werden.

Promillegrenze

Die Höchstgrenze für den Blutalkoholgehalt beträgt 0,5 Promille.

Gurtpflicht

Das Tragen der Sicherheitsgurte auf den Vordersitzen ist obligatorisch.

Helmpflicht

Für Motorrad- und Mopedfahrer besteht Schutzhelmpflicht.

Höchstgeschwindigkeit

Innerorts in der Regel 60 km/h; auf Autobahnen und auf Straßen mit mindestens zwei Fahrstreifen in jeder Richtung für Kfz bis 7,5 t (auch mit Anhänger) 120 km/h, auf Landstraßen 90 km/h; für Kfz über 7,5 t (auch mit Anhänger) 90 km/h bzw. 60 km/h.
Höchstgeschwindigkeit beim Abschleppen 25 km/h; auch auf Autobahnen, daher besteht die Vorschrift, die nächste Ausfahrt zu benutzen.

Winterreifen

Spikereifen sind bei außergewöhnlichen Wetterverhältnissen erlaubt. Vier Regeln müssen beachtet werden: Spikereifen auf alle vier Räder montieren; Höchstgeschwindigkeit auf Autobahnen und vierspurigen Straßen 90 km/h, sonst 60 km/h; die Geschwindigkeitseinschränkung muß am Heck des Wagens angezeigt werden; höchstzulässiges Gewicht 3,5 t.

Kraftstoff

In Belgien existiert ein flächendeckendes Netz von Tankstellen mit bleifreiem Superbenzin (95 Oktan), an einigen ist auch bleifreies Normalbenzin (90 Oktan) erhältlich. Bleihaltiges Normalbenzin wird nicht mehr verkauft, sondern nur noch bleihaltiges Superbenzin mit 98 Oktan sowie Diesel.

Pannenhilfe

→ Autohilfe

Parkhäuser

→ dort

Taxi

Taxiruf

A.T.R.: Tel. 6472222
Autolux: Tel. 5123123
Taxis Oranges: Tel. 5136200
Taxis Verts: Tel. 3494949

Fahrpreis

Der Grundpreis beträgt 95 bfrs am Tag bzw. 75 bfrs bei Nacht, hinzu kommen pro gefahrenem Kilometer 38 bfrs bei Fahrten innerhalb der 19 Gemeinden Brüssels bzw. 76 bfrs bei Fahrten außerhalb.
Für Fahrten zum Flughafen werden oftmals Sondertarife angeboten.

Reklamationen

Bei Beschwerden und Reklamationen wende man sich an

Transports Taxi, Manhattan Centre, Tel. 2197280

Theater

Französische und flämische Bühnen

Die Vielfalt der Brüsseler Theaterszene machen die die großen Häuser ergänzenden kleinen Spielstätten aus, so daß mehr als vierzig Theater auf ihr Publikum warten. Die französischsprachigen Bühnen dominieren zwar, doch einige Bühnen spielen ausschließlich flämische Stücke.

Programm

Programmhinweise enthält die Tagespresse; Programme über einen längeren Zeitraum sind in den Stadtmagazinen bzw. Programmbroschüren "Kiosque", "Bulletin" und "What's on" abgedruckt.

Eintrittskarten

Karten werden an den Vor- und Abendkassen der einzelnen Spielstätten verkauft; auch das Brüsseler Verkehrsamt T.I.B. (→ Auskunft) reserviert.

Oper · Ballett

→ Musik

Bedeutende Häuser

Beursschouwburg, 2, Rue Auguste Orts, Tel. 5138290
Flämisches Experimentaltheater

Bedeutende Häuser (Fortsetzung)

Kaaitheater, 83, Rue Notre-Dame du Sommeil, Tel. 5121482
Flämische Avantgarde

Koninklijke Vlaamse Schouwburg (K.V.S.), 146, Rue de Laeken, Tel. 2176937
Alteingesessenes flämisches Theater

Théâtre National de la Communauté Française de Belgique, Centre Rogier, Tel. 2170303
Französischsprachige Stücke

Théâtre du Rideau, 23, Rue Ravenstein, Tel. 5078360
Vorverkauf: Mo.–Sa. 11.00–18.00 Uhr; im Juli geschlossen
Französischsprachige Klassik und junge belgische Talente

Théâtre Royal des Galeries, 32, Galerie du Roi, Tel. 5133960
Leichte Kost auf Französisch

Théâtre Royal du Parc, 3, Rue de la Loi, Tel. 5125343
Vorverkauf: Mo.–So. 11.00–18.00 Uhr; im Juni an Wochenenden, im Juli ganz geschlossen
Klassiker auf Französisch

Théâtre Varia, 78, Rue du Sceptre, Tel. 6408258
Vorverkauf: Di.–Fr. 11.30–14.00 und 16.30–19.00, Sa. 16.30–19.00 Uhr
Klassiker, klassische Moderne und neue Stücke; französischsprachig

Weitere Bühnen

Atelier Ste-Anne, 75–77, Rue des Tanneurs, Tel. 5134050

Centrum voor Amateurskunsten, 24, Rue de Veeweyde, Tel. 5200344

Klassiker auf Französisch bietet das Théâtre Royal du Parc an der Nordseite des Parc de Bruxelles.

Theater, weitere Bühnen (Fortsetzung)

Comédie Claude Volter, 98, Avenue des Frères Legrain, Tel. 7620963

Compagnie Yvain Baudouin et Lesly Bunton, 221, Avenue d'Auderghem, Tel. 6402760

Espace Léopold S. Senghor, 366, Chausée de Wavre, Tel. 2302988

Jeune Théâtre de l'U.L.B., 22, Avenue Paul Héger, Tel. 6406927

Maison du Spectacle de la Bellone, 46, Rue de Flandre, Tel. 5133333

Nouveau Théâtre de Belgique, 122, Rue du Viaduc, Tel. 6408437

Nouveau Théâtre de Quat'sous, 34, Rue de la Violette, Tel. 5121022

Théâtre 140, 140, Avenue Plasky, Tel. 7339708

Théâtre de la Balsamine, 1, Avenue F. Marchal, Tel. 7330464

Théâtre de Banlieue, 7A, Rue Goffart, Tel. 2304878

Théâtre Impopulaire, 42, Rue Leys, Tel. 7330093

Théâtre du Meridien, 2, Rue d'Aumale, Tel. 5227330

Théâtre Molière, 22, Galerie de la Porte de Namur, Tel. 5135800

Théâtre de Poche, 1A, Chemin du Gymnase, Tel. 6491727

Théâtre Poème, 30, Rue d'Ecosse, Tel. 5386357

Théâtre du Résidence-Palace, 155, Rue de la Loi, Tel. 2310305

Théâtre de la Vie, 45, Rue Traversière, Tel. 2187935

Théâtron, 46, Rue Leys, Tel. 7336869

Puppentheater

Théâtre Toone VII, 6, Impasse Schuddeveld/Petite Rue des Bouchers, Tel. 5117137 (⟶ *Baedeker Special* S. 94/95)

Théâtre Peruchet, 50, Avenue de la Forêt, Tel. 6738730
Kinderpuppentheater

Kindertheater

Über die Programme der diversen Kindertheater informiert

Chambre des Théâtres pour l'Enfance et la Jeunesse
321, Avenue de la Couronne, Tel. 6483458

Theatercafés

⟶ Nachtleben

Trinkgeld

Hotels

Die Bedienung ist inbegriffen; Zimmermädchen, Portier etc. freuen sich dennoch über eine Zuwendung.

Restaurants

16,5 % Bedienung und 20,5 % Mehrwertsteuer sind im Preis inbegriffen.

Taxi

Das Trinkgeld ist im Fahrpreis enthalten.

Gepäckträger

In den Bahnhöfen verlangen die Gepäckträger 50 bfrs pro Gepäckstück.

Veranstaltungskalender

Antiquitätenmesse im Palais des Beaux-Arts Autosalon auf dem Messegelände in Heysel (alle 2 Jahre) Internationales Filmfestival im Palais des Congrès	Januar
Batibouw: Internationale Bauausstellung auf dem Messegelände in Heysel Comicfestival im Palais des Congrès Galopprennen in Sterrebeek Internationales Springreitturnier auf dem Messegelände in Heysel	Februar
Eurantica: Internationale Antiquitäten- und Kuriositätenmesse auf dem Messegelände in Heysel Festival des phantastischen Films im Auditorium 44 Internationale Buchmesse auf dem Messegelände in Heysel	März
Blüte der japanischen Kirschbäume in Boitsfort Besichtigung der Königlichen Treibhäuser in Laeken Son et Lumière auf der Grand' Place (bis einschl. Oktober)	April
Concours Reine Elisabeth (internationaler Musikwettbewerb für Gesang, Geige und Klavier) im Palais des Beaux-Arts Jazz Rallye (Jazzkonzerte an vielen Orten in der Stadt)	Mai
20 km von Brüssel (Laufwettbewerb) Nachstellung der Schlacht von Waterloo (um den 18. Juni).	Juni
Ommegang auf der Grand' Place, die die Kulisse für diese prachtvolle Erinnerung an das Fest bildet, das der Magistrat der Stadt im Jahre 1549 zu Ehren Kaiser Karls V. veranstaltet hat (Anfang Juli)	Juli

Der prachtvolle Ommegang ist der Höhepunkt des Brüsseler Jahres.

Veranstaltungen im Juli (Fortsetzung)	Musiksonntage im Bois de la Cambre (11.00–13.00 Uhr, bis einschl. August; Klassik und Jazz) Festlichkeiten anläßlich des Nationalfeiertages am 21. Juli mit Feuerwerk auf der Place du Palais Beginn der Konzertsaison im Parc de Bruxelles (Fr. 12.00–14.00 Uhr, bis Mitte August) Foire du Midi (großer Jahrmarkt am Südbahnhof; Mitte Juli – Mitte August) Besichtigung des Palais Royal (ab ca. 21. Juli bis einschl. Sept.)
August	Aufstellen des Meibooms am 9. August an der Ecke Rue des Sables/Rue du Marait in Erinnerung an eine Aktion der Bogenschützengilde vor rund 700 Jahren Blumenteppich auf der Grand' Place (alle 2 Jahre) Ivo-van-Damme-Leichtathletikfestival im Heyselstadion (Ende August/ Anfang September)
September	Festivals von Flandern und Wallonien in vielen kulturellen Einrichtungen der Stadt (klassische Musik) Europalia: Vorstellung der kulturellen Vergangenheit eines europäischen Landes (alle zwei Jahre) Bruegel-Festtage entlang der Rue Haute in den Marollen Brabantische Kirmes auf der Grand'Place Fest der Ilôt Sacré Brüsseler Marathonlauf Großer Preis Eddy Merckx (Radrennen im Bois de la Cambre)
Oktober	Ernährungs- und Hauswirtschaftsfachmesse auf dem Messegelände in Heysel
November	Belga Jazz Festival Eureka: Erfinder- und Industrieneuheitensalon im World Trade Center
Dezember	Son et Lumière auf der Grand'Place Weihnachten in der Stadt: Krippe auf der Grand' Place, Weihnachtsmarkt auf dem Sablon Cocoon: Internationale Fachmesse für Innenarchitektur und Design auf dem Messegelände in Heysel

Verkehrsmittel (Öffentlicher Nahverkehr)

Allgemeines Métro-Plan → hintere Umschlaginnenseite	Der öffentliche Personennahverkehr innerhalb der 19 Gemeinden von Brüssel wird von den Brüsseler Verkehrsbetrieben S.T.I.B./M.I.V.B. bestritten. Das Angebot umfaßt die Métro mit drei Linien, die Prémétro (im Zentrum unterirdisch verkehrende Straßenbahnen), oberirdisch verkehrende Straßenbahnen (Tram) sowie Buslinien.
Verbindungen in die Umgebung	Die Verbindungen in die Umgebung gewährleisten Busse (De Lijn und TEC) sowie Vorortzüge der Belgischen Staatsbahnen. Alle diese Verkehrsträger sind in einem Verbundnetz zusammengefaßt.
Kunst in der Métro	Fast alle Brüsseler Métro-Stationen sind von zeitgenössischen belgischen Künstlern individuell gestaltet worden (→ Sehenswürdigkeiten, Métro) – eine Attraktion für sich.
Auskunft	S.T.I.B.: 20, Avenue de la Toison d'Or, Tel. 5152000; und in den Métro-Stationen Midi, Porte de Namur und Rogier Öffnungszeiten: Mo.–Fr. 8.30–17.15, Sa. 9.15–17.15 Uhr Zentrale Auskunftstelle für den Verkehrsverbund: im Gare du Midi (Südbahnhof), Schalterhalle Öffnungszeiten: Mo.–Fr. 7.30–17.00, Sa. 8.30–16.30 Uhr

Fahrausweise

Fahrausweise können bei den oben genannten Auskunftstellen, in den Métro-Stationen (am Schalter oder an Automaten), bei T.I.B. (⟶ Auskunft) sowie an zahlreichen Zeitungskiosken erworben werden. Es gibt Fahrscheine für einfache Fahrten, Streifenkarten für fünf und zehn Fahrten sowie ein 24-Stunden-Ticket für den inneren Stadtbereich. Für die Außenbezirke muß zusätzlich ein 'Z'-Ticket gelöst werden. Für einen längeren Aufenthalt empfiehlt sich der Kauf einer Monatskarte.

Der Fahrschein muß vor Fahrtbeginn an einem Entwerter in den Métro-Stationen, in der Tram sowie in den Bussen entwertet werden. Einfache Fahrkarten sowie jeweils ein Abschnitt einer Streifenkarte haben eine Gültigkeitsdauer von einer Stunde nach Antritt der Fahrt.

Métro-Stationen sind durch ein großes weißes 'M' auf blauem Grund gekennzeichnet, Straßenbahn- und Bushaltestellen durch rot-weiße oder blau-weiße Schilder. An Bedarfshaltestellen ('sur demande') hält der Bus nur auf Handzeichen.

Busbahnhof

Der zentrale Busbahnhof, wichtig für Fahrten ins Umland, befindet sich an der Place Rouppe nördlich vom Gare du Midi.

Die Tram ist ein zuverlässiges und aus dem Straßenbild nicht wegzudenkendes Brüsseler Verkehrsmittel.

Vorverkaufsstellen

Das Brüsseler Fremdenverkehrsbüro T.I.B. (→ Auskunft) unterhält in seinem Büro im Rathaus an der Grand' Place eine Vorverkaufsstelle für Theater- und Konzertbesucher. Über TELETIB Tel. 5138320 können Karten dort auch telefonisch reserviert werden.

Zeit

In Belgien gilt im Winterhalbjahr die Mitteleuropäische Zeit (MEZ), in der Zeit von Ende März bis Ende September die Sommerzeit (MEZ + 1 Std.).

Zeitungen und Zeitschriften

Deutschsprachige Zeitungen

Führende deutschsprachige Tageszeitungen und Magazine sind an Bahnhofskiosken, in größeren Buchhandlungen im Zentrum sowie am Brüsseler Flughafen erhältlich. Ein breites Spektrum internationaler Presse erhält man nahe dem Palais Berlaymont im

International Press Centre, 1, Avenue Charlemagne

Brüsseler Tageszeitungen

In Brüssel erscheinen sechs Tageszeitungen: die französischsprachigen La Libre Belgique (katholisch-monarchistisch), Le Soir (unabhhängig) und La Dernière Heure (unabhängig) sowie die flämischen Het Laatste Nieuws (liberal), De Standaard (katholisch-konservativ) und De Morgen (links). Darüberhinaus gibt es natürlich auch weitere belgische Blätter.
An manchen Brüsseler Kiosken erhält man das in Eupen erscheinende deutschsprachige Grenz-Echo (katholisch-konservativ).

Stadtmagazine · Wochenzeitungen

Sehr informativ, was Veranstaltungen, Kneipen etc. betrifft, sind die Stadtmagazine "Kiosque" und "What's on". Letzteres erscheint wie die Wochenschrift "Bulletin" auf Englisch.

Zollbestimmungen

EU-Binnenmarkt

Die Mitgliedstaaten der Europäischen Union (EU), darunter auch Belgien, Deutschland und Österreich, bilden einen gemeinsamen Wirtschaftsraum, den EU-Binnenmarkt, in welchem der Warenverkehr für private Zwecke weitgehend zollfrei ist. Innerhalb der EU-Länder gelten lediglich noch gewisse obere Richtmengen (z.B. für Reisende über 17 Jahren 800 Zigaretten, 10 l Spirituosen und 90 l Wein). Für Waren, die in den bis Ende 1999 auf Flughäfen und Schiffen bestehenbleibenden Duty-Free-Shops erworben werden, gelten die Höchstmengen des Warenverkehrs mit Nicht-EU-Ländern (siehe nächste Seite).

Nicht-EU-Länder

Für Reisende aus Nicht-EU-Ländern wie der Schweiz gelten folgende Freimengengrenzen: 250 g Kaffee, 100 g Tee, 200 Zigaretten oder 50 Zigarren oder 250 g Tabak, 2 l Wein oder andere Getränke bis 22% Alkoholgehalt sowie 1 l Spirituosen mit mehr als 22% Alkoholgehalt. Souvenirs dürfen in die Schweiz bis zu einem Wert von 100 sfr zollfrei eingeführt werden.

Register

Im folgenden Register sind die Namen der Brüsseler Sehenswürdigkeiten etc. nur auf Französisch aufgeführt. Hinweis

Verzeichnis der Karten, Pläne und graphischen Darstellungen

Bildnachweis

Baedeker-Archiv: S. 32, 41, 42, 159, 217
Belgisches Verkehrsamt: S. 59, 102, 107
Bildagentur Lade: S. 1, 8/9, 80
dpa: S. 73
Rainer Eisenschmid: S. 6 (2×), 11, 21, 25, 29, 51, 60, 62, 64, 65, 68, 71, 77, 83, 86, 87 (2×), 88 (2×), 90, 91, 92, 93, 106, 110, 111, 119 (2×), 126, 128, 131, 132, 134/135, 138, 140, 142, 144, 145, 147, 148, 151, 155, 157, 158, 160, 170, 174, 182, 189, 202, 213, 217
Hallwag Verlag: S. 177
Historia: S. 33, 35
IFA: S. 162/163
Ingeborg Knigge: S. 5, 7 (2×) 13, 14, 17, 18, 22, 27, 100, 105 (2×), 125, 201
Gabriele Maier: S. 3
Musées Royaux d'Arts et d'Histoire: S. 114, 136, 137
Musées Royaux des Beaux-Arts de Belgique: S. 24
Ullstein: S. 36 (2×), 37
Vlaams Commissariaat-Generaal voor Toerisme: S. 57, 67, 94, 103, 117, 215
Andrea Wurth: S. 6/7, 89
ZEFA: S. 49/50

Impressum

Ausstattung:
107 Abbildungen (Bildnachweis s. zuvor)
10 Grundrisse, 3 Übersichtskarten, 3 Situationspläne, 2 Stadtpläne, 1 Lagekarte, 1 Verkehrsplan (Kartenverzeichnis siehe zuvor), 1 großer Stadtplan

Textbeiträge:
Sibylle Braun-Miller (Architektur- und Kunstgeschichte)
Rainer Eisenschmid (Natur, Kultur, Geschichte; Sehenswürdigkeiten von A bis Z; Praktische Informationen von A bis Z; Specials)
Hans von Stahlborn (Specials "Brüsseler Spitzen" und "Die kleine Welt von Toone")
Jürgen Wagner (Special "Europa-Baustelle Brüssel")

Bearbeitung: Baedeker-Redaktion (Rainer Eisenschmid)

Kartographie: Gert Oberländer, München; Christoph Gallus, Hohberg-Niederschopfheim; Falkplan-Suurland BV, Eindhoven (Stadtplan)

Gesamtleitung: Dr. Peter H. Baumgarten, Baedeker Stuttgart

5. Auflage 1995

Urheberschaft: Karl Baedeker GmbH, Ostfildern (Kemnat)
Nutzungsrecht: Mairs Geographischer Verlag GmbH & Co., Ostfildern (Kemnat)

Druck: Kohlhammer und Wallishauser GmbH, Hechingen
Printed in Germany
ISBN 3-87504-148-8

Gedruckt auf 100 % chlorfreiem Papier